モダンC言語プログラミング

統合開発環境、デザインパターン、
エクストリーム・プログラミング、テスト駆動開発、
リファクタリング、継続的インテグレーションの活用

花井志生 著

ASCII
DWANGO

商標
本文中に記載されている社名および商品名は、一般に開発メーカーの登録商標です。
なお、本文中ではTM・Ⓒ・Ⓡ表示を明記しておりません。

はじめに

　コンピュータは単純な処理であれば、人間の能力をはるかに超えるスピードで、しかも間違いなく実行することができます。「アプリケーション開発の自動化」といったとき、それは少し前だとアプリケーションコードを自動生成することを指しました。上流の設計書さえ作成すれば、コードの実装は、いずれはすべてコンピュータが自動で行ってくれるようになるという夢物語です。一部の人達はコードの実装は「単純な作業」だと信じて疑わなかったのです。コードを生成する「工場」のような存在が、人間の描いた設計書を読み込みながら次々とアプリケーションを生み出していく。確かにそんなことが可能になれば、アプリケーション開発というものは大きく変わっていたことでしょう。UML でシーケンス図（処理の流れを表現した図）を書けばコードが生成されるというツールがもてはやされたこともありました。

　しかし、シーケンス図を書くという作業はコードを書く作業よりもはるかに大変であるという現実に人々が気がつくのにそれほど時間はかかりませんでした。そもそもプログラムに自動変換できるほどの詳細度と厳密性を持った設計書を書くという作業は、プログラミングよりはるかに手間のかかることです。実際のところ曖昧な要件をコードに実装する作業というものは、ちっとも単純ではないのです。

　それではアプリケーション開発の自動化というのは、まったくの夢物語なのでしょうか？　そんなことはありません。開発作業の中には「単純な作業」がいくつも残っています。紺屋の白袴とか医者の不養生といった諺を持ち出すまでもなく、アプリケーション開発の現場というのは、思いの外コンピュータ化（自動化）されていないことが多いものです。しかし、ここ最近、この状況が急速に変化しようとしています。アプリケーションのコンパイル、リンク、テスト、実機へのインストールといった作業を自動化する技術が、今、ものすごいスピードで普及しています。これこそまさにアプリケーション開発工場といえるでしょう。人間がコードを書き、あるいは修正すると、たちどころにビルド、テストが自動で行われて実機へのインストールまで完了してしまう。サーバサイドアプリケーションの開発現場では、このようなやり方が、もはや常識となっており、サイトによっては 1 日に 100 回以上、新しいアプリケーションがインストールし直されているといいます（GitHub は 2012 年 8 月 23 日、1 日に 175 回デプロイを行った。https://github.com/blog/1241-deploying-at-github）。

　その背景には、ものすごい速度で変化していかなければ生き残っていけないという事情があります。こうしたサーバアプリケーションの多くが激しい競争にさらされており、少しでも停滞すればあっという間に競争に破れてしまいます。一方で、このようにものすごい勢いでアプリケーションを変更しながらも、品質を犠牲にすることはできません。皆さんが普段使っている GMail や Amazon のようなサーバアプリケーションの品質を思い浮かべてみてください。一昔前と比べて悪くなっているようなものは、きっとほとんどないはずです。それは品質が悪ければ、あるいはちょっと応答が遅い、使いにくいというだけで、すぐに競争に破れて市場から淘汰されてしまうためです。

　一方で組み込み機器の開発はどうでしょうか。もちろんさすがに 1 日に何度も新しいアプリケーション（ファームウェア）を配信することはないでしょうが、要求される開発のスピードは年々上がってきているのではないでしょうか？　もちろん品質に対する要求はサーバサイドアプリケーション以上のものがあるはずです（何し

はじめに

ろ組み込み系は分野によってはバグが人命にかかわることもあります）。つまり、状況はサーバサイドアプリケーションとさほど変わらないのです。それならサーバサイドで培われてきた開発のやり方は、組み込み系にもきっと役に立つはずです。とはいえ、サーバサイドアプリケーションと組み込み系とでは、使用しているツール、コンパイラを始め、さまざまな環境の違いがあります。このため、そのまま考え方だけを持ち込んでも、うまくいかないことが多いでしょう。

　本書ではサーバサイドで一般的となっている設計手法や、ツールの活用方法、開発手法を、1つ1つCを用いた組み込み系アプリケーションの世界へと翻訳していきます。こうした内容に興味のある方にはもちろんですが、自分が昔からやってきた方法が一番で新しいやり方など不要だと思っている方にもぜひ一度読んでみていただきたいと思っています。単に毛嫌いして使わないのと、実際に使ってみた上で使わないと判断するのとでは雲泥の違いがあります。本書は組み込み系を意識しているとはいえ、上に挙げたような課題は組み込み系以外のCのプログラムの開発でも多かれ少なかれ存在しているものと思います。組み込み系以外のプログラマの方にもぜひ読んでみていただければと思います。

　最後になりましたが、内容について細部にわたり検証、レビューをしてくれた編集の川崎さん、家内の三姫子にこの場を借りて感謝を申し上げたいと思います。

2013年8月
花井志生

目次

はじめに 3

第1章 概要 9
1.1 今、Cが熱い! 9
1.2 Cによる組み込み開発の特徴 11
1.3 本書の目標 12
1.3.1 Cと統合開発環境 12
1.3.2 Cとデザインパターン 14
1.3.3 Cとエクストリーム・プログラミング 14
1.3.4 Cとモダンな開発スタイル 17
1.4 まとめ 19

第2章 開発環境の作成 21
2.1 概要 21
2.2 Linuxの入手 21
2.3 Windows PC用の環境作成 22
2.3.1 VirtualBoxのインストール 22
2.4 Linux PC用の環境作成 27
2.4.1 導入する前に 27
2.4.2 インストールメディアの作成 28
2.4.3 Xubuntuのインストール 32
2.5 Eclipseのインストール 38
2.5.1 Javaのインストール 38
2.5.2 Eclipseのインストール 39
2.5.3 その他のツールのインストール 42
2.6 Eclipseの基本操作 42
2.6.1 Hello, world 42
2.6.2 ビュー 47
2.6.3 プロジェクトとワークスペースそしてパースペクティブ 47

- 2.7 Eclipseの機能 50
  - 2.7.1 ビジュアルデバッガ 50
  - 2.7.2 ナビゲート 57
  - 2.7.3 コンテントアシスト 60
  - 2.7.4 マクロ展開確認 62
  - 2.7.5 ローカルヒストリ 64
  - 2.7.6 TODOコメント 65
  - 2.7.7 外部エディタとの連携 65
- 2.8 まとめ 67

第3章　C言語とオブジェクト指向 69
- 3.1 概要 69
- 3.2 Cのモジュール化とオブジェクト指向 69
  - 3.2.1 Cとモジュール化 69
  - 3.2.2 構造体によるデータ構造とロジックの分離 72
  - 3.2.3 Cを用いたオブジェクト指向 76
  - 3.2.4 オブジェクト指向と多態性 85
  - 3.2.5 継承 86
  - 3.2.6 カプセル化 89
  - 3.2.7 仮想関数テーブル 90
  - 3.2.8 非仮想関数 92
- 3.3 まとめ 93

第4章　C言語とデザインパターン 95
- 4.1 ステートパターン（State） 95
  - 4.1.1 状態遷移図 95
  - 4.1.2 状態遷移表 99
  - 4.1.3 オブジェクト指向ステートパターン 100
  - 4.1.4 複数の状態セットが関係するケース 103
  - 4.1.5 ステートパターンとメモリ管理 104
- 4.2 テンプレートメソッドパターン（Template） 105
  - 4.2.1 int以外を返す 109
  - 4.2.2 他のリソースを扱う 110
  - 4.2.3 コンテキスト 116
- 4.3 オブザーバパターン（Observer） 123
- 4.4 チェインオブレスポンシビリティパターン（Chain of responsibility） 134

4.5　ビジターパターン（Visitor） ... 137
4.5.1　オブジェクトに type id を持たせたくなったら黄信号 ... 140
4.6　まとめ ... 143

第5章　C言語とリファクタリング ... 145
5.1　概要 ... 145
5.2　テスト駆動開発 ... 146
5.2.1　Google Test ... 146
5.3　TDD 入門編 ... 147
5.3.1　Eclipse の設定 ... 147
5.3.2　初めてのテスト駆動開発 ... 151
5.3.3　static 関数のテスト ... 157
5.4　リファクタリング ... 160
5.4.1　外部インターフェイス ... 160
5.4.2　リファクタリングと投資 ... 160
5.5　TDD 実践編 ... 161
5.5.1　モンスターメソッド ... 162
5.5.2　C 言語によるモック化の手法 ... 172
5.5.3　リファクタリングを完了する ... 191
5.5.4　カバレッジの取得 ... 195
5.6　まとめ ... 198

第6章　継続的インテグレーションとデプロイ ... 201
6.1　概要 ... 201
6.2　継続的インテグレーションの前提 ... 202
6.2.1　ソフトウェア構成管理（Software Configuration Management） ... 202
6.2.2　ビルドツール ... 202
6.2.3　バグトラッキングシステム（BTS） ... 203
6.3　CI サーバの導入 ... 203
6.3.1　Jenkins のプラグインを追加する ... 204
6.4　CI 入門編 ... 206
6.4.1　今回 CI で自動化すること ... 206
6.4.2　初めての SCons ビルドスクリプト ... 207
6.4.3　gcovr のインストール ... 210
6.4.4　ビルド実行 ... 210
6.4.5　SCM に登録する ... 212

- 6.4.6 Jenkins のジョブを作成する ... 214
- 6.5 メモリ破壊のバグと戦う ... 228
  - 6.5.1 インストール ... 228
  - 6.5.2 Valgrind の実行 ... 228
  - 6.5.3 Valgrind で検出されるエラー ... 228
  - 6.5.4 Valgrind で検出されるメモリエラーの特徴と対策 ... 233
  - 6.5.5 Valgrind を Jenkins で使用する ... 234
- 6.6 CI 実践編 ... 241
  - 6.6.1 Microchip のツール ... 241
  - 6.6.2 ビルドの内容 ... 242
  - 6.6.3 ビルドファイルを分割する ... 247
  - 6.6.4 ビルドサーバを独立させる ... 253
  - 6.6.5 自動ビルドを計画する ... 259
- 6.7 まとめ ... 261

付録A サンプルプログラム ... 263
- A.1 共通の注意事項 ... 263
- A.2 C99 の仕様の有効化 ... 263
- A.3 サンプルプログラムの Eclipse への取り込み ... 264
  - A.3.1 サンプルプログラムを格納した zip ファイルの展開 ... 264
  - A.3.2 Eclipse に空のプロジェクトを作成 ... 264

著者紹介 ... 267
- 索引 ... 268

第1章
概要

　C言語（以降、単にC）が生まれたのは1972年なので、生まれてから実に40年近く経っていることになります。筆者がCに初めて出会ったのは今から30年以上前のことです。その頃、個人が使える一般的なコンピュータは「マイコン」と呼ばれ、プログラミング言語にはBASICインタープリタしか使えないものが一般的でした。Cコンパイラは有償のものしかなく、個人（特に学生）にはなかなか手の出るものではありませんでした。その後、状況は大きく変化して、今ではCを含め多くのプログラミング言語がオープンソースとして公開される時代となっています。

　Cの特徴は低レベルの処理が記述できることで、「高級アセンブラ」と揶揄されることがそれをよく物語っています。構造体、ポインタ、配列、ローカル変数などは実際のメモリ上の表現と1対1に結び付いており、機械語との親和性が非常に高いといえます。実際、多くのCコンパイラはソースの中にアセンブラを直接記述するための機能を持っていますし、組み込み用のCコンパイラであれば、ハードウェアに直結した割り込み機能を実装できるようになっているのが普通です。

1.1 今、Cが熱い!

　Cの後継を目指してさまざまなプログラミング言語が出てきました。C++言語（以降、単にC++）はその筆頭といえます。筆者がC++を使い出したのは20年くらい前の頃で、そのときは、いずれはCはC++に置き替わり、吸収されてしまうのだろうと思っていました。ところが、先日、TIOBE (http://www.tiobe.com/content/paperinfo/tpci/index.html)の集計でCが1位になりました。TIOBEはエンジニアが使用しているプログラミング言語のシェアを定期的に集計しているサイトで、Cの集計結果の変遷(http://www.tiobe.com/content/paperinfo/tpci/C.html)を見るとなかなか興味深い結果が出ています。2002年には20%以上あったシェアは漸減していき、2008年には13%あまりになりましたが、そこから反転し、再び20%を越えようとしています。一方のC++ (http://www.tiobe.com/content/paperinfo/tpci/C__.html)は、2002年からシェアを減らす一方で一時は17%くらいあったシェアが最近は10%を切っています（**図1-1**）。

　いったい何が起きているのでしょうか。PCだけ見ていると、これは奇妙な現象です。ごく一部を除けば、CとC++の間には上位互換性があり、Cで可能なことはすべてC++でも可能です。このため、わざわざC++を避ける理由は見あたりません。もちろん、C++の仕様は複雑なのでそれを嫌うという面はあるでしょうが、複雑な機能は使わなければよいだけでしょう。

　一歩下がってもう少し広い分野を見てみましょう。最近、PCの売り上げが伸び悩むと同時に、スマートフォンやタブレットが売り上げを伸ばしているというニュースをよく聞きます。あるいはハイブリッドカーなどが登場することで、車の機構が複雑化し、1台の車の中に多量の小さなコンピュータが組み込まれているという話を聞いたことはないでしょうか？　コンピュータがその能力を発揮している世界はPCだけではないのです。

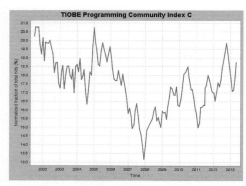 

図1-1　TIOBEによるC/C++のシェアの変遷（出典：http://www.tiobe.com/content/paperinfo/tpci/index.html）

　組み込み系のニュースサイトを見てみると、2009年から2011年の間で組み込み系のCPUは毎年10%ほど売り上げを伸ばしているとレポートされています（EMBEDDEDNEWS：http://www.embeddednews.co.uk/ArticleItem.aspx?Cont_Title=Smartphones+boost+microcontroller+shipments+with+Arm+seeing+major+growth、PCM007：http://www.pcb007.com/pages/zone.cgi?a=58069）。組み込み系で有名なベンダーの1つであるMicrochip社は2011年9月に同社の組み込み系CPUの出荷個数が100億に達したとレポートしており、90億から100億に達するまでに10か月しかかからなかったと述べています（http://www.techrockies.com/microchip-billion-pic-microcontrollers-shipped/s-0038192.html）。

　筆者は、こうした組み込み系分野の隆盛とCのシェア増加とは関連があると見ています。一口に組み込み機器といっても非常に幅が広いのですが、たとえば、Microchip社のPIC18F14K50という組み込み用チップ（http://www.microchip.com/wwwproducts/Devices.aspx?dDocName=en533924）の場合を見てみましょう。このチップは8ビットベースのCPUを内蔵した組み込み機器用マイコンですが、内部にUSBのコントローラを内蔵しており、簡単にUSB機器を作成できます（**図1-2**）。

Device	Program Memory		Data Memory		I/O (1)	10-bit A/D (ch) (2)	ECCP (PWM)	MSSP		EUSART	Comp.	Timers 8/16-bit	USB
	Flash (bytes)	# Single-Word Instructions	SRAM (bytes)	EEPROM (bytes)				SPI	Master I²C ™				
PIC18F13K50/ PIC18LF13K50	8K	4096	512 (3)	256	15	11	1	Y	Y	1	2	1/3	Y
PIC18F14K50/ PIC18LF14K50	16K	8192	768 (3)	256	15	11	1	Y	Y	1	2	1/3	Y

図1-2　USB機能を持った組み込みチップの仕様（出典：http://ww1.microchip.com/downloads/en/DeviceDoc/41350E.pdf）

　世の中の多くのUSB機器がこうした小型のマイコンを用いて作成されています。
　このマイコンの場合、メーカーが用意している言語はCかアセンブラしかなく、C++は用意されていません。プログラム用のメモリは16KBしかなく、RAMにいたっては768バイトしかありません。ちょっと高機能な関数（たとえばsprintf）をリンクしようとするとすぐにメモリが足りなくなってリンクエラーになってしまいます。これではたとえC++をサポートしたとしてもストリームI/Oもテンプレートも使えず、C++を使うメリットがほとんどなくなってしまいます。昔は、こういった「裾野」に入るような組み込み用チップは性能が低くて、アセンブラでプログラムを書くのが一般的でした。しかし最近は非常に性能が上がっており、ほとんどのアプリケーションはCで書いても速度的にまったく問題ないレベルになっています（筆者の世代くらいの

人は、データシートを見てみると昔の8ビットマイコンとメモリ容量的には同じなのに速度だけは2桁以上速いことに驚くでしょう）。そしてそれに伴い組み込み機器が提供する機能も次第に高度化してきています。これがCの需要を呼び寄せているのではないかと筆者は考えています。

1.2 Cによる組み込み開発の特徴

　Cによる組み込み開発には以下に述べるような独特の難しさがあります。

　ハードウェアを制御するプログラムはテストが困難な場合が多いといえます。通常なら、ICE（イン・サーキット・エミュレータ）を使用することでコードの動作を追うことが可能ですが、たとえばコードが境界値でも正しく動作するかどうかをテストするには、そうした値をハードウェアが返すようにお膳立てしなければなりません。またハードウェアがエラーや障害を起こしたときの動作を確認するためのテストは本物のハードウェアを相手にしている限りは実現が困難です。

　組み込み機器を制御するプログラムは使えるリソースが限られていることがほとんどです。プログラムはハードウェアが要求する応答速度に応えるため、一般には割り込みを用いてハードウェアの状態変化に即座に反応し、場合によっては専用のデュアルポートメモリやDMA（ダイレクト・メモリ・アクセス）機構を用いてデータの転送を高速化します。搭載されるメモリの容量も限られていることが多く、プログラムはなるべく短くし、作業メモリの使用を抑えなければなりませんし、スタック領域も限られているのでローカル変数の量や関数呼び出しの深さにも注意しなければなりません。こうした要請があることから、組み込み機器のプログラムは時として保守性を犠牲にして性能やメモリ使用量を優先せざるをえないケースが少なくありません。

　組み込み機器の多くはサーバプログラムと異なって大量にばら撒かれるのが普通です。これは保守に独特の難しさを呼び込みます。機器の数が多いとそれだけ再現困難なバグが発現しやすくなります。1,000台ばら撒かれた機器が1日1回どこかで障害を引き起こす場合、それをテスト環境にある1台の機器で再現するには、確率的には1,000日かかる計算になります。運よくバグを特定できたとしても、今度は修正プログラムをさまざまな場所に送り届け、それを適用しなければなりません。組み込み機器の使用者は一般にはITの専門家ではありませんから、その適用は簡単な手順で行えなければなりません。

　PCやサーバでは多機能のOS（オペレーティングシステム）が用いられることが普通です。組み込み機器もある程度以上の規模のものであれば、ITRONや組み込みLinuxが用いられますが、それ未満の規模の場合にはこうした後ろ盾はありません。このため通常であればOSが実現してくれるような基本的な機能（例：ファイルシステム）も自分で実装する必要があります。

　Cは他の大多数のプログラミング言語と異なり、多くのことがプログラマに任されています。たとえば、ローカル変数として確保した配列の添字を間違えれば、いとも簡単に関数の戻り先アドレスが格納されたメモリ内容を壊してしまいます。ヒープ領域にメモリを確保したら、それを忘れず解放しなければなりませんし、そのメモリ領域を指していたポインタを解放したら、そのあとは誤って使用してしまわないようにしなければなりません。本書を手に取ったということは、あなたはCのプログラマでしょうから、こうしたことは痛いほどよくおわかりでしょう。昔と違って今のPC用のOSならメモリ保護機構があり、こういったバグがある場合、すべては無理としてもある程度は保護機構で検出ができます。しかし組み込み系の開発ではメモリ保護機構がないシステムが多く、ちょっとしたプログラミングミスが解析困難な障害へとつながります。しかも組み込み系システムは、データセンターに大事に設置されたサーバとは異なり、さまざまな外的要因から影響を受けます。静電気、振動、温度から、はては万引防止装置の強力な電波、切れかかった電池による不安定な電源電圧などな

ど、数え上げようと思えばいくらでも出てきます。障害が発生した場合、サーバアプリケーションであればログやメモリダンプを取得して解析できますが、組み込み系でこうした仕組みが利用できるのは一部に限られます。

通常、企業向けのシステムは数年からものによっては10年以上使用されるのが普通です。一方で組み込み機器は千差万別ですが中には非常に短いものもあります。寿命の長いシステムにはそれ特有の難しさがありますが［1］、一方で短いものには短いなりに苦労があります。その1つは開発コストです。ごく当然のこととして製品はその寿命の中の売上で開発コストを回収しなければなりません。寿命が短かければかけられるコストも限られます（もちろん売り上げ個数や利益率にもよりますが、ネットワークがありさえすれば配信できるソフトウェアと違い、流通の必要な組み込み機器は期間が限られれば出荷できる個数も自ずと制限されます）。限られた開発コストで品質の高いソフトウェアを開発するのは困難な仕事といえるでしょう。さらにこうしたコストの問題により、最近は開発の一部あるいはすべてをより労働力の安い国に外注することが多くなってきています。外で開発されたコードの品質を担保するにはどうすればよいのでしょうか。あるいは外で開発されたコードにバグがあった場合、果たして自分達で保守できるのでしょうか。これは純粋に技術的な問題ではないため、解決は一筋縄ではいきません。

ソフトウェアだけでなくハードウェアにもバグは付き物です。PC用のCPUでさえエラッタと呼ばれるバグが発見されることがあります。一度量産を始めてしまったハードウェアの修正は作り直しになってしまい、修正にも回収にも莫大なコストが発生し現実的ではありません。よほど致命的なものを除けば、ソフトウェア側でハードウェアのバグを吸収しなければなりません。もしも製品の寿命が長い場合、使用しているパーツの一部が先に製造中止になってしまい代替品に切り替えなければならなかったり、パーツの仕様がロットにより一部変更になってしまうかもしれません。これを避けるために通常はパーツを一定量確保しておきますが、需要の予測は難しいものですし、この世界ではパーツの価格は低下していくことが多いので先に確保すると原材料が高くついてしまううえ、確保しておく場所の確保にもコストがかかりますから、確保できる量にも限度があります。結局、すべての皺寄せはソフトウェア側にいくことになります。

このように組み込み系には、さまざまな難しさがあることがわかります。普段何気なく（エラーなく動いて当たり前だと思っている！）、車、家電品、AV機器などは、こうした困難な状況の中での多くの技術者の絶え間ない努力によって生み出されているのです。

1.3 本書の目標

果たして自分の書いたコードはどんな状況でも正常に動作するのだろうか、組み込み系のプログラマなら誰しも心に不安を抱えているはずです。前節で述べたような組み込み機器独特の難しさの中には純粋に技術的には解決できないものもありますが、ツールや開発手法によって対処できるものもいくつかあります。本書ではこうしたツール、開発手法をご紹介していきます。

1.3.1 Cと統合開発環境

いまや多くの言語において、統合開発環境（IDE）を使用して開発するのが当たり前になっています。実際先ほどのMicrochip社もNetBeansというJava用のIDEをベースとしたPIC用のIDEを提供しています（図1-3）。

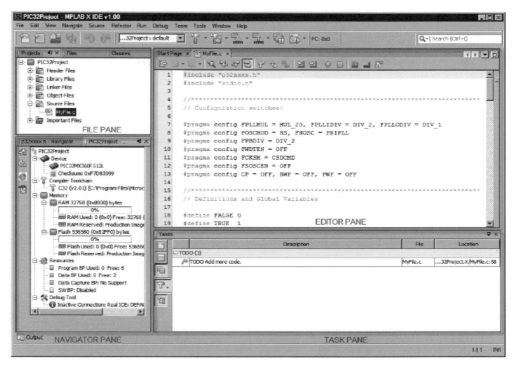

図 1-3　Microchip 社の MPLAB X IDE（出典：http://www.microchip.com/pagehandler/en-us/family/mplabx/）

　しかし実際の現場は、C の場合、かなり事情が異なっているようです。筆者は先日、とあるメーカーでの組み込み機器の開発現場を見る機会があったのですが、大半の技術者はテキストエディタとコマンドラインで開発を行っていました。

　図 1-4 に伝統的な C の組み込み開発環境を示します[1]。ソースコードのマスタはサーバに格納され、開発担当者はサーバからソースコードを取り出し（チェックアウト）、自分の PC 上でテキストエディタを用いて変更します。変更後自分の PC 上でコンパイル、リンクし、ターゲット機器に書き込みます。デバッグは恵まれた環境であれば ICE が各担当者に割り当てられていますが、そうでなければログを頼りにするいわゆる printf デバッグ、あとはチップメーカーが用意しているターゲット機器のシミュレータを用います。いずれにせよ、組み込み機器のデバッグは PC 上でのビジュアルデバッガを用いたデバッグと比べると手探りで進める感覚に近く、手強いバグにつかまれば何日も足止めを食うことも珍しくはありません。

　世の中では IDE がよいかエディタがよいかという議論が時折巻き起こっていますが、筆者は両方の特性を理解したうえで場面によってより適したツールを使い分ければよいだけの話で、どちらか一方しか使わないのはもったいないと思っています。たとえばデバッグ、コードのナビゲート、マクロの展開の解析、リファクタリングといった作業は IDE に軍配が上がるでしょう。本書では Eclipse の C/C++版のインストールと使用方法を簡単に解説し、本書全体を通じてこれを用いた開発を解説していきます。

---

[1] 組み込み系に詳しくない方に補足すると、図中の「プログラマ」は人のことではなく、ターゲット機器に書き込みを行う機器のことです。

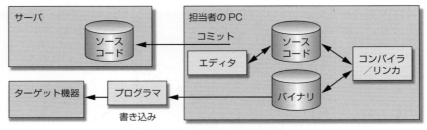

図1-4　伝統的なCの開発環境

1.3.2 Cとデザインパターン

　以前はデザインパターンというと上流の抽象的な設計パターンを指すことが多かったのですが、エーリヒ・ガンマ、リチャード・ヘルム、ラルフ・ジョンソン、ジョン・ブリシディースの4人（いわゆるGoF）によるデザインパターンが登場してからは、より実装寄りの設計パターンを指すことが多くなり、今では単にデザインパターンと呼ぶと、このGoFのデザインパターンを指すほどになりました。GoFのデザインパターンはオブジェクト指向言語をベースにしており、市販の書籍でもJavaやC++による例を用いたものが大半です。このためCのプログラマの中にはもしかしたら、Cではデザインパターンは活用できないと考えていたり、あるいはそもそもC以外はよくわからないので解説本を読んでもよくわからないというケースがあるかもしれません。しかしデザインパターンはCでも活用可能ですし、大変有用なものです。本書ではデザインパターンの中から特に組み込み機器をCで開発する上で有用性が高いと考えられるパターンを抜粋して活用方法を見ていきます。

1.3.3 Cとエクストリーム・プログラミング

　ケント・ベックらによって提唱されたエクストリーム・プログラミングは開発手法の1つで、従来の開発手法での常識を次々と覆した点で多くの衝撃を与えました。その中でも最も重要な考えの1つは変化を受け入れ、短期間で価値の高いソフトウェアを構築するという点にあるでしょう。エクストリーム・プログラミングの中では、開発作業のプラクティスがいくつか挙げられていますが、本書の中ではプログラミング言語と関連の深いプラクティスについて解説します。

CとTDD（テスト駆動開発）

　実装を行う前にまず作成したい機能を検証する単体テストを作成し、そのテストがパスするように最小限の実装を繰り返していく。これがTDDの考え方です。これは一見テストを作成するという作業によって従来よりも余計に時間と手間がかかるように見えます。しかし常にテスト可能であることによる品質の向上、そして変化への対応スピードの向上といった恩恵によりトータルではプラスに働くことは実際に試してみればすぐに実感できます。TDDを実践する場合、以下のような支援するツールの選定が重要となります。

- ●単体テストツール
  テスト対象に入力を与え、その結果を検証する枠組みを提供し、テスト結果をレポートする。
- ●カバレッジ測定ツール
  単体テストが自分の想定どおりに本体のコードをテストしているのかを検証しておくことはテストの重要

な観点の1つである。カバレッジ測定ツールはコードの中から実行された箇所を明らかにしてテストのカバー率を算出する。これによりプログラマはテストが不十分な箇所を容易に特定することが可能となる。

- **モック化ツール**
  通常、ソフトウェアコンポーネントは、他のコンポーネントとの相互作用を行う。あるコンポーネントをテストする際には相互作用を行う相手側のコンポーネントが、外部に依存（たとえば、ハードウェアに直接アクセスしたり通信したり）しているとテストが困難になってしまう。そこで相互作用相手にはモックと呼ばれる「ニセモノ」を用意して相互作用でやり取りされるデータが正しいことのみを検証する。このモックを生成するツールがモック化ツールである。

本書ではCでプログラムを組むうえで筆者がお勧めする単体テストツールとカバレッジ測定ツールの使用方法を解説します。なお残念ながら、Cではモック化ツールとして適当なものがありませんので、自分で既存のC関数をモック化する方法をいくつか例を挙げて解説することにします。

Cとリファクタリング

リファクタリングという言葉はプログラムの体質を改善するための作業を指しますが、現在一般的によく用いられている解釈は、プログラムの外部インターフェイスを変更せずに内部を改善するというものです。リファクタリングを行う場合に重要なのは先に単体テストを作成するという点です。これにより、リファクタリング作業がプログラムの機能を壊していないことを担保します。これは開発初期から継続的にリファクタリングを実施してきていれば容易です（すでにリファクタリングを実施しているのですから、単体テストもすでに存在しているわけです）が、自動テストのないコードに対してこれを行うのは大変困難な作業となります。特に数百行におよぶ関数（モンスターメソッド）のリファクタリングや、途中にハードウェアのアクセスを含むような関数は、そのままでは単体テストを作成することが困難です。またリファクタリング手法についてもオブジェクト指向言語をベースにしたものが多く、Cで用いる場合は適宜読み替えが必要となります。本書ではこうした教科書どおりにいかないCのアプリケーションのリファクタリングについて解説していきます。

Cと継続的インテグレーション

インテルの創設者の1人、ムーアが提唱した経験則の1つ、いわゆる「ムーアの法則」に従ってコンピュータの性能は指数関数的に増大してきました。コンピュータの性能向上は開発手法にも少なからず影響を与えています。筆者が学部生だった頃、FORTRANを用いた実習授業がありました。そのとき、先生が学生に何度も注意していたのが「無限ループを絶対に書かないように」でした。当時のコンピュータ（ホスト）は使用したリソースに対して課金されるようになっていて、実行したプログラムがどのくらいのコンピュータリソースを使用したかがレポートされるようになっていました。そのときのシステムにはたとえ無限ループを書いてしまったとしても検知して強制終了するような仕組みが入っていましたが、それでも一度無限ループを実行してしまうとレポートの「CPU time」という欄に1,000ms（つまり1秒）という数字が刻まれました。正確な金額は覚えていませんが1秒CPUを使うと数千円の課金をされたと記憶しています。

いまはどうでしょう。当時のコンピュータよりも1,000倍以上速いコンピュータが個人で好きなように利用でき、ビデオエンコーディングのようにCPUを使いまくる処理をいくら実行しても、それに対して課金されるようなことはありません。

これは少なからず開発手法に影響を与えています。昔はコンピュータを使用すること自体に細かく課金をさ

第 1 章 概要

れました。コードの画面上での編集、コンパイル、リンク、テスト、これらはすべてコンピュータのリソース（CPU、メモリ、HDD）を消費し、それらに対して課金がなされました。したがって、なるべくこれらを少なく抑える必要がありました。いわば人間の労働力よりもコンピュータリソースのほうが高い時代です。こうした時代はコンピュータに入力する前に、きちんと設計して紙の上でコードを書き、何度も見直してバグを取り除いておく必要がありました（これを机上デバッグと呼びました）。テストしたら、いつどういうテストをしたかを記録し、一度作成したプログラムはなるべく変更しないこと。もしもどうしても必要があって変更したらそこから影響があると考えられる部分のみをテストすること。それが常識でした。

図 1-5 はコーディング用紙といって、若い人には信じられないでしょうが、昔はこの紙の上にコードを書いてから最後にコンピュータに入力していたのです。

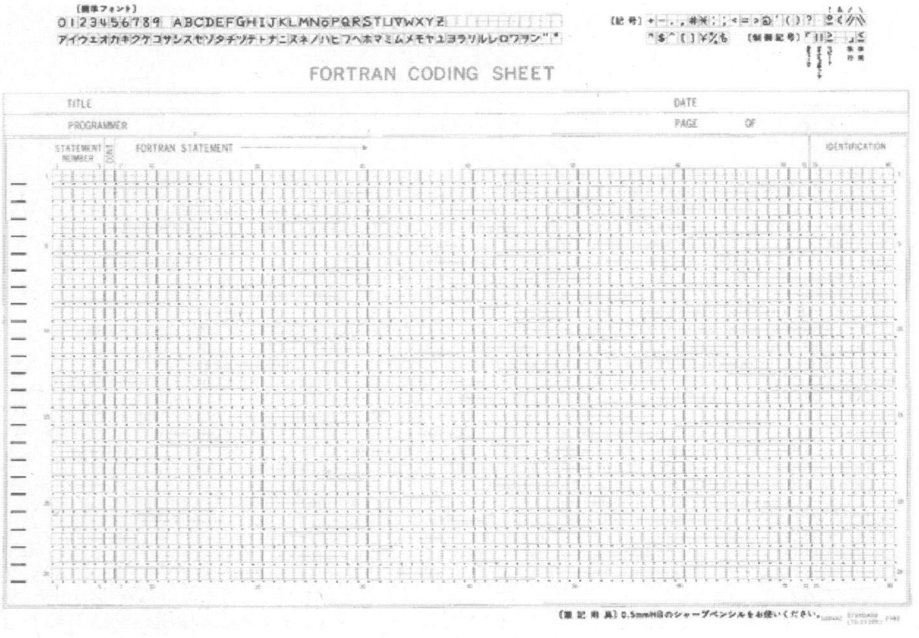

図 1-5 コーディング用紙（出典：http://www003.upp.so-net.ne.jp/elroy/tsuzuri/computer.html）

しかし、いまのようにコンピュータリソースが湯水のように使える時代になれば、常識も変わります。コードを 1 文字でも直したら、即座にコードをコンパイルしてテストを実行しアプリケーションが壊れていないことを検証する。これが継続的インテグレーションの考え方です。このような一連のビルド作業を行うサーバのことを CI サーバと呼びます。

企業向けソフトウェア開発では継続的インテグレーションは常識となりましたが、組み込み機器開発にももちろん有効です。本書では Java で一般的な CI サーバである Jenkins を C のアプリケーションの開発に活用する方法をご紹介します。

1.3.4 Cとモダンな開発スタイル

本書では上で述べた手法を組み合わせたモダンな開発スタイルをご紹介します。

図1-6にCIサーバを用いた開発の概略を示します。IDEはコンパイラ、リンカ、デバッガ、単体テストツールを統合しており、開発者はIDEを用いて開発を進めます。あとで本書の中で述べるとおり、プログラムの中でターゲット機のハードウェア制御に関係する部分を適切に分離しておくことで、単体テストの中で発見したバグはPC上でビジュアルデバッガを用いてデバッグできるようになります。開発者は必要になったらいつでもリファクタリングを実施してコードの構造を改善します。単体テストがあるのでコードを変更しても壊していないことをすぐに確認できます。

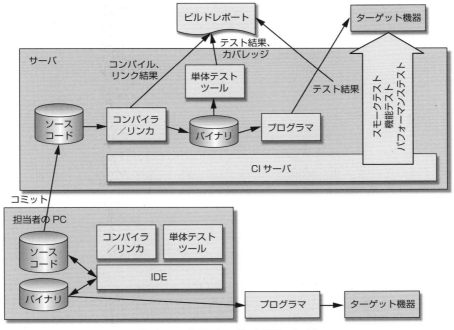

図1-6　Cを用いたモダンな開発スタイル

開発者がソースコードの変更をサーバにコミットすると、サーバはそれをトリガにビルドを実行します。ビルドの中ではまずソースコードのコンパイル、リンクを実行します。また単体テストを実行し今回のソースコードの変更がアプリケーションの動作を壊していないことを確認します。最後に可能な場合はターゲット機器への書き込みと一連のテストを実行します。スモークテストとは、ターゲット機器が正常に動作していることを確認するための最低限のテストのことで、プログラムのターゲット機器への配備が正常に行われたことを確認するために行います。機能テストはターゲット機器の機能をテストします。パフォーマンステストはターゲット機器のパフォーマンスが規定どおりであることを確認します。スモークテスト以降の一連のテストはターゲット機器によっては自動実行が困難な場合もありますが、たとえばネットワーク機器など可能なものであればこれらを自動実行するようにしておくことで品質を常に確認することが可能になります。

第 1 章　概要

　図 **1-7** は CI サーバの 1 つである Jenkins（http://jenkins-ci.org/）の管理画面の例です。多くの CI サーバはこのように Web 画面でビルドの状況を確認することができるようになっています。

図 1-7　CI サーバの管理画面（Jenkins）

ここまでに紹介した開発スタイルには以下のような利点があります。

- **単体テストによる品質、生産性の向上**
  ターゲット機器のハードウェア、プラットフォームに依存しないロジックを分離し、単体テストによってその動作を検証するようにしておくことで、こうしたロジックの品質を向上させることができる。また難しいロジック部分をこうして作成しておけば、バグがあっても PC 上でビジュアルデバッガで解析することが可能となる。
- **リファクタリングによるコードの構造の改善**
  単体テストを可能とし、リファクタリングをいつでも行えるようにすることで、コードの構造が改善される。これによりそのコードを書いた人以外の担当者にも短時間で内容を理解できるようになり、またコードが整理された関数の集合となることから再利用がより容易になる。
- **フィードバックがすぐに得られる**
  コードを commit すると、すぐにコンパイル・リンクが可能か、テストが通るかといったことが検証される。CI サーバではビルドのトリガとなった commit を見ることが可能なのでビルドが壊れたときに、どういう変更がきっかけとなったかがすぐにわかる。ビルドの失敗をメールや RSS で通知する機能があるのでビルドが壊れたことにすぐ気がつく。
- **正式なビルドが規定される**
  上記は継続的インテグレーションを使用しなくても自分の PC でビルドすれば確認できるように思われるが、知らないうちに関係のないソース、ライブラリが混入し、それを暗黙の前提としたビルド、テストになってしまっていることがあり（たとえば add/commit 忘れや、update 忘れ）、この場合、自分の PC ではビルドできても、それが commit されて他の人の PC に配布された途端、他の人達の環境でビルドが通らな

くなってしまう。「自分の PC ではコンパイルできるんだけど……」これは継続的インテグレーションを取り入れていない開発環境ではよく起きる障害で、開発人数が多いとこれにより多くの人の足が引っぱられてしまう。継続的インテグレーションを利用している場合は CI サーバが正式なビルドであり、ビルドの正当性はすべてここで統一される。たとえ自分の PC でビルドできても CI サーバでビルドできなければ欠陥であり修正が求められる。

- 常に動くソフトウェアが得られる

CI を使っていない場合、多くのケースでレポジトリのソースコードは、コンパイルさえうまく通らない状況になっていることが多く、開発が統合テストまで進んでから、急に難しいバグがあちこちで見つかるようになる。これは他の人のコードと組み合わせたときの「食い合わせ」に起因するバグが多く発現するようになることが 1 つの原因である。こうしたバグは複数の人のコード修正が原因になっているので、解決には時間と工数を要することが多い。しかもその原因となるコード修正はずっと以前に行われたものであることも多く、これが原因の究明をいっそう難しくする。CI を使用している場合、コードが少しでも変更されればコンパイルのし直しとテストが自動実行されるので、こうした統合に関連するバグにもすぐに気づくことができ、レポジトリの内容は常に動く状態に保たれる。

- レポート機能により状況、履歴をいつでも確認できる

CI サーバはビルド結果をまとめておきレポートする機能を持っているため、いつでもソースコードの変更と、それによって実行されたビルドの状況の履歴を確認することができる。

1.4 まとめ

本章では C による組み込み開発の特徴を簡単に挙げ、この後本書でご紹介する内容を簡単に解説しました。C による組み込み開発には以下のような特徴があります。

- テストが困難
- ターゲット機器でアプリケーションが使用できるリソースが限られている
- 大量にばら撒かれ、保守が困難
- OS がない環境もある
- プログラマが注意、管理しなければならない事柄が多い
- 製品寿命が非常に短いものがある
- ターゲット機器のハードウェア自体にバグがある場合があり、通常はソフトウェアで吸収しなければならない

次章以降では、以下を実現することで伝統的な開発スタイルとは違ったモダンな開発スタイルをご紹介していきます。

- C の開発で IDE を活用する
- C でデザインパターンを用いる

- C を使ったプログラムの開発をテスト駆動開発で行う
- C のプログラムのリファクタリングを行う
- C を使ったプログラム開発に継続的インテグレーションを用いる

これらを用いることで以下のような効果が得られます。

- デバッグが容易になり品質、生産性が向上する
- 単体テストにより品質、生産性が向上する
- リファクタリングによりコードの構造の改善が可能になる
- フィードバックがすぐに得られる
- ソフトウェアが常に「動く」状態に保たれる
- 正式なビルドが規定される
- レポート機能により状況、履歴をいつでも確認できる

参考文献

[1] 『エンタープライズ アプリケーションアーキテクチャパターン』 Martin Fowler 著、長瀬嘉秀 監訳、株式会社テクノロジックアート 翻訳、翔泳社）

第2章
開発環境の作成

2.1 概要

　本章では開発環境の作成について解説します。開発ツールが揃っていること、また最近は組み込み系のOSとして使われることも多いという点で本書ではLinuxを使用します。ただしWindowsのPCでも試せるように仮想マシンを使った環境の作成、WindowsとHDD内に共存させる方法についても解説します。

　なお本章ではLinuxに慣れていない方のために、なるべく詳細に解説を試みていますが紙面に限りもあるため、止むをえず省略している部分もあります。もしもLinuxの操作でよくわからない点があれば、市販のLinux入門書を参照してください。

　本書では全体を通じて統合開発環境（IDE）をCのアプリケーション開発に使用します。本章ではOSをインストールした後に、IDEのインストールについても解説します。

2.2 Linuxの入手

　今回はデスクトップ用のLinuxディストリビューションとして人気の高いUbuntuの派生版の中からXubuntuを使用します。XubuntuはXfceというデスクトップ環境[1]を使用しており軽量なのが特長で、開発機のように重いツールを使用するのにはピッタリです。基本的にツール類はパッケージマネージャを使用してインストールを進めていきますので、Debian系のLinuxディストリビューションであれば、本書の手順がほぼそのまま使用できるはずです。

　本書ではこの後、Windows上の仮想マシンにインストールする方法と、PCに直接インストールする方法を解説します。仮想マシンを使う場合、Windowsが32ビット版である場合は、Xubuntuも32ビット版を入手します。それ以外の場合、メモリが十分に（4GB以上）あるなら64ビット版を使用したほうがメモリを有効に活用できます。しかし64ビット版は32ビット版よりも余計にメモリを必要としますので、メモリが4GB以上搭載されていない場合には32ビット版にしておいたほうが快適に使用できるでしょう。

　Xubuntuは、http://xubuntu.org/から入手できます。［Get Xubuntu］リンクをクリックし、［Latest LTS release: 12.04, Precise Pangolin］の下にある［Torrent downloads］から［Desktop］というリンクを選んでください。TorrentはP2Pという技術を用いた転送方法ですが、環境によってはうまくダウンロードできないかも

1　ユーザにデスクトップの環境を提供するソフトウェアです。

しれません、その場合はその下の［Mirror downloads］から、［United States］をクリックします[*2]。［Desktop CD］から、32 ビットなら［PC (Intel x86) desktop CD］を、64 ビットなら［64-bit PC (AMD64) desktop CD］を選びます。これで iso という拡張子を持つファイルが入手できます。本書では以後、バージョン 12.04 LTS を用いて解説します[*3]。

> **どのバージョンを使用するか？**
>
> Ubuntu のディストリビューションは年に 2 回新しいバージョンがリリースされます。リリースされたばかりのバージョンはバグが残っていることが多く、ある程度の経験がないと解決困難なバグに悩まされる可能性があります。ただしあまり古いバージョンだとメンテナンスされなくなっていて、脆弱性を持っていることがあります。慣れないうちは最新バージョンのリリース後、数か月が経ち、パッチが当てられたものを使用するのが無難でしょう。提供される ISO イメージは、パッチのあたったものに置き換わっていきますし（執筆時点では 12.04.2 になっています）、インストール後も、パッケージマネージャがパッチの有無を定期的に監視して通知してくれるので、仮に古い ISO イメージを使ったとしても、あとから簡単にパッチを適用することができます。

2.3 Windows PC用の環境作成

　Windows の環境をなるべくそのままにしておきたい場合は仮想マシン（以降 VM）を使って Linux を稼動させます。今回は VirtualBox という VM を使用します。なお Windows 上に環境を作成する場合は最低でも 3GB のメモリが搭載された PC を用意してください。Windows Vista 以降では OS 自体が使用するメモリ量が増えているため、32 ビット版での稼動は困難です。可能であれば 64 ビット版 Windows を用意して 4GB 以上のメモリを搭載することをお勧めします。

2.3.1 VirtualBoxのインストール

　VirtualBox は Oracle が提供しているオープンソース（以降 OSS）の VM です。日本語のダウンロードページも用意されていますが、提供されているバージョンが古いので英語のサイトを参照してください（https://www.virtualbox.org/wiki/Downloads）。執筆時点の最新バージョンは 4.2 です。「VirtualBox 4.2.x for Windows hosts」の隣にある［x86/amd64］というリンクをクリックして実行ファイルを入手してください。あとはそのまま入手したファイルを実行すればインストールできます。

　インストールが終わったら VirtualBox を起動してください。まず VM を作成するために左上の［新規］ボタンをクリックします（図 **2-1**）。

2　執筆時点ではミラーサイトに日本がないので［United States］を使用します。もしもミラーサイトに日本があるようなら、もちろん日本を指定してください。

3　LTS は Long Term Support の略で、リリース後、5 年間のセキュリティアップデートが保証されたバージョンです。LTS は 2 年に一度リリースされます。これに対して［Latest release: 〜］の下から配布されているものは半年に一度最新バージョンがリリースされ、セキュリティアップデートが行われる期間も 1 年半と短くなっています。本書執筆時には、LTS の最新バージョンは 12.04 LTS（2012 年 4 月リリースバージョン）であることから、ここでは 12.04 LTS を採用しています。

2.3 Windows PC 用の環境作成

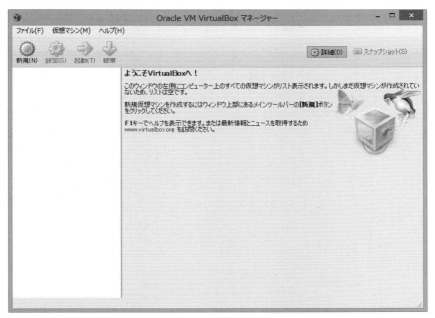

図 2-1　VM の新規作成

［名前とオペレーティングシステム］画面で名前を入力し（名前は任意です。ここでは「Xubuntu12.04」としています）、［タイプ］と［バージョン］の部分に、「Linux」と「Ubuntu」を指定して［次へ］をクリックします（図 **2-2**）。

図 2-2　VM の名前を指定

［メモリーサイズ］画面でメモリに 2GB を割り当てます（図 **2-3**）。

図 2-3　メモリ割り当て

　次に仮想ディスクの作成を行います。最初に仮想ディスクを作成するか聞かれるので［仮想ハードドライブを作成する］を選んで［次へ］をクリックしてください（**図 2-4**）。［ハードドライブのファイルタイプ］ではそのまま［VDI］を選んで［次へ］をクリックします。

図 2-4　仮想ディスクの作成（1）

　［物理ハードドライブにあるストレージ］では［可変サイズ］を選びます（**図 2-5**）。これにより指定した容量によらず、VM 内で実際に使用する容量分のみが HDD から割り当てられます。

図 2-5　仮想ディスクの作成（2）

［ファイルの場所とサイズ］では、VM で使う HDD のサイズを決定します。今回は 20GB としています（図 2-6）。指定をしたら、［作成］ボタンをクリックして VM を作成します。

図 2-6　仮想ディスクの作成（3）

VM が作成されたら［設定］ボタンをクリックします（図 2-7）。

図 2-7　仮想マシンの設定

上でダウンロードした Xubuntu の CD からブートするように設定します。左側のペインから［ストレージ］を選び、［ストレージツリー］から IDE コントローラを選択します。CD のアイコンに［＋］マークが付いたものがあるので［CD/DVD デバイスの追加］をクリックします（図 2-8）。

図2-8 ［CD/DVDデバイスの追加］を選択する

［ディスクを選択］をクリックしてダウンロードしたXubuntuのISOファイルを指定します（**図2-9**）。

図2-9 ［ディスクを選択］をクリック

IDEコントローラにCDが追加されます（**図2-10**）。

図2-10 XubuntuのCDがIDEコントローラに追加される

［OK］ボタンをクリックして最初の画面に戻り［起動］ボタンを押して起動します。起動してしばらくすると図2-11のような画面が表示されるので、左のペインから一番下にある［日本語］を選び、［Xubuntuをインストール］をクリックしてください。

図2-11　［起動］ボタンをクリックしてXubuntuを起動

このあとの手順はVMを使わない場合と同じなので、「2.4.3 Xubuntuのインストール」に進んでください。

2.4 Linux PC用の環境作成

　上で解説したとおり、Windows PCでもVMを使用することで環境を構築できますが、可能であればLinuxネイティブの環境を用意することをお勧めします。

2.4.1 導入する前に

　Windows PCへのLinuxの導入には大きく分けて2つ、既存のWindowsと共存する方法と置き換える方法があります。いずれにせよ操作ミスやバグで起動できなくなったり、パーティションが壊れてしまう可能性もないとはいえません。作業前にはバックアップを取ることを忘れないでください。

　最近のLinuxディストリビューションの多くのインストーラは、すでにインストールされたWindowsを発見

すると Windows パーティションのリサイズを行って、Linux と共存させるための作業を行う機能をウィザード形式で提供しています。この場合は PC を起動したときにメニューが表示されて Windows を起動するか Linux を起動するかを選べるようになります。Xubuntu もこの機能を持っています。

新規に導入する場合には、HDD 内のリカバリ区画に注意してください。PC によっては HDD の中身を買ったときと同一に戻すためのリカバリ機能というものを用意している場合があり、その機能を HDD 内の特定の区画（Windows とは別の区画）に格納していることがあります。Linux 導入時にこの区画を間違って削除してしまうと、以降リカバリ機能が使用できなくなってしまいます。PC によってはリカバリ区画を CD-R/DVD-R にバックアップする機能を持っている場合があるので可能であれば作業前にバックアップをとっておくとよいでしょう。詳細はお手持ちの PC のマニュアルを参照してください。

メモリカードにインストールする

新規に導入する際のオプションとして、メモリカードで Linux を動かすことも可能です。この場合、HDD には変更を加えずに Linux を利用できます（ただしインストールの際に、インストール先として間違って HDD を選んでしまわないように十分注意してください）。ラップトップ PC のメモリカードスロット（SD カードやコンパクトフラッシュ）あるいは USB メモリに大容量で高速なものをセットし[4]、Linux のインストーラを起動すると、対応した PC であれば HDD の 1 つとして表示されるので、これをインストール先として選択すれば、あとは HDD にインストールするのと同じようにインストールできます。インストールが終わったら、PC の起動順序の設定が BIOS にあるので、これを変更してメモリカードから起動するようにしておけば、HDD にインストールした場合と同じように使用できます（PC によっては USB、メモリーカードからの起動に対応していない場合があります）。USB は、HDD に比べると転送速度は劣りますが（メモリカードスロットも内部は USB で接続されていることが多い）、十分に速いメモリカードを使用すれば実際の体感速度は、むしろ HDD より速いくらいに感じられることもあります。ただしメモリカードは頻繁な書き換えを行うと寿命が極端に縮むので、RAM を十分に（3GB 以上）積んでスワップパーティションは作成しないようにしたほうがよいでしょう。

2.4.2 インストールメディアの作成

ダウンロードした ISO イメージは、VM を使用する場合はファイルのままでそのまま使用できますが、PC に直接インストールする場合は、何らかのメディアに「焼く」必要があります。

Windows で作成する方法

Windows で作成する手順として、DVD-R/RW を用いる方法と USB メモリを使用する方法について解説します。

DVD-R/RW を使用する

もしも PC に DVD-R/RW に書き込めるドライブが搭載されている場合、DVD を作成してしまうのが一番簡単です。その場合、PC に書き込むためのソフトウェアがプリインストールされていることが多いので、それを

---

[4] 容量として 16GB 以上、読み込み速度が 30MB/s 以上くらいを目安とするとよいでしょう。

2.4 Linux PC 用の環境作成

そのまま使うのがよいでしょう。よくわからない場合は、さきほどダウンロードした ISO ファイルをエクスプローラで見てみてください（**図 2-12**）。

図 2-12　ISO ファイルをエクスプローラで表示

このように特定のアプリケーションのアイコンで表示される場合は、何らかのアプリケーションが ISO イメージの書き込みに対応している可能性が高いのでダブルクリックしてみてください。実際の書き込み作業はアプリケーションによって違うので解説を省略します。詳細はお使いのアプリケーションのヘルプを参照してください。

　この DVD で起動するには、BIOS の設定で DVD ドライブから起動するようにする必要があります（最初からそのように設定されていることが多いので、まずは DVD を入れたまま起動してみてください）。通常は［Startup］とか［起動］という名前のメニューの中にありますが、方法は PC によって異なりますので、お手持ちの PC のマニュアルを参照してください。起動すると VM のときに解説した図 2-11 と同じ画面が表示されるので、左のペインから一番下にある日本語を選び、Xubuntu をインストールをクリックしてください。

　このあとの手順は共通なので、「2.4.3 Xubuntu のインストール」に進んでください。

CD-R/RW ではダメ？

サイズ的に Xubuntu 12.04 はギリギリで CD-R/RW に書き込みが可能なので、CD-R/RW を使用しても構いません。この場合は 700MB と表記されたメディアを使用してください。650MB では容量が不足して書き込みがうまくできません。なお、Xubuntu 12.04 64 ビット版のサイズは、731,164,672 バイトで、一見 700MB では容量が足りないように見えますが、CD-R/RW の容量は慣例で 1MByte = 1024 × 1024 バイトとなっているようで、実際には書き込みが可能です（DVD-R/RW や HDD では MB = 1000 × 1000 バイトが慣例）。Ubuntu のサイズはバージョンごとに増大しており、将来いつ CD-R/RW に入りきらなくなるかわからない状況です。このため本書では DVD-R/RW を使用するように記載しました。今は CD-R/RW も DVD-R/RW もメディアの価格はほとんど変わりませんし、今時 CD-R/RW にしか書き込みのできないドライブもほとんどないでしょうから、DVD-R/RW を使用しておくのが無難でしょう。

USB メモリを使用する

　もしも PC に DVD-R/RW 用のドライブがない場合は、USB メモリを使用するのがよいでしょう。方法は Ubuntu のサイトに記載されています（http://www.ubuntu.com/download/help/create-a-usb-stick-on-windows）。以下に簡単に方法を記載します。

　2GB 以上の容量のある USB メモリを用意して、PC の USB ポートに接続しておきます。http://www.pendrivelinux.com/universal-usb-installer-easy-as-1-2-3/#button を Web ブラウザで開きます。[DOWNLOAD] アイコンをクリックして Universal-USB-Installer というツールをダウンロードします。ファイルを実行してツールを起動します。最初にライセンス確認画面が表示されるので、内容を確認してよければ [I Agree] ボタンを押して進みます（**図 2-13**）。

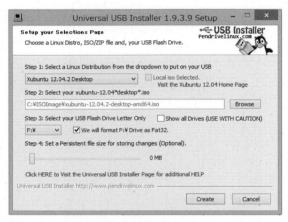

図 2-13　USB メモリに Xubuntu の USB インストーラを作成

　[Step 1] から、[Xubuntu 12.04.x Desktop] を選びます。[Step 2] には上でダウンロードした ISO ファイルの場所を指定します。[Step 3] で認識された USB メモリを指定します。もしも USB メモリに何か入っているようであれば、右にある [We Will format x:\ Drive as Fat32] をチェックします（ここで、x は [Step 2] で選んだドライブです。これにより内容はすべて消去されます）。[Step 4] は変更しないで、[Create] ボタンを押します。確認画面が表示されるので Y を選んでください。USB メモリの速度によりますが、10 分もあれば処理は終了するでしょう。

　この USB メモリで起動するには、BIOS の設定で USB メモリから起動するようにする必要があります。方法は PC によって異なりますので、お手持ちの PC のマニュアルを参照、あるいはメーカーのサポートに聞いてみてください。起動すると**図 2-14** のような画面が表示されるので、[Install Xubuntu on a Hard Disk] を矢印キーで選んで Enter キーを押します（この画面は自動的に次の画面に進んでしまうので、気をつけてください）。

2.4 Linux PC 用の環境作成

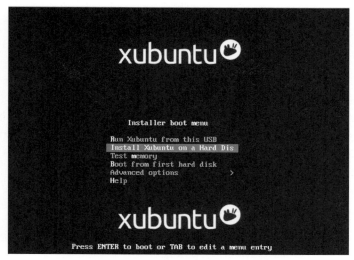

図 2-14　USB メモリから Xubuntu を起動

その後 GUI 画面になるので左のペインから日本語を選び［続ける］ボタンをクリックします（**図 2-15**）。

図 2-15　言語の選択画面

この後の手順は共通なので、「2.4.3 Xubuntu のインストール」に進んでください。

Linux でインストール用の USB メモリを作成する方法

　もしもすでに Linux が導入された PC がある場合は、Linux で作成するのが簡単でしょう。多くのディストリビューションには［スタートアップ・ディスクの作成］というアプリケーションがシステム系のツールのメニューの中に入っており（Xubuntu の場合はシステムのメニューの中にあります）、これを使用するとインストール用の USB メモリを作成できます（**図 2-16**）。インストール元ディスクイメージに、上でダウンロードした ISO ファイルを指定し、使用するディスクに、いま USB ポートに接続している USB メモリが表示されていることを確認し［スタートアップ・ディスクの作成］を選びます（USB メモリに何かファイルが入っている場合はディスクの消去をクリックして内容を消去します。消去したあとは再び USB メモリが認識されるのに数秒〜数十秒くらい時間がかかります）。

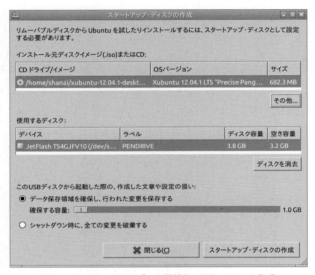

図 2-16　Linux でのブート可能な USB メモリの作成

　この USB メモリで起動するには、BIOS の設定で USB メモリから起動するようにする必要があります。方法は PC によって異なりますので、お手持ちの PC のマニュアルを参照、あるいはメーカーのサポートに聞いてみてください。起動すると図 2-11 と同じ画面が表示されるので、左のペインから一番下にある日本語を選び、［Xubuntu をインストール］をクリックしてください。

2.4.3 Xubuntuのインストール

　上に述べたいずれかの方法で準備を行いインストールを実行すると、いずれも**図 2-17** に示す画面にたどり着きます。

　チェックボックスを 2 つともチェックし、ここに書かれているとおり、PC をネットワークにつないで先に進みます。有線 LAN の場合は DHCP が使える環境であれば自動的に認識されネットワークに接続されます。無線 LAN の場合は上のチェックボックスは無効になっているので、下のチェックボックスのみチェックして、［続ける］ボタンを押すとアクセスポイントの一覧が表示されるので、自分が使用しているアクセスポイントを指定して接続してください。

2.4 Linux PC 用の環境作成

図 2-17　インストーラの初期画面

次にインストール先の HDD 区画を指定します。**図 2-18** は VirtualBox を使用した例です。この場合は HDD 全体を Xubuntu で指定しますので、[ディスクを削除して Xubuntu をインストール] を選択します。

図 2-18　インストール先の HDD 区画を指定

確認画面が表示されるので [インストール] をクリックします（**図 2-19**）。

図 2-19　ディスクのパーティション削除の確認

　もしも Windows がすでにインストールされている PC でインストーラを起動した場合は「Xubuntu をこれらと併用可能な形でインストール」というメニューが表示されるので、Windows と共存させたい場合にはこれを選んでください。その次の画面で Xubuntu と Windows とでディスクの容量をどのように分けるかを決定する画面が表示されます。Windows と Linux との間の境界線はドラッグできますから、位置を決めてインストールをクリックします。

　［どこに住んでいますか］という画面（**図 2-20**）は、デフォルトで［Tokyo］になっていると思いますので、そのまま進んでください。

図 2-20　言語の選択

その後のキーボードレイアウト（図 2-21）も、通常の Windows マシン用のキーボードであれば、そのままで構いません。

図 2-21　キーボードレイアウトの選択

次の画面でユーザ名とパスワードを入力します。[自動的にログインする]を選ぶと OS の起動時に自動的にログインします（図 2-22）。

図 2-22　ユーザ名とパスワードの指定

このあとは自動的にインストールが進み、最後に再起動を要求されるのでインストールに使用したメディア

(DVD、USB メモリ）を外して再起動します。VM を使用している場合は、設定のストレージ定義（図 2-10）からインストール時に追加した CD-ROM を右クリックして割り当てを解除します。

再起動後、上部パネルに赤いアイコンが表示されるので、ここをクリックして［アップデートの表示］を選びます（図 2-23）。

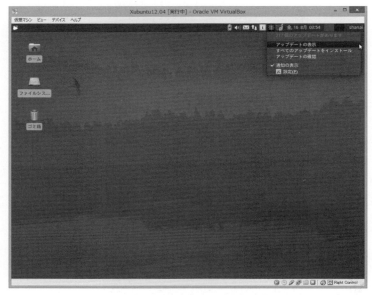

図 2-23　［アップデートの表示］を選択

アップデートマネージャが表示されるので［アップデートをインストール］をクリックします（図 2-24）。

図 2-24　［アップデートをインストール］をクリック

2.4 Linux PC 用の環境作成

インストール後、赤いアイコンの右に再起動を促すアイコンが表示されるので、ここをクリックして再起動します。再起動後にも再度赤いアイコンが表示される場合は、もう一度同じことを行ってアップデートをインストールします。

なお、VM を使っている場合は、ここで Guest Addition をインストールしておくとよいでしょう。Guest Additions をインストールすると、画面の解像度を上げたり、クリップボードの共有をしたりする機能が追加されます。VirtualBox の ［デバイス］ メニューから ［Guest Additions のインストール］ を選びます。すると CD がマウントされます（図 2-25）。

図 2-25　「Guest Additions」の CD イメージをマウント

Ctrl キーを押しながら Esc キーを押すとメニューが表示されるので、［Open Terminal Here］ をクリックします（以後、単にターミナルと呼びます）。ターミナルの中で次のように入力します。

```
$ cd /media/VBOXADDITIONS_4.2.16_86992
$ sudo ./VBoxLinuxAdditions.run
```

なお、1 行目で指定している「/media/VBOXADDITIONS_4.2.16_86992」は、図 2-25 のウィンドウで上のほうに表示されているパスです。このときは、「cd /media/VBOX」あたりまで入力して Tab キーを押せば、残りの部分は補完入力されます。2 行目も「sudo ./VBoxL」まで入力して Tab キーを押せば残りは入力されます。パスワードを聞かれるのでインストールの際に指定したパスワードを入力します（図 2-26）。

第 2 章　開発環境の作成

図 2-26　「Guest Additions」のインストール

以上で Xubuntu のインストールは完了です。いよいよ開発環境をインストールしましょう。

2.5 Eclipseのインストール

　Eclipse は Java 用の IDE として有名ですが、C/C++開発に使えるエディションが存在します。本書では Eclipse を IDE として使用します。Eclipse を使用するためには Java が必要ですので先に Java をインストールしておきます。

2.5.1 Javaのインストール

　Ctrl + Esc キーを押し、［アプリケーション］-［システム］-［Synaptic パッケージマネージャ］を選びます。パスワードを要求されたらインストール時に入力した自分のユーザのパスワードを入力します。クイック検索の入力域に「jdk」と入力して少し待つと openjdk-7-jdk が表示されるので、右クリックして［インストール指定］を選びます（図 2-27）。
　［依存により要求された変更を追加しますか？］というダイアログが表示されるので［マーク］をクリックします。［適用］ボタンが押せるようになるのでクリックします。サマリダイアログが表示されるので［適用］ボタンを押します。インストールが終わったら Synaptic パッケージマネージャを閉じます。

2.5 Eclipseのインストール

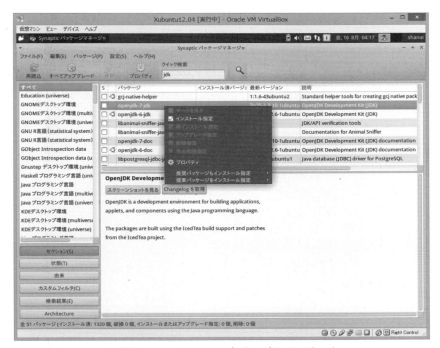

図2-27 openjdk-7-jdk パッケージのインストール

2.5.2 Eclipseのインストール

[Ctrl] + [Esc] キーを押し、［アプリケーション］－［ウェブブラウザ］を選びます。Eclipse のサイト (http://www.eclipse.org/) を Web ブラウザで開き、［Download Eclipse］をクリックします（図 2-28）。

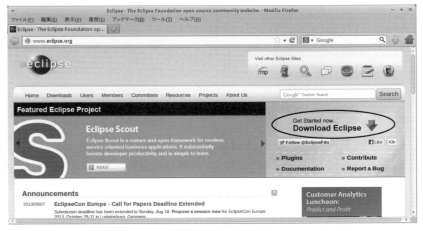

図 2-28 Eclipse のサイト

39

Eclipse IDE for C/C++ Developersを入手します。用意したOSに応じて［32Bit］あるいは［64Bit］を選んでください。なおEclipseのサイトはアクセスしているPCのOSに対応したファイルを自動的に表示するようになっています。このためWindows PCでアクセスするとWindows用のファイルが表示されます。これはリストの右上にあるドロップダウンメニューで選べるようになっていますのでLinux以外からアクセスしている場合は、ここを［Linux］に変更してください。執筆時点での最新版は4.2-SR1で、本書ではこのバージョンを使用します（図2-29）。

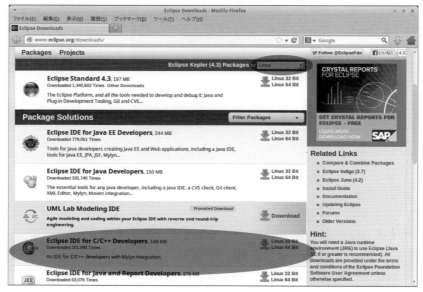

図2-29　Eclipse IDE for C/C++ Developersのダウンロード

ブラウザがダウンロードファイルを格納する場所

Xubuntuの標準ブラウザであるFirefoxがダウンロードファイルを格納する場所は、ホームディレクトリ（Linuxのホームディレクトリは、「/home/**自分のユーザ名**」）の下の「ダウンロード」というディレクトリですが、これはFirefoxの［編集］－［設定］－［ダウンロード］で変更できます。筆者はここを/tmpに変更しています。またXubuntuではデフォルトはホームディレクトリに、このような日本語名のディレクトリをいくつか用意しますが、これはターミナルから使用するときに不便なので、必要に応じて英語名に変更するとよいでしょう。変更するには、ターミナルから以下のように入力します。

```
LANG=C xdg-user-dirs-gtk-update
```

［Update standard folders to current language？］というダイアログが表示されたら［Update Names］ボタンをクリックします（図2-30）。

図 2-30　ディレクトリ名の変更

これでホームディレクトリにある日本語名のディレクトリが英語名になります。

　ファイルをダウンロードしたら展開します。今回はホームディレクトリにインストールします。ターミナルを開き（ターミナルは上で解説したとおり、Ctrl + Esc キーを押して［Open Terminal Here］で開くことができます）、以下のように入力します。

```
$ cd
$ tar xf /tmp/eclipse-cpp-juno-SR1-linux-gtk.tar.gz
```

　この例では/tmp の下にダウンロードをした場合を示しているので、自分でダウンロードした場所に応じて読み替えてください。またファイル名はダウンロードした Eclipse のバージョンによって異なるので、/tmp/eclipse あたりまで入力して Tab キーを押してファイル名を補完するのがよいでしょう。

　Eclipse をインストールしたら簡単に起動できるようにしておきましょう。ターミナルで以下のように入力します（「~」はホームディレクトリを指定する書き方です）。

```
$ mkdir ~/bin
```

　これで自分のホームディレクトリに bin というディレクトリが作成されます。一度ログアウトしてから（画面左上のネズミのアイコンをクリックして［ログアウト］を選びます。なお、このネズミのアイコンのことを以降、「アプリケーションメニュー」と呼びます）、ログインし直します。これで~/bin の下に置いたファイルが実行できるようになります。ターミナルから以下のように入力します。

```
$ cd ~/bin
$ ln -s ~/eclipse/eclipse
```

　これにより~/bin というディレクトリに Eclipse 実行のためのシンボリックリンクが作成されます（Windowsのショートカットと同じようなもの）。Alt + F2 キーを入力するとダイアログが表示されるので、ここに「eclipse」と入力して Enter キーを押すことで Eclipse を起動できます（図 2-31）。

図 2-31　［プログラムの実行］ダイアログから Eclipse を起動

マウスを使って起動したい場合、ファイルマネージャを開き（アプリケーションメニューの［アクセサリ］の中にあります）、eclipse ディレクトリの中の eclipse をダブルクリックすれば起動できます。なお eclipse を右クリックして［送る］-［デスクトップ］を選べばデスクトップにリンクを作っておくことができます。

2.5.3　その他のツールのインストール

Eclipse を使用する上で、次のツールが必要となるためインストールしておきます。

ツール	説明
build-essential	開発ツールのセット
gdb	GNU デバッガ
git	ソースコード変更管理ツールの 1 つ

ツールのインストールは、Java のインストールで見たように Synaptic パッケージマネージャを使って行うこともできますが、今回はターミナルから行う方法を見ておきましょう。ターミナルから次のように入力します。

```
$ sudo apt-get install build-essential gdb git
```

パスワードを聞かれるのでパスワードを入力すると、あとは自動的にインストールが実行されます。本書では以降 apt-get コマンドを使用する方法を用いますが、Synaptic パッケージマネージャを使う方法も apt-get コマンドを使う方法も結果は同じなので、好きな方法を選んでください。

なお git は、ソースコードの変更を管理するためのツールです（以降 SCM）。SCM には git 以外にも、CVS や Subversion があります。本書では SCM については解説しませんので、必要に応じて他の書籍を参照してください。

2.6　Eclipseの基本操作

それでは Eclipse を使用した開発方法を見ていきましょう。

2.6.1　Hello, world

Eclipse を使用して恒例の Hello, world プログラムを作成してみます。Eclipse を起動するとワークスペースの選択画面になります。デフォルトはホームディレクトリの下の workspace ディレクトリです。ワークスペースが何を意味するかについてはあとで解説するので、とりあえずはこのまま［OK］をクリックして進めてください（図 2-32）。

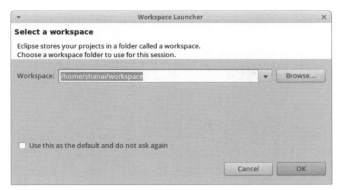

図 2-32　ワークスペースの指定

EGit が Git を見つけられないというダイアログが表示される場合（**図 2-33**）、git がインストールされていません。「2.5.3 その他のツールのインストール」を参照してツールのインストールを済ませておいてください。

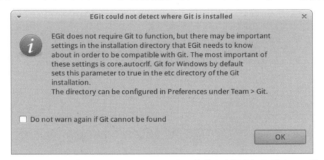

図 2-33　git がインストールされていない場合に表示されるダイアログ

最初は、「Welcome」というビューが表示されますが「Welcome」の右横にある［X］をクリックして閉じてください（**図 2-34**）。

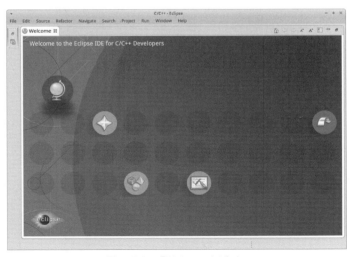

図 2-34　「Welcome」ビュー

それではプロジェクトを作成します。プロジェクトが何を意味するかについてもあとで解説しますので、とりあえずはここにあるとおりに作業を進めてみてください。メニューから［File］-［New］-［C Project］を選択します（**図 2-35**）。

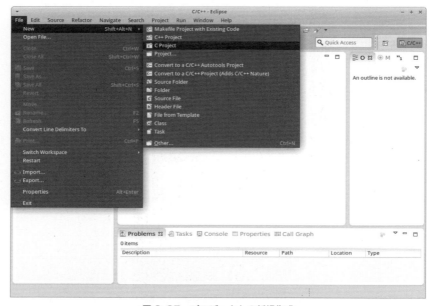

図 2-35　プロジェクトの新規作成

［Project name］には「helloworld」を入力し、［Project type］は［Executable］から［Hello World ANSI C Project］を、［Toolchains］からは［Linux GCC］を選び、［Finish］をクリックします（**図 2-36**）。

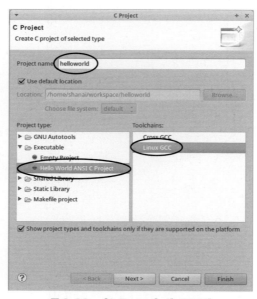

図 2-36　［C Project］ダイアログ

これによって Hello, world アプリケーションが自動生成されます（**図 2-37**）。

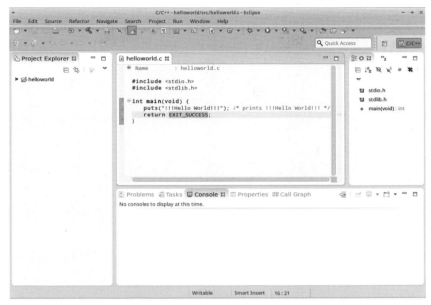

図 2-37　生成された Hello, world アプリケーション

プロジェクトが作成されたら、コンパイルしましょう。［Project］－［Build All］を選びます。［Console］ビューにコンパイル過程が表示されます（**図 2-38**）。

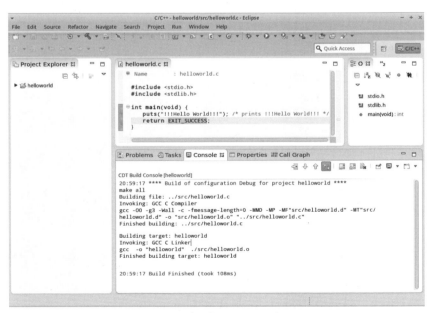

図 2-38　プロジェクトのコンパイル

コンパイルが終わったら実行してみます。ソースコードの上で右クリックし、[Run As] － [Local C/C++ Application] を選びます（図2-39）。

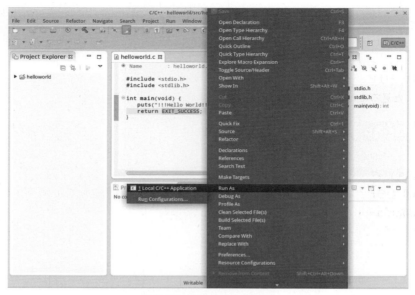

図2-39　プロジェクトの実行

[Console] ビューに「!!!Hello World!!!」と表示されれば成功です（図2-40）。

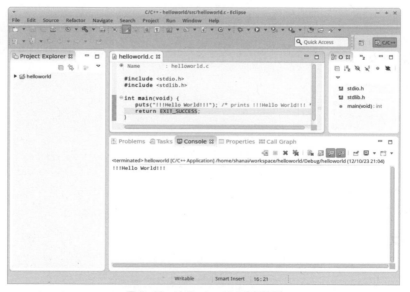

図2-40　Hello, world の実行結果

2.6.2 ビュー

これまで見てきたとおり、Eclipse の画面は弁当箱のように仕切られていることがわかります。個々の領域のことを**ビュー**と呼びます。デフォルトでは左に［Project Explorer］というビューがあり、ここでプロジェクトの中に入っているファイル、その構成を見ることができます。中央上にはファイルの内容が表示されます（通常はソースコード）。右側には現在表示しているファイルの構造が表示されます。

Eclipse の各機能はビューによって提供されます。どんなビューがあるかは［Windows］-［Show View］-［Other］を選ぶと見ることができます。

ビューを間違って消してしまった！　ビューの配置がおかしくなってしまった！

各ビューの横には［X］アイコンがあります。慣れていないうちは、興味本位で、あるいは間違ってこのアイコンをクリックしてしまい、ビューが消えてしまって慌てるかもしれません。この場合は本文にあるとおり、［Windows］-［Show View］からビューをクリックすることで復元できます（試しに Project Explorer を消して復元してみてください）。またビューはマウスでドラッグアンドドロップすることで好きな位置に移動することもできます。収拾がつかなくなったら、［Window］-［Reset Perspective］を選ぶことで初期の配置に戻せます（パースペクティブについては、このあとで解説します）。

2.6.3 プロジェクトとワークスペースそしてパースペクティブ

Eclipse を始めとする IDE には独特の概念があります。わかってしまえばまったく難しい概念ではないのですが、最初のうちは耳慣れないせいもあって、かなりとまどうのではないかと思われます。ここでは、そうした中からプロジェクト、ワークスペース、パースペクティブを挙げて簡単にその概念を解説しておきます。ここではよく理解できなくても使っているうちに慣れてきますので心配無用です。

プロジェクト

プロジェクトは、アプリケーションやアプリケーションを構成する、あるまとまった単位を格納するための入れ物です。より具体的にはアプリケーションやライブラリを構成するソースコードを格納するための入れ物です。図 2-36 の［Project type］を、もう一度よく見てみてください。そこには実行モジュール（Executable）や、ライブラリといったプロジェクトタイプがあることがわかります。プロジェクトはソースコード以外にも、リソースファイルのような設定ファイルや、ビルドするための情報（C であれば、たとえば Makefile）を含むことがあります。

ワークスペース

ワークスペースは、関連のある複数のプロジェクトを格納するための入れ物です。ある程度の大きさのアプリケーションになると、1 つのプロジェクトでは管理しきれなくなるので、複数のプロジェクトに分割する必要が出てきます。このとき、プロジェクトがバラバラに存在すると管理しにくいので、1 つのワークスペースに入れて管理すると便利です。また Eclipse の設定はプロジェクト単位で行うことも、ワークスペース単位に行

うこともできるため、プロジェクト共通の設定はワークスペース設定に対して行い、プロジェクト個有の設定のみをプロジェクト設定に対して行うことにより、設定の手間を省けます。ただしキーバインド設定などワークスペース側にしか設定がないものもあります。

パースペクティブ

すでに見てきたとおり、Eclipse の画面は細かく分割されているのがわかります。Hello, world アプリケーションで表示されていたウィンドウを見てみましょう（**図 2-41**）。

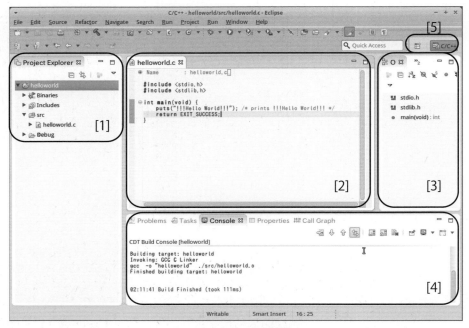

図 2-41　Eclipse の画面構成

左に Project Explorer があり（[1]）、ここでプロジェクト内にどのようなファイルがあるのかが確認できます。中央上にはソースコードが表示されます（[2]）。右側にはソースコードの内部の構造が表示されます（[3]）。そして下部にはこの例ではアプリケーションの出力が表示されています（[4]）。これらを Eclipse ではビューと呼んでいます。Eclipse はさまざまなビューを提供することで、1 つのウィンドウ内にさまざまな情報を同時に表示しています。画面にどのようなビューをどのような配置で見せるか、という定義がパースペクティブです。この図で表示されているのは C/C++ パースペクティブで、[5] の部分にどのパースペクティブを表示しているかが示されます。

独自のパースペクティブも作成できます。上で述べたとおり、ビューはマウスでドラッグアンドドロップして移動したり、[×] をクリックして消したりできます。その状態で [Window] - [Save Perspective As] を選ぶと名前を付けて保存できます。保存しておけば、いつでも [5] の [+] マークのついたアイコンをクリックすることで、そのパースペクティブを呼び出せるようになります。

画面が狭いのですが

Eclipseはさまざまな情報をビューに分けて表示するため、デフォルトのパースペクティブではソースコードを表示できるスペースも小さくなってしまいます。これは小型のラップトップPCなどを用いている場合は切実な問題でしょう。この場合、ビューのタイトルの部分をダブルクリックすることで、そのビューを最大化できます（戻すときも同じ操作をします）。デフォルトでは[Ctrl]+[M]キーを入力すると同じことができます。もちろんキーバインドは変更できます。［Window］－［Preferences］から、［General］－［Keys］を選び、検索ボックスに「max」と入力するとバインドを発見できるので、［Binding］のところを変更することで好きなキーバインドに変更できます（図2-42）。

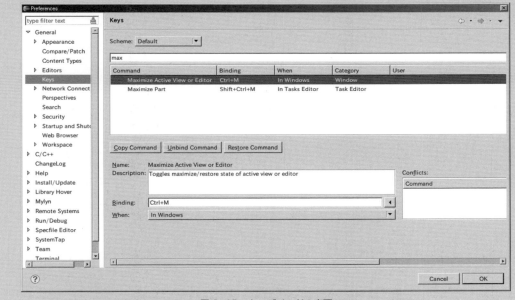

図2-42　キーバインドの変更

2.7 Eclipseの機能

本章の最後に Eclipse の主要な機能をいくつか見ていきましょう。

2.7.1 ビジュアルデバッガ

最初にデバッガの機能を見てみましょう。とはいえ現在の Hello, world アプリケーションはデバッグするには簡単過ぎるので、以下の階乗を計算するプログラムで、現在の `helloworld.c` の中を書き替えます。

```c
#include <stdio.h>
#include <stdlib.h>

int factorial(int n) {
  if (n < 2) return 1;
  return n * factorial(n - 1);
}

int main(void) {
  int n;
  for (n = 0; n < 5; ++n) {
    printf("%d! = %d\n", n, factorial(n));
  }

  return EXIT_SUCCESS;
}
```

これを実行すると以下のような結果が表示されます。

```
0! = 1
1! = 1
2! = 2
3! = 6
4! = 24
```

2.7 Eclipse の機能

フォントのサイズを変更する

デフォルトのフォントのサイズを変更するには、[Window]−[Preferences]を選び、[General]−[Appearance]−[Colors and Fonts]を選びます。[Basic]の中から[Text Font]を選んで、[Edit]ボタンを押すことでフォントの選択画面になります。図2-43は、Ricty Discordというフォントでサイズに13を指定しています（このフォントは数字の0に斜線が入っていたり、全角スペースが見えるようになっていたりと、特にプログラミングに適したフォントです。デフォルトでは入っていませんので興味のある方は、http://save.sys.t.u-tokyo.ac.jp/~yusa/fonts/ricty.htmlを参照してインストールしてみてください。Debian/Ubuntu のやり方でインストールできます）。

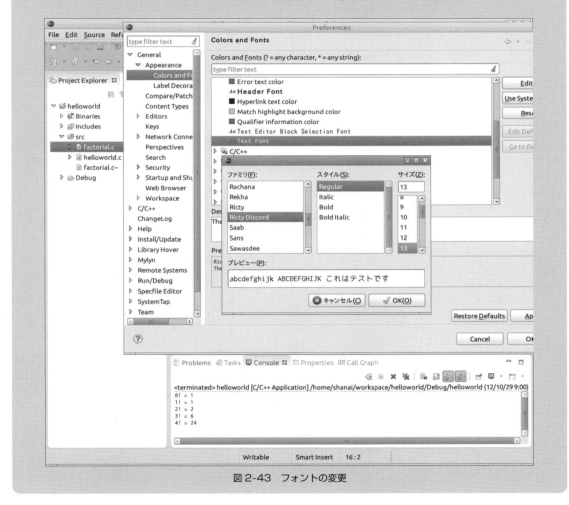

図 2-43 フォントの変更

ブレークポイントとステップ実行

さっそくデバッグしてみましょう。factorial 関数の入口にブレークポイントを置きます。それには該当行の左の余白の部分をダブルクリックしてください。青い丸は、そこにブレークポイントが置かれたことを示します（図 2-44）。

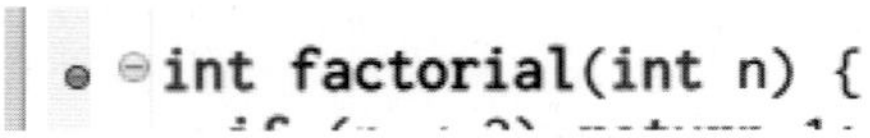

図2-44　ブレークポイントの設定

　ソースコードを右クリックし、［Debug As］ー［Local C/C++ Application］を選びます。パースペクティブを「Debug」に切り替えてよいかを尋ねるダイアログが表示されるので、［Remember my decision］にチェックをして［Yes］をクリックします（**図2-45**）。

図2-45　パースペクティブの変更を確認するダイアログ

　これで「Debug」用のパースペクティブに切り替わって、自動的にプログラムの開始点で停止した状態になります（**図2-46**）。デバッガのパースペクティブでは左上にスタックが（［1］）、右上にローカル変数が表示され（［2］）、中央にソースコードと現在実行中の行が表示されることがわかります（［3］）。

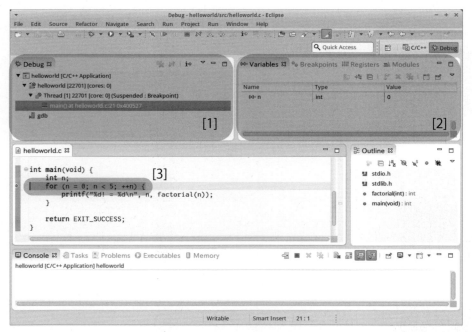

図2-46　ブレークポイントでプログラムが停止

画面が広く使える場合

画面が狭い場合の話をしたので、今度は画面が広く使える場合のお話をしましょう。複数のモニタをPCにつないでいるなどの理由で画面が広く使える場合には、単にEclipseのウィンドウを大きくするだけでなく、各ビューを切り離して表示することが可能です。たとえば、[Variables]のビューは変数が多い場合は広いほうがよいでしょう。この場合、マウスで[Variables]のタブをドラッグしてEclipseのウィンドウの外に引っ張り出すと独立したウィンドウにできます（図2-47）。

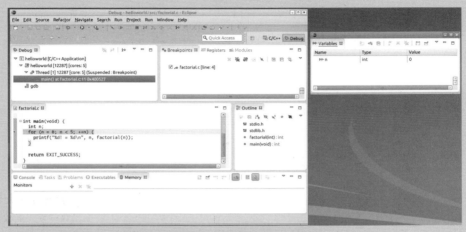

図2-47　[Variables]ビューを別ウィンドウにする

あとは、この状態を保存しておきましょう。[Window] － [Save Perspective as] を選び、Debugを選びます（図2-48）。

図2-48　パースペクティブの保存

これでデバッグの際にはこの画面配置が復元されます。元に戻したい場合は同じように[Variables]タブをマウスで元の位置にドラッグすれば戻ります。

まずはプログラムを継続実行して、自分が設定したブレークポイント位置（factorial 関数の入口）まで進めましょう。それには［Resume］を実行します。これは のアイコンをクリックするか、F8キーを押します（［Resume］と［Run］のアイコンは似ているので注意してください）。図2-49はfactorialで停止したところです。

図2-49　ブレークポイントで停止したところ

スタックを見てみましょう。呼び出し元のmain()と自分の場所であるfactorial()が示されています。main()をクリックしてみてください。呼び出し元のソース上での位置が表示されます。再びF8キーを押して［Resume］します。［Console］出力に、「0! = 1」と表示されてブレークポイントで停止します。nが1になっていることに注意してください。factorialはnが0と1のときはすぐにreturnしてしまうので、もう一度［Resume］を押します。今度はnが2で停止します。デバッガ内で実行行を1つ進める方法には［Step into］（F5キー）と［Step over］（F6キー）があります。［Step into］はその場所に関数呼び出しがあれば、その関数内に入って停止します。［Step over］は、現在の1行分を実行して次の行で停止します（つまり現在行に1つ以上の関数呼び出しがあれば、それらすべてが実行されることになります）。それではまずF6キーで［Step over］しましょう。「return n * factorial(n - 1);」の行で停止するはずです。次にF5キーで［Step into］します。すると再びfactorialの最初で停止し、nが1になっているはずです。これはfactorial(n - 1)を実行しようとし、n = 2だったので、結果的にfactorial(1)を実行しようとしているためです。スタックを見てみてください（図2-50）。

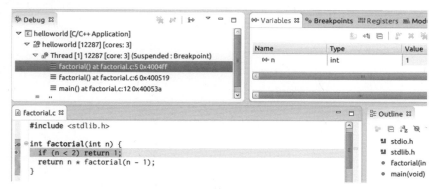

図2-50　再帰呼び出し

main()の上に、factorial()が2つ積まれています。1つ目はfactorial(2)で、2つ目はfactorial(1)です。それぞれをクリックして［Variables］ビュー上でnの値を確認してみてください。デバッグを終了するには、■をクリックするか Ctrl + F2 を押します。

次にブレークポイントに条件を付けてみましょう。ブレークポイントはデフォルトでは、その場所が実行されたときに常に停止しますが、次のような条件を付けることが可能です。

- 条件が成立した場合にブレークする
- その場所がn回目に実行された場合にブレークする

以下でそれぞれの例を見ていきましょう。

特定の条件が成立した場合にブレークする

右上の［Break points］ビューで今回設定したブレークポイントを右クリックして、［Breakpoint Properties］をクリックします（**図2-51**）。

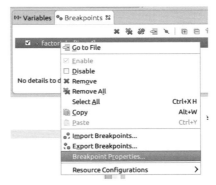

図2-51　［Break points］ビュー

［Condition］に「n == 4」と入力しましょう（**図2-52**）。

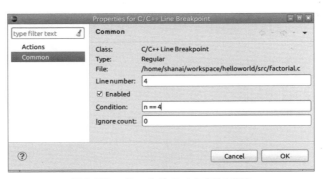

図2-52　ブレークポイントに条件を指定

これによりnが4のときにのみブレークするようになります。これまでと同じようにソース上で右クリック

して［Debug As］−［Local C/C++ Application］を選びます。最初はmain()で止まるので［Resume］します。ブレークしたところで見ると、［Console］は「3! = 6」で表示が終わっており、［Variables］にはnの値が4と表示されていることがわかります（**図2-53**）。この機能は特定の条件でしか発現しないバグをとらえる場合に便利でしょう。

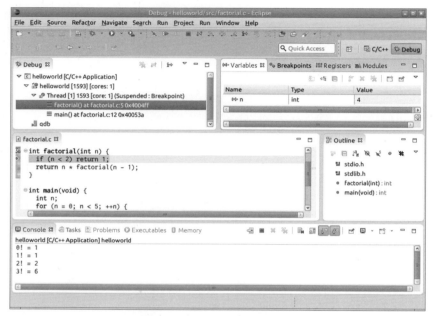

図2-53　「n == 4」でプログラムが停止

その場所がn回目に実行された場合にブレークする

　同じように［Ignore count］に0以外の数値を入れると、指定された回数だけブレークポイントを無視します。条件（［Condition］）と［Ignore count］の両方を指定することもできます。この場合は指定された条件が指定された回数＋1回目に成立したところで停止することになります。

変数の値を変更する

　条件付きブレークポイントを使えば、nが特定の値のときの動作を確認できることがわかりました。しかし、今回のように関数の動作を見るだけであれば、もっと手っ取り早い方法があります。nの値を直接変更してしまえばよいのです。ブレークポイントから条件を削除し、［Ignore count］の指定を0に戻して、再びfactorialの先頭で止めます。［Variables］のところで［Value］をクリックすると編集できるようになるので、そこに「4」と入力してください（**図2-54**）。

図2-54　変数の値を変更

ブレークポイントを外して（ブレークポイントの青い丸のマークをダブルクリックすれば外せます）、[Resume]
してください。[Console] を見ると、0!のときの結果が、4!のときと同じ 24 になっていることがわかります。

```
0! = 24
1! = 1
2! = 2
3! = 6
4! = 24
```

2.7.2 ナビゲート

ナビゲート機能は、IDE が提供する機能の中でも最もよく使う機能の 1 つでしょう。以下は、先ほどの階乗
計算のコードに若干の追加を行ったものです（ナビゲート機能を見るためのもので、コードのロジック自体
には特に意味はありません）。

```
static int n;

void init(void) {
  n = 0;
}

int factorial(int n) {
  if (n < 2) return 1;
  return n * factorial(n - 1);
}
```

カーソルを static 変数 n の定義の上に置いてみたものが図 2-55 です。すぐ下にある init 関数内の n に
マークが付いている（背景色が灰色になる）ことがわかります。一方、factorial() 関数内の n にはマークが
付いていません。

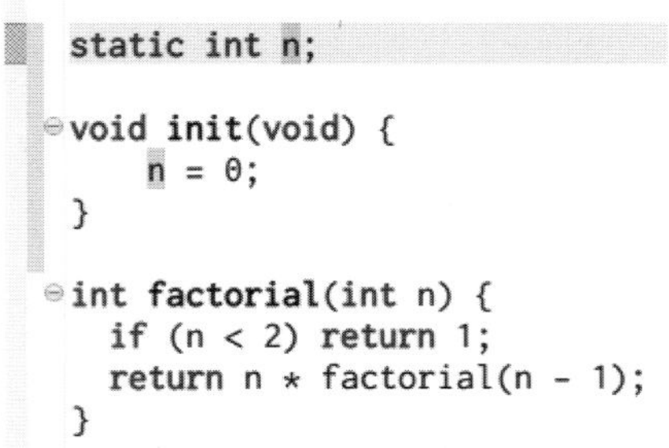

```
static int n;

void init(void) {
    n = 0;
}

int factorial(int n) {
    if (n < 2) return 1;
    return n * factorial(n - 1);
}
```

図 2-55　static 変数にマークが付いたところ

同様に factorial() 関数内の n にカーソルを置いてみたのが図 2-56 です。今度は factorial() 関数内の n
にのみマークが付いて、static 変数側にはマークが付いていないことがわかります。

第 2 章　開発環境の作成

```
static int n;

void init(void) {
    n = 0;
}

int factorial(int n) {
    if (n < 2) return 1;
    return n * factorial(n - 1);
}
```

図 2-56　factorial の引数 n にマークが付いたところ

このように Eclipse では単に名前だけではなく、文脈を判断して変数を見分けていることがわかります。単に名前にマークが付くだけなのですが、この機能は短い変数名を使いがちな C 言語のプログラムを書くうえでは非常に便利なものです。同じように factorial() 関数の名前の上にカーソルを置けば、factorial() 関数すべてにマークが付くことがわかるでしょう。

アセンブリコードを見る

C/C++ のデバッグではアセンブリコードを見たくなることがよくあります（特に C++！）。アセンブリコードを見れば、コンパイラがソースコードをどのように解釈したのかがたちどころにわかります。アセンブリコードを見たい場合は、デバッグ実行時にメニューから [Run] − [Instruction Stepping Mode] にチェックを入れてください。すると図 2-57 のようにアセンブルコードが表示され、マシンコードレベルでステップ実行できます。[Registers] ビューで汎用レジスタの内容も確認できます。

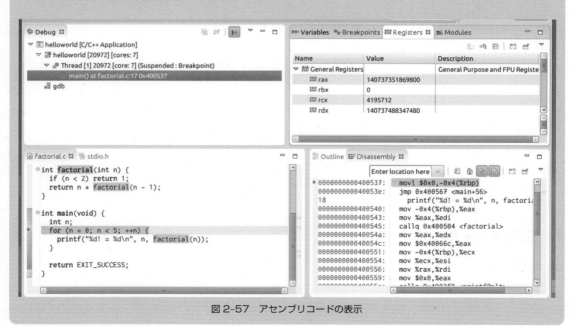

図 2-57　アセンブリコードの表示

ジャンプ

Eclipse では、ナビゲートという機能があり、これを使用すると、関数や変数などの定義へジャンプしたり、その逆に関数定義内から、その関数を呼び出している位置を調べたりできます。

宣言元へジャンプ

F3 キーを押すと宣言元にジャンプできます。たとえば、factorial() を呼び出しているところにカーソルを置いて F3 キーを押せば factorial() 関数の宣言部分にジャンプできます。変数 n が使われている場所にカーソルを置いて F3 キーを押せば n の宣言部分にジャンプできます。自分が作成した関数だけではありません。printf() にカーソルを置いて F3 キーを押せば stdio.h 内の printf() 宣言部にジャンプできます。include 文のファイル名の部分にカーソルを置いて F3 を押せば、その include ファイルへとジャンプできます。これは特に複雑なマクロで、どのヘッダファイルが include されているのかよくわからないときには有用です。

なおジャンプせずに宣言部分を覗き見ることも可能です。図 2-58 は main() 関数内の factorial() 呼び出し部分にマウスカーソルを置いたときのようすです。

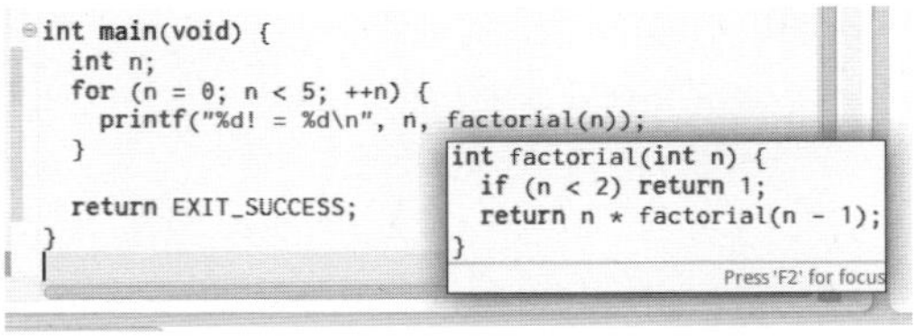

図 2-58　factorial 関数の定義を覗き見

同様に図 2-59 は printf() の上にマウスカーソルを置いたときのようすです。このように現在の場所を離れずに宣言を見ることも可能です。

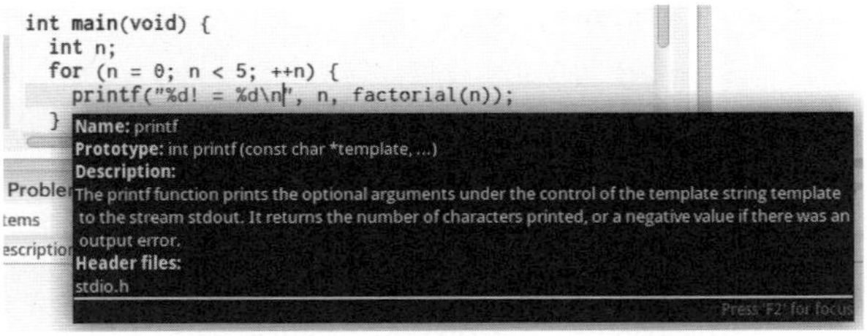

図 2-59　printf 関数の定義を覗き見

使用部分を洗い出す

逆に使用されている部分を探し出すこともできます。factorial() 関数にカーソルを置いて、Ctrl + Alt + H キーを押したのが図 2-60 です。

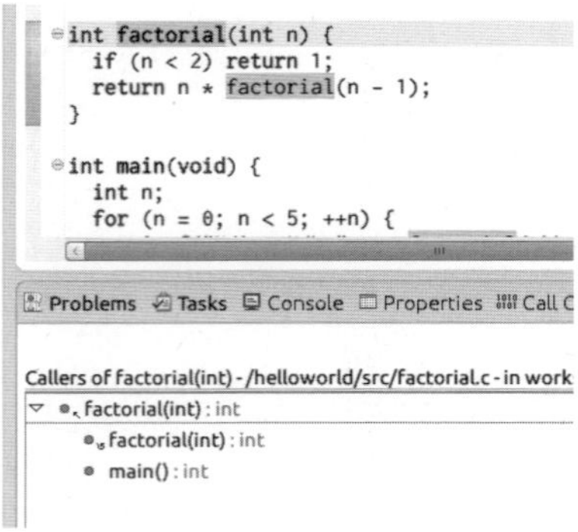

図 2-60　factorial 関数を使っている箇所を表示

　factorial() 関数が呼び出されている場所が一覧されていることがわかります。それぞれをダブルクリックすれば呼び出されている場所にジャンプすることができます。

戻る

　Alt + ← キーを押すと、ジャンプ前の場所に戻ることができます。これを使えば F3 キーで宣言を確認したあとに元の場所に戻ってくることができます。逆に Alt + → キーで進むこともできます。

ヘッダとソースの間のジャンプ

　C ではヘッダとソースの間で行き来することがよくあります。これは Ctrl + Tab キーで行えます。

2.7.3 コンテントアシスト

　IDE が好きな人に好きな機能の人気投票をすると、おそらくこのコンテントアシストが上位に入るのではないでしょうか。main() 関数内の関数呼び出しが記述可能な場所（たとえば return 文の前の行）で「fact」まで入力して、Alt + / キーを入力してみてください。入力内容が補完されて factorial() になり、引数の説明がポップアップされます（図 2-61）。

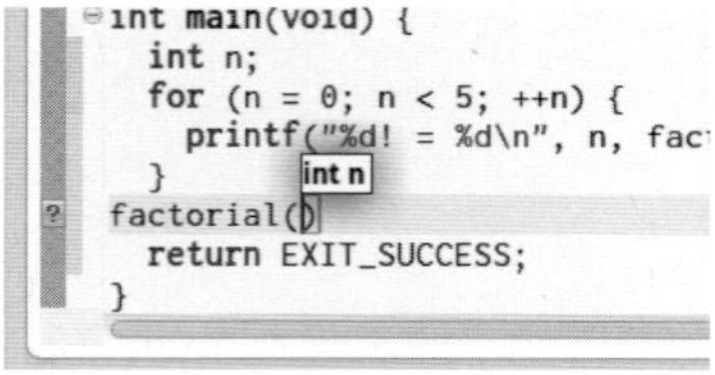

図 2-61　factorial 関数呼び出しの入力補完

　同様に図 2-62 は、「prin」まで入れて Alt + / キーを入力したときのようすです。この後一覧から選ぶと factorial() の例と同じように引数の説明がポップアップで表示されます。

2.7 Eclipseの機能

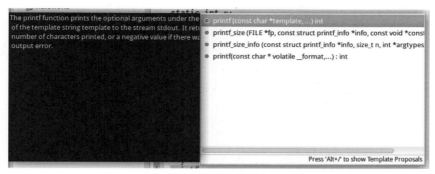

図2-62 printf関数呼び出しの入力補完

Cの場合、コンテントアシストは構造体のメンバを選ぶときに便利です。**図2-63**は以下のように入力したあとに少し待つかあるいは Alt + / キーを入力したときのようすです。

```
FILE *fp;
fp->
```

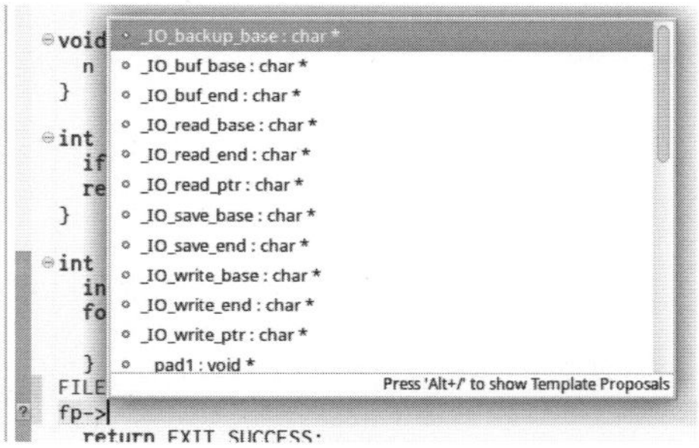

図2-63 構造体のメンバの表示

もちろんポインタ経由でなく構造体変数の後にピリオドを入力したときにも同じように表示されます。

コンテントアシストの自動起動を切る

コンテントアシストは人気の高い機能の1つですが、逆に嫌われる機能の筆頭でもあります。入力途中でチラチラと余計なものが表示されて入力が妨害される、気が散るというのがその理由でしょう。コンテントアシストの自動起動は切ることができます。[Window] − [Preferences] − [C/C++] − [Editor] − [Content Assist] に、[Auto-Activation] という項目があるので、ここのチェックを外すことで自動起動を off にできます。もちろん off にしてあっても Alt + / キーを押せばコンテントアシストをいつでも呼び出せます。

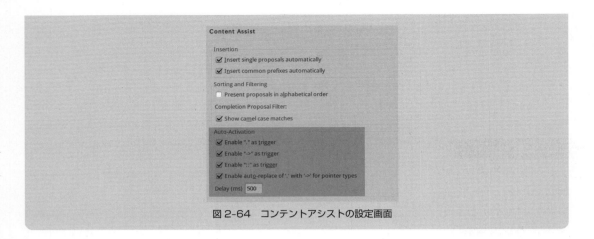

図 2-64　コンテントアシストの設定画面

2.7.4 マクロ展開確認

C/C++のマクロは便利な反面、色々とやっかいごとを持ち込む機能です。特にマクロが何重にも機能している場合には、最終的に何が実行されるのが非常にわかりにくくなります。ここでは Eclipse が提供するマクロ解析機能を見てみましょう。

図 2-65 はソースコードの一部を「#if 0〜#endif」で囲んだときの表示です。マクロによって無効になっている部分はグレーアウトされていることがわかります。

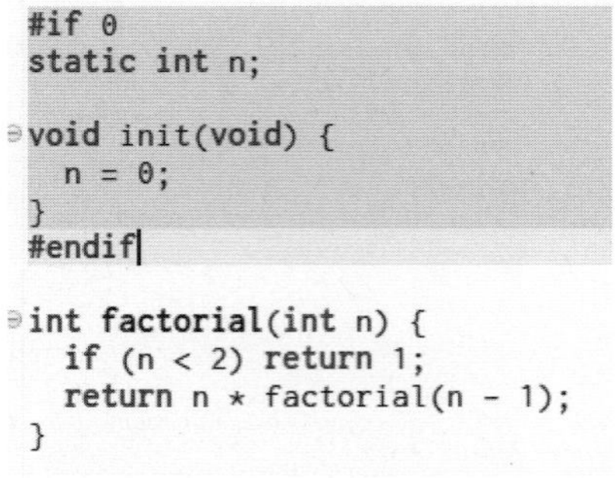

```
#if 0
static int n;

void init(void) {
  n = 0;
}
#endif

int factorial(int n) {
  if (n < 2) return 1;
  return n * factorial(n - 1);
}
```

図 2-65　マクロによって無効になった部分がグレーアウトされている

以下は、ctype.h に含まれるマクロの1つ、isalnum() を呼び出している例です。

```
#include <ctype.h>

void foo(int c) {
    if (isalnum(c)) {
...
```

isalnum() がどういうマクロ展開を行っているかは、isalnum() 上にカーソルを置いた状態で、Shift + Ctrl + - キーを押すことで確認できます（図 2-66）。

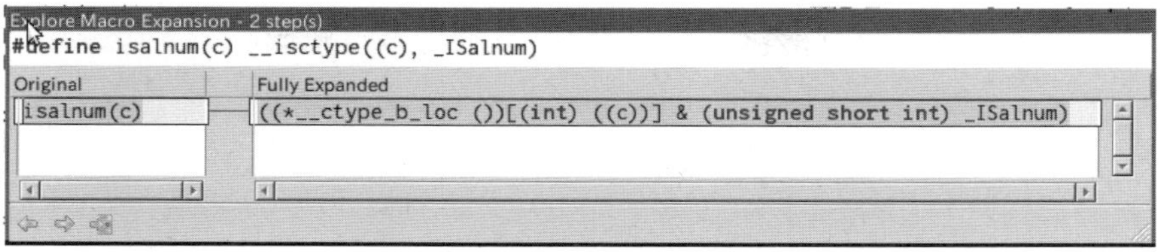

2.7 Eclipse の機能

図 2-66　isalnum マクロを展開

マクロと関数を見分ける

一部ではマクロは名前をすべて大文字にするという規約を設けている場合もありますが、必ずしも絶対的なものではないので、通常は一見するとマクロなのか関数なのか判別できないことが多いといえるでしょう。マクロは、思わぬ副作用を持つ場合があるので（たとえば引数が 2 回評価されるなど）、使用にあたっては注意が必要です。Eclipse ではマクロを通常とは異なるように表示することが可能です。[Window] − [Preference] − [C/C++] − [Editor] − [Content Assist] − [Syntax Coloring] を開きます。[Element] から [Macro references] を選び、右の [Enable] をクリックし、色やフォントタイプなどを選ぶことでマクロが使用されている箇所の表示を変更できます（**図 2-67**）。図 2-67 ではイタリックの下線付きに変更しています。

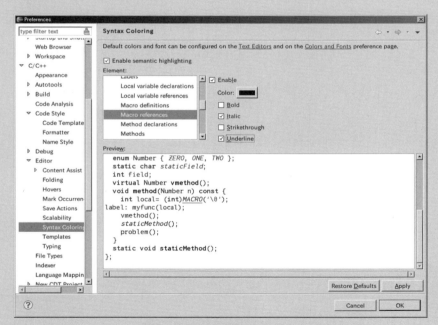

図 2-67　マクロの表示形式を変更

この設定をすると、**図 2-68** のように簡単にマクロを見分けることが可能になります。

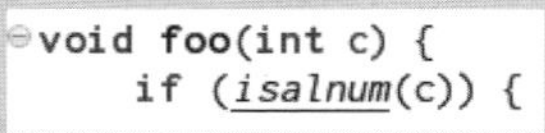

図 2-68　マクロが下線付きのイタリック体で表示されるようになった

2.7.5 ローカルヒストリ

　数時間作業をしてしまった後に、やっぱり元に戻したくなるということはよくあることです。戻り先がSCM[5]にコミット済みであればよいですが、そうでない場合、エディタのUndo機能くらいしか頼るものがありません。5分くらい前ならともかく何時間も前のものに戻すのは困難でしょう。ローカルヒストリは、こういう場合に便利な機能です。ローカルヒストリはソース上で右クリックし［Team］－［Show Local History］で呼び出せます（**図2-69**）。

図2-69　ローカルヒストリの表示

　ソースコードに変更が入った要所、要所でそのときのスナップショットが自動保管されます。単純に特定の日時をダブルクリックすれば、その内容が表示されるので、その内容に戻したければ、該当日時を右クリックして［Get Contents］を選びます（**図2-70**）。

図2-70　以前の内容を取得

　また任意の1つを右クリックして、［Compare Current with Local］をクリック、あるいは2つの日時を選択（2つ選択する場合は、Ctrlキーを押しながらクリック）してから右クリックし、［Compare with Each Other］をクリックすることで、2つの日時の間にどういう変更があったかを調べられます（1つを選択したときは、現在のEclipseで編集中の最新のソースの状態との比較になる）。**図2-71**ではctype.hのinclude文が追加された状態が表示されています。

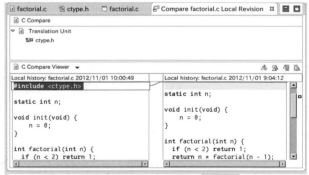

図2-71　ソースコードの比較

5　ソフトウェア構成管理（Software Configuration Management）。GitやSubversionといったソースコード管理ツールのこと。

2.7.6 TODOコメント

「ここはあとでやろう」と思って、すっかりその存在を忘れてしまったことはないでしょうか？ あるいは「暫定」とか「T.B.D.」などとコメントに書かれているコードがそのまま本番で動いていて困惑したことはないでしょうか？ Eclipseでは、TODOで始まるコメントを書いておくと、その場所を後で簡単に検索できるようになります。

図2-72は、TODOコメントの例です。

図2-72　TODOコメント

左の欄外にメモ書きのアイコンが、右の欄外に青いマークが置かれているのがわかるでしょうか。右のマークはマウスでクリックでき、該当の場所にジャンプすることができます。

また下の［Tasks］というビューを見ると、TODOのリストが作成されていて項目をダブルクリックすれば該当箇所にジャンプできます（図2-73）。これにより、いつでも未完の作業を確認することができます。

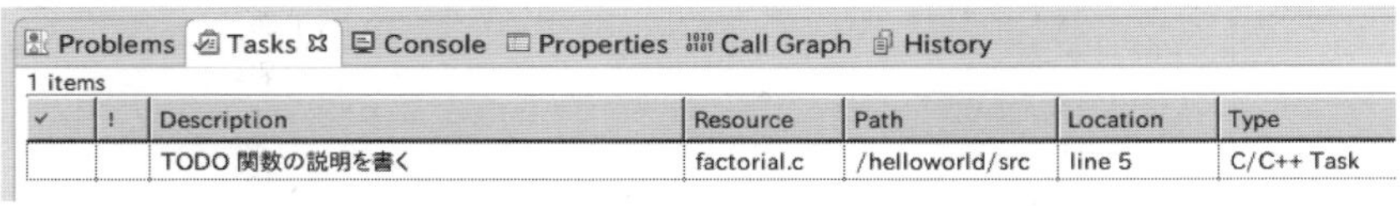

図2-73　［Tasks］ビューに表示されたTODO項目

2.7.7 外部エディタとの連携

ここまでの機能を見てきて「よし全面的にEclipseに乗り換えよう」と思った読者の方は少ないかもしれません。それは正しい判断です。エディタを効率的に使用するには慣れが必要で、それは一朝一夕に実現できるものでもありません。また1章で触れたとおり、筆者自身もテキストエディタとIDEの両方を用途に応じて使い分けています。繰り返しになりますが適材適所、両方を使い分ければよいのです。そこで最後にEclipseとテキストエディタの両方を利用する場合の注意について解説することにします。

ファイルの場所

テキストエディタで編集するには、Eclipseで開いているファイルがディスク上のどこにあるかを突き止めなければなりません。それにはProject Explorerで対象ファイルを右クリックして［Properties］をクリックします。表示されたダイアログの［Location］に絶対パスが記載されています（図2-74）。

このパスを開けば同じファイルをテキストエディタ編集することができます。もちろんテキストエディタに移動する前に、Eclipseで対象ファイルを保管しておく必要があります。

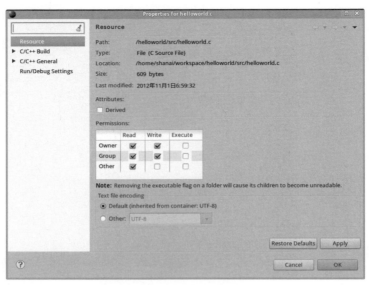

図2-74 ファイルのプロパティ

テキストエディタでの変更をEclipseに取り込む

テキストエディタでファイルを変更して、Eclipseのウィンドウに切り替えても、Eclipse上には古いファイルが表示されたままの場合があります。この場合はEclipse上で、そのファイルをクリックすると反映されます。あるいはProject Explorerでプロジェクトを右クリックして［Refresh］を選択する（あるいは F5 キーを押す）ことで反映されます。

エディタでの変更を自動的に取り込むには、［Window］-［Preferences］で、［General］-［Workspace］を開き、［Refresh using native hooks or polling］にチェックを入れてください（**図 2-75**）。

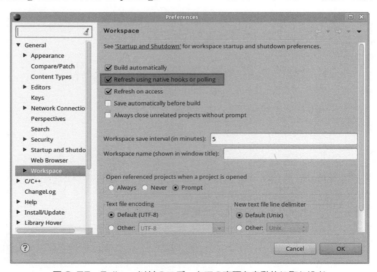

図2-75 Eclipse以外のエディタでの変更を自動的に取り込む

数秒のタイムラグはありますが、これにより自動的にファイルの更新が取り込まれるようになります。

2.8 まとめ

本章では以下のような開発環境の設定方法、使用方法について解説しました。

- **開発環境用の OS**
  - ツールの豊富さとターゲット機でも使用されることの多い Linux を OS として採用し、そのインストール方法
  - 開発環境を Windows PC 上でもそのまま実行できるように、VM を用いたインストール方法
- **IDE**
  - C/C++用の IDE として Eclipse のインストール方法
  - Eclipse の基本的な使用方法
  - Eclipse のビューは Eclipse のウィンドウ内で様々な機能を提供する個々の領域のこと
  - プロジェクトは、アプリケーションやライブラリを構成するひとまとまりのソースコードを格納するための入れ物
  - ワークスペースは、関連する複数のプロジェクトを格納するための入れ物
  - パースペクティブは、Eclipse 内のビューの配置に名前を付けたもの
  - ビジュアルデバッガを使用すると、ブレークポイント、ステップ実行を使ってソースコードを 1 行ずつ実行できる
  - ブレークポイントには条件や回数を指定可能で、特定の条件が成立したとき、特定の回数実行されたときに停止することができる
  - ブレークポイントで停止した状態で変数の値を変更することができる
  - ナビゲート機能を使うことで、変数や関数の宣言元に飛んだり、その使用箇所を洗い出したりできる
  - コンテントアシスト機能を使うことで、変数や関数の名前を途中まで入力して残りを補完したり、構造体のメンバをその場で一覧して選択できる
  - マクロ展開の確認機能を使うことで、ソースコード中のマクロが実際にどのように展開されるのかを確認できる
  - ローカルヒストリを用いると、数時間前のソースの状態に戻したり、ここ最近どういう変更をしてきたかを確認できる
  - TODO コメントを使用してソース内に後で行いたい作業を残しておくと、あとで簡単に探し出せる
  - Eclipse とテキストエディタを併用することで、それぞれの特性にあった機能を両方活用できる

本章で紹介した Eclipse の機能は、基本機能のみですが、この後の章でリファクタリング機能やテスト支援機能などをご紹介していきます。

第3章
C言語とオブジェクト指向

3.1 概要

　Cでプログラムを書く際、全体としてノッペリとした構造になってしまったことはないでしょうか？　数百行ある関数。点在する同じような処理。get2()とかget3()のような、全体としてはほとんど同じなのに、中の一部だけが異なるために数字で区別をしている関数群。なんとか内部処理を共通化できているものの、動作を制御するために大量の引数が必要な関数。使用するデータがグローバル変数でつながっていて、独立性が皆無の関数群。お互いに依存しあっていて、個々にテストすることが困難な関数群。

　Cでは決まった処理を行うために関数という機構が用意されていて、これを用いてプログラムを構造化することが可能だったはずです。なぜこのようになってしまうのでしょうか？

　このようなときに役立つのがデザインパターンです。デザインパターンの多くはオブジェクト指向言語を前提としているため、もしかするとCには無縁のように感じられるかもしれません。しかしCでもオブジェクト指向は実現可能です。これをうまく活用することで、プログラムの構造が大きく変化し、各部が独立して動作するようになります。

　ただし、そのためにはCでオブジェクト指向的なアプローチをとったプログラミングが行える必要があります。そこで、本章ではまずCによるオブジェクト指向の実現について解説します。その後、次章では特に組み込み系で有用と思われるデザインパターンを取り上げることとします。

　なお本章のサンプルプログラムは、本書のサポートページからダウンロードできます。Eclipseへの設定方法については付録「サンプルプログラム」を参照してください。

3.2 Cのモジュール化とオブジェクト指向

　ここでは簡単なスタックの実装を例にとって、Cのモジュール化とオブジェクト指向について見てみましょう。

3.2.1 Cとモジュール化

　最初の例は古典的なスタックの実装例です（リスト**3-1**、リスト**3-2**）。

リスト 3-1　古典的なスタック実装（chapter03/stack01/src/stack.h）

```c
#ifndef _STACK_H_
#define _STACK_H_

bool push(int val);
bool pop(int *pRet);

#endif
```

リスト 3-2　古典的なスタック実装（chapter03/stack01/src/stack.c）

```c
#include <stdbool.h>
#include "stack.h"

int buf[16];
int top = 0;

bool isStackFull(void) {
    return top == sizeof(buf) / sizeof(int);
}

bool isStackEmpty(void) {
    return top == 0;
}

// true: 成功, false: 失敗
bool push(int val) {
    if (isStackFull()) return false;
    buf[top++] = val;
    return true;
}

// true: 成功, false: 失敗
bool pop(int *pRet) {
    if (isStackEmpty()) return false;
    *pRet = buf[--top];
    return true;
}
```

3.2 Cのモジュール化とオブジェクト指向

> ### C99仕様
>
> スタックのソースコードを見て、おや？ と思われた方もいらっしゃるかもしれません。本書のソースコードではC99の仕様で追加された文法を一部使用しています。C99は1999年にISO/IEC 9899:1999によって策定されたCの仕様です。すでに10年以上経ってはいるものの、C99を完全に実装したコンパイラはあまりない状況です。とはいえ多くのコンパイラは仕様の大半を実装しています。今回使用するGCCも、ほとんどの仕様を実装しています（GCCのC99準拠状況については、http://gcc.gnu.org/c99status.htmlを参照してください）。以下に本書でよく使用するC99の仕様の主なものを紹介します。
>
> ● **C++コメント**
> //で始まるC++コメントはC99以前から使用できるコンパイラがいくつか存在したが、C99から正式に仕様になった。//以降は行末までコメントとして扱われる。
>
> ● **bool型**
> これまでCにはbool型が標準では存在しなかったため、多くのアプリケーションが独自に定義を行ってきた。C99でようやくbool型が標準仕様に入った。stdbool.hをincludeすることで、bool、true、falseが使用可能となる。
>
> ● **変数の宣言位置**
> Cではブロックの先頭でしか変数を宣言できなかったが、C99ではこの制限が撤廃されたた。変数が使われる場所の直前で、その変数を宣言することによりスコープを制限することが可能となる。
>
> 他にもC99の仕様で変更になったものは多数あります。詳細は仕様書を参照してください。これらを有効にする方法は、「A.2 C99の仕様の有効化」を参照してください。

小さなプログラムであれば、これでも十分かもしれませんが、通常はすぐに問題が出てきます。問題の1つは変数、関数のスコープです。stack.hを見ると、push()とpop()が利用したい関数であることがわかります。しかし今のstack.cでは、buf、top、isStackFull、isStackEmptyがグローバル名前空間に公開されています。もしも他のソースコードにも同じ名前の変数や関数があれば衝突してしまい、リンクエラーになります。これではスタック実装を部品として他のプログラムで使用するのが困難になってしまいます。

これを解決するためには昔からstatic指定子が使用されています（**リスト3-3**）。

リスト3-3　static指定子を用いたスタック実装（chapter03/stack02/src/stack.c）

```c
static int buf[16];
static int top = 0;

static bool isStackFull(void) {
    return top == sizeof(buf) / sizeof(int);
}

static bool isStackEmpty(void) {
    return top == 0;
}

...
```

static 指定子を付けた関数、変数の名前は、そのコンパイル単位の中でのみ有効となり衝突を避けることができます。このように外部に公開する関数、変数のみをヘッダで宣言し、外部に公開する必要のない、その他の作業用の変数、関数については static 指定子を付けるというのが、C でよく見られるモジュール化の手法です。これにより stack 実装の独立性が増し、まったく別のプログラムと組み合わせることができるようになります。

3.2.2 構造体によるデータ構造とロジックの分離

前節のリスト 3-3 にもまだ問題があります。この方法ではスタックを 1 つしか持てません。2 つ以上のスタックを利用したい場合はどうしたらよいのでしょうか？ 1 つの方法は名前を変えたものを用意するというものです（**リスト 3-4**）。

リスト 3-4　複数のスタックを用意するには？

```c
// true:成功, false:失敗
bool push2(int val) {
...
}

// true:成功, false:失敗
bool pop2(int *pRet) {
...
}
```

これでは内容が同じコードがたくさんできてしまいます[1]。

これを解決するにはスタックを実現するために必要なデータをひとまとめにして、それらを複数持てるようにする必要があります（**リスト 3-5**、**リスト 3-6**）。

リスト 3-5　複数のスタックを持てるようにする（chapter03/stack03/src/stack.h）

```c
#ifndef _STACK_H_
#define _STACK_H_

#include <stddef.h>

#ifdef __cplusplus
extern "C" {
#endif

typedef struct {
    int top;
    const size_t size;
```

---

[1] スタックのような単純な例だと、すぐに明らかに愚かなやり方だとわかりますが、もっと複雑なプログラムでは意外と、このようなやり方が平然と行われているのを見かけることがよくあります。

```
    int * const pBuf;
} Stack;

bool push(Stack *p, int val);
bool pop(Stack *p, int *pRet);

#define newStack(buf) {                        \
    0, sizeof(buf) / sizeof(int), (buf) \
}

#ifdef __cplusplus
}
#endif

#endif
```

リスト3-6　複数のスタックを持てるようにする（chapter03/stack03/src/stack.c）

```c
#include <stdbool.h>
#include "stack.h"

static bool isStackFull(const Stack *p) {
    return p->top == p->size;
}

static bool isStackEmpty(const Stack *p) {
    return p->top == 0;
}

// true:成功, false:失敗
bool push(Stack *p, int val) {
    if (isStackFull(p)) return false;
    p->pBuf[p->top++] = val;
    return true;
}

// true:成功, false:失敗
bool pop(Stack *p, int *pRet) {
    if (isStackEmpty(p)) return false;
    *pRet = p->pBuf[--p->top];
    return true;
}
```

なお、以下の newStack という名前のマクロは構造体の初期化を簡単に行うためのものです。

```
#define newStack(buf) {                          \
    0, sizeof(buf) / sizeof(int), (buf)   \
}
```

以下のように用いると、

```
int buf[16];
Stack stack = newStack(buf);
```

マクロ展開によって、

```
int buf[16];
Stack stack = {0, sizeof(buf) / sizeof(int), (buf)};
```

となり Stack 構造体の初期化を少ないタイプ数で実現できます。

extern "C"って何？

本書のコードは、汎用性を考慮して C++ でもコンパイルできるようにしてあります。本書の後半で C++ を前提とする単体テストツールを使用するからというのも理由の 1 つです。このとき、.c のファイルは C コンパイラでコンパイルするので問題ないのですが、.h のファイルは、C でも C++ でもコンパイルできる必要があります。C と C++ は大変親和性が高いので、基本的にはそれほど気にしなくても大丈夫なのですが、呼び出し規約だけは注意が必要です。C と C++ では、関数をコンパイルしたときに、その関数に割り当てられる名前が異なったり、呼び出しの際にスタックに積む引数の順番が異なったりすることがあり、そのままでは C++ 側から C の関数を呼び出したり、逆に C から C++ の関数を呼び出したりできません。「extern "C"」を付けると、その関数は C の関数であると宣言したことになり、C++ からも呼び出せるようになります。「extern "C"」は、

```
extern "C" bool push(Stack *p, int val);
```

のように 1 行形式で使用することもできますが、上の例のように{}で囲んでブロック内すべてに適用することもできます。前後にはさまっている、「#ifdef __cplusplus」は C++ でコンパイルしているときにだけ「extern "C"」指定が有効になるようにするためのものです。__cplusplus マクロは C++ でコンパイルするときにだけ定義されることが仕様で決められています。C コンパイラでは、「extern "C"」は理解できずにコンパイルエラーになってしまうので、このようなやり方が必要になるのです。

C99の可変長配列

本文で紹介したスタックでは、スタックに格納するデータの領域をポインタとして保持しており、スタックを生成する際にバッファへのポインタを渡して newStack() を呼び出す必要があります。

```
typedef struct {
    int top;
```

```
        const size_t size;
        int * const pBuf;
    } Stack;

    #define newStack(buf) {                         \
        0, sizeof(buf) / sizeof(int), (buf)         \
    }

    int buf[16];
    Stack stack = newStack(buf);
```

実は C99 では配列長の省略が可能で、これを利用すると以下のようにスタックのサイズを指定するように記述することが可能です[2]。

```
    typedef struct {
        int top;
        const size_t size;
        int buf[];
    } Stack;

    #define newStack(size) {                        \
        0, (size), {[(size) - 1] = 0}               \
    }

    Stack stack = newStack(10);
```

C99 では構造体メンバの配列が最後にある場合に限り、その配列の要素数を省略できます。そして、その構造体を生成する際に、サイズを指定することができます。「[n] = m」は要素指示子と呼ばれ、n 番目（もちろん 0 が先頭です）の要素を m で初期化します。このとき、自動的に配列のサイズが拡張されます。つまり「(size) - 1」番目の要素を指示することで (size) 個分の要素を持った配列を生成しているわけです。ただし現在のところ、この方法は C++ と互換性がなく、また実装されていない C コンパイラもあるため、本書では使用しません。

リスト 3-5、リスト 3-6 ではスタックのデータを構造体として分離して関数に渡すことにより、簡単に複数のスタックを構築できるようになりました。

```
    int buf[16];
    Stack stack = newStack(buf);

    int buf2[16];
    Stack stack2 = newStack(buf);
```

構造体を用いることでスタック構造は独立し、部品として十分に利用可能なレベルまで来ました。

---

2 もちろん上の方法でも malloc など動的にメモリを確保する仕組みを使用すればサイズのみを指定するようにできますが、free によるメモリ解放が必要になって扱いが面倒になるので、ここでは取り上げません。

3.2.3 Cを用いたオブジェクト指向

では、いよいよCを用いたオブジェクト指向について解説しましょう。

チェック機能付きスタック

このスタックに格納可能な値の範囲を限定したい場合を考えてみましょう。たとえば、0～9までの値ならpushが成功し、それ以外の範囲の数ではたとえ空きがあってもpushを失敗させたいとします。

1つの方法はpushの代わりの関数を用意するというものです。

```c
bool pushWithRangeCheck(Stack *p, int val, int min, int max) {
    if (val < min || max < val) return false;
    return push(p, val);
}
```

しかし引数の個数が多すぎてわかりにくいうえ、pushのたびに範囲を渡すのは煩雑です。もう少しうまい方法としてスタックを生成する際に範囲を渡すことが考えられます（**リスト3-7**、**リスト3-8**）。

リスト3-7　範囲チェック付きのスタック（chapter03/stack04/src/stack.h）

```c
typedef struct {
    int top;
    const size_t size;
    int * const pBuf;

    const bool needRangeCheck;
    const int min;
    const int max;
} Stack;
...
#define newStack(buf) {                          \
    0, sizeof(buf) / sizeof(int), (buf),         \
    false, 0, 0                                  \
}

#define newStackWithRangeCheck(buf, min, max) {  \
    0, sizeof(buf) / sizeof(int), (buf),         \
    true, min, max                               \
}
```

リスト3-8　範囲チェック付きのスタック（chapter03/stack04/src/stack.c）

```c
static bool isRangeOk(const Stack *p, int val) {
    return ! p->needRangeCheck ||
        (p->min <= val && val <= p->max);
}
```

```
// true:成功, false:失敗
bool push(Stack *p, int val) {
    if (! isRangeOk(p, val) || isStackFull(p)) return false;
    p->pBuf[p->top++] = val;
    return true;
}
```

リスト3-7では構造体の中で範囲チェックが必要かどうか（needRangeCheck）、そして値の有効な範囲（min、max）を保持するようにし、新しく範囲チェックありのスタック生成用マクロを用意しています。リスト3-8ではpush関数に範囲チェックロジックが追加されています。これにより、以下のようにして範囲チェック付きのスタックを生成することができます。

```
int buf[16];
Stack stack = newStackWithRangeCheck(buf, 0, 9);
```

この例では、0から9までの範囲チェックを持ったスタックを生成しています。

範囲チェック付きスタックの問題点

この程度の規模であれば、今回の方法でも十分にうまくいきますが、一方で、このコードは以下のような問題を孕んでいます。

- 範囲チェックなしのスタックを生成した場合にも、needRangeCheck、min、maxといった余計なメンバをスタック内に抱えなければならず、メモリが無駄に消費される
- スタックにさらに別の検証機能を加えたいと思ったら、構造体に別のメンバを加えなければならなくなる。構造体内には提供したい機能で必要となるすべてのメンバを持たなければならないし、push関数もそれらの機能のために肥大化するため、機能の数が増えるとすぐに手に負えなくなる

今回追加したneedRangeCheck、min、maxというメンバは本当にスタックの他のメンバと同じ場所に置く必要があるのでしょうか？ これらのメンバはisRangeOkでしか使用されないものであり、スタックを構成するすべての関数に見える場所に置くのは不適切です。この場所では**スコープが広すぎる**のです。まずはこれらを分離してみましょう（**リスト3-9**、**リスト3-10**）。

リスト3-9 範囲チェックを分離したスタック（chapter03/stack04/src/stack.h）

```
typedef struct {
    const int min;
    const int max;
} Range;

typedef struct {
    int top;
    const size_t size;
    int * const pBuf;
```

```
        const Range * const pRange;
} Stack;
...
#define newStack(buf) {                              \
    0, sizeof(buf) / sizeof(int), (buf),             \
    NULL                                             \
}

#define newStackWithRangeCheck(buf, pRange) {        \
    0, sizeof(buf) / sizeof(int), (buf),             \
    pRange                                           \
}
```

リスト3-10 範囲チェックを分離したスタック（chapter03/stack04/src/stack.c）

```
static bool isRangeOk(const Range *p, int val) {
    return p == NULL ||
        (p->min <= val && val <= p->max);
}

// true:成功, false:失敗
bool push(Stack *p, int val) {
    if (! isRangeOk(p->pRange, val) || isStackFull(p)) return false;
    p->pBuf[p->top++] = val;
    return true;
}
```

範囲チェックに必要なデータを構造体 Range に移動し、isRangeOk 関数は Range を使って判定を行うようになりました。これによりスタックのデータを持つ Stack と範囲チェック用のデータを持つ Range が分離されました。

チェック機能を汎用化する

今回は上下限のチェックを行う仕組みを導入したわけですが、値のチェックは何も上下限だけとは限りません。たとえば前回 push した値以上の値しか push できない（最初は0以上）スタックというものを考えてみましょう（実際には、こんなものが必要になることはないでしょうが、あくまでも別の値検証の例として考えてみます）。これは残念ながら今のままの仕組みでは実現できませんが、入力値のチェックをもっと汎用的なものにすれば可能になります。

まず入力値をチェックする汎用的な役割を Validator という構造体に持たせることにします（**リスト3-11**）。

リスト3-11　バリデータの導入（chapter03/stack06/src/stack.h）

```
typedef struct Validator {
    bool (* const validate)(struct Validator *pThis, int val);  // ①
    void * const pData;  // ②
} Validator;

typedef struct {  // ③
    const int min;
    const int max;
} Range;

typedef struct {  // ④
    int previousValue;
} PreviousValue;

#define rangeValidator(pRange) { \   // ⑥
    validateRange,               \
    pRange                       \
}

#define previousValidator(pPrevious) { \
    validatePrevious,                  \
    pPrevious                          \
}

bool validateRange(Validator *pThis, int val) {  // ⑤
    Range *pRange = (Range *)(pThis->pData);
    return pRange->min <= val && val <= pRange->max;
}

bool validatePrevious(Validator *pThis, int val) {  // ⑤
    PreviousValue *pPrevious = (PreviousValue *)pThis->pData;
    if (val < pPrevious->previousValue) return false;
    pPrevious->previousValue = val;
    return true;
}
```

①Validator構造体の中の最初のメンバは関数ポインタです。この関数は、引数にValidator構造体へのポインタと、検証する値を受けとって検証結果をboolで返します。

②2つ目のメンバは検証に使用するデータを保持します。これは検証の種類によって千差万別なのでvoidポインタになっていて、ポインタなら何でも受け取れるようになっています。

③このvoidポインタとして受けとる検証用のデータですが、たとえば範囲チェックならばRange構造体になります。

④あるいは前にpushしたデータ以上であることを検証するなら、前にpushした値を保持するための構造体

⑤関数ポインタに指定する検証関数です。Validator の pData メンバは void ポインタなのでキャストを行ってから、検証に必要となる値を取り出して検証処理を行っていることがわかります。
⑥これらの構造体の組み立てを簡単にするためのマクロです。

これらを使用すると、たとえば範囲チェックを行う Validator は以下のように生成できます。

```
Range range = {0, 9};
Validator validator = rangeValidator(&range);
```

一方、直前に push した値以上であることを検証する Validator は以下のように生成できます。

```
PreviousValue previous = {0};
Validator validator = previousValidator(&previous);
```

あとは Stack でこの Validator を使用するように変更します。まず stack.h を変更します（リスト **3-12**）。

リスト 3-12　スタックでのバリデータの利用（chapter03/stack06/src/stack.h）

```
typedef struct {
    int top;
    const size_t size;
    int * const pBuf;
    Validator * const pValidator;
} Stack;
...
#define newStackWithValidator(buf, pValidator) { \
    0, sizeof(buf) / sizeof(int), (buf),         \
    pValidator                                   \
}
```

次に、stack.c の push 関数を変更します（リスト **3-13**）。

リスト 3-13　スタックでのバリデータの利用（chapter03/stack06/src/stack.c）

```
bool validate(Validator *p, int val) {
    if (! p) return true;
    return p->validate(p, val);
}

// true:成功, false:失敗
bool push(Stack *p, int val) {
    if (! validate(p->pValidator, val) || isStackFull(p)) return false;
    p->pBuf[p->top++] = val;
    return true;
}
```

検証は validate という汎用的な関数になりました。この関数は引数として Validator へのポインタを受け

取り、これが NULL つまりバリデータが存在しないなら true を、非 NULL であれば、Validator 内にある関数ポインタで示される検証処理を呼び出して、その結果を返すようになっています。

実はこの姿が C によるオブジェクト指向の 1 つの形なのです（**リスト 3-14**）。

リスト 3-14 C によるオブジェクト指向（chapter03/stack06/src/stack.h 全体）

```
#ifndef _STACK_H_
#define _STACK_H_

#include <stddef.h>

#ifdef __cplusplus
extern "C" {
#endif

typedef struct Validator {
    bool (* const validate)(struct Validator *pThis, int val);
    void * const pData;
} Validator;

typedef struct {
    const int min;
    const int max;
} Range;

typedef struct {
    int previousValue;
} PreviousValue;

typedef struct {
    int top;
    const size_t size;
    int * const pBuf;
    Validator * const pValidator;
} Stack;

bool validateRange(Validator *pThis, int val);
bool validatePrevious(Validator *pThis, int val);

bool push(Stack *p, int val);
bool pop(Stack *p, int *pRet);

#define newStack(buf) {                           \
    0, sizeof(buf) / sizeof(int), (buf),  \
    NULL                                  \
}
```

```
#define rangeValidator(pRange) { \
    validateRange,                    \
    pRange                            \
}

#define previousValidator(pPrevious) { \
    validatePrevious,                 \
    pPrevious                         \
}

#define newStackWithValidator(buf, pValidator) { \
    0, sizeof(buf) / sizeof(int), (buf),        \
    pValidator                                   \
}

#ifdef __cplusplus
}
#endif

#endif
```

リスト3-15 Cによるオブジェクト指向（chapter03/stack06/src/stack.c 全体）

```
#include <stdbool.h>
#include "stack.h"

static bool isStackFull(const Stack *p) {
    return p->top == p->size;
}

static bool isStackEmpty(const Stack *p) {
    return p->top == 0;
}

bool validateRange(Validator *pThis, int val) {
    Range *pRange = (Range *)(pThis->pData);
    return pRange->min <= val && val <= pRange->max;
}

bool validatePrevious(Validator *pThis, int val) {
    PreviousValue *pPrevious = (PreviousValue *)pThis->pData;
    if (val < pPrevious->previousValue) return false;
    pPrevious->previousValue = val;
    return true;
}
```

```c
bool validate(Validator *p, int val) {
    if (! p) return true;
    return p->validate(p, val);
}

// true:成功, false:失敗
bool push(Stack *p, int val) {
    if (! validate(p->pValidator, val) || isStackFull(p)) return false;
    p->pBuf[p->top++] = val;
    return true;
}

// true:成功, false:失敗
bool pop(Stack *p, int *pRet) {
    if (isStackEmpty(p)) return false;
    *pRet = p->pBuf[--p->top];
    return true;
}
```

だいぶコード量が増えて複雑になってきたので整理してみましょう（**図 3-1**～**図 3-3**）。

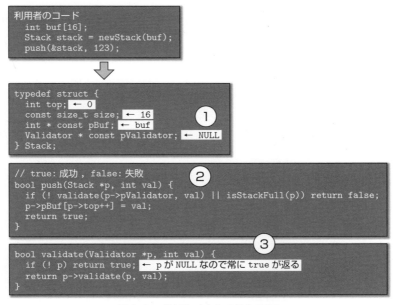

図 3-1　バリデータなしの場合の動作

第 3 章 C 言語とオブジェクト指向

　図 3-1 はバリデータなしの場合の動作です。この場合、Stack 構造体の pValidator は NULL になっているので（①）、push() 関数の中の if 文からの validate 関数の呼び出しでは第 1 引数に NULL が渡ります（②）。このため validate() 関数は常に true を返すことになり（③）、検証は常に成功します。

```
利用者のコード
  int buf[16];
  Range range = { 0, 9 } ;
  Validator validator = rangeValidator(&range);
  Stack stack = newStackWithValidator(buf, &validator);
  push(&stack, 123);
```
④

```
typedef struct {
  int top;           ← 0
  const size_t size; ← 16
  int * const pBuf;  ← buf
  Validator * const pValidator;
} Stack;
```
①

```
typedef struct Validator {
  bool (* const validate)(struct Validator *pThis, int val);
  void * const pData;
} Validator;
```
③　　②

```
typedef struct {
  const int min; ← 0
  const int max; ← 9
} Range;
```

```
bool validateRange(Validator *pThis, int val) {
  Range *pRange = (Range * )(pThis->pData);
  return pRange->min <= val && val <= pRange->max;  ← pRange->max;
}
```

図 3-2　範囲チェックバリデータを用いた場合の動作

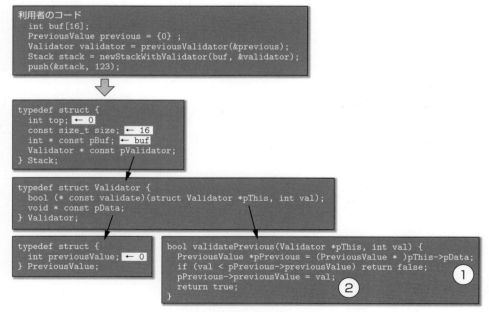

図 3-3　直前の値との検証バリデータを用いた場合の動作

範囲チェックバリデータを用いた場合を図 3-2 に示します。この場合、Stack の pValidator は Validator 構造体のデータを指しています（①）。Validator の validate() 関数は、validateRange() 関数を指しており（②）、pData は、Range 構造体のデータを指しています（③）。このため 123 を指定して push() 関数を呼び出すと（④）、検証関数としては validateRange() が呼び出され、その範囲が 0〜9 の範囲に入っていないので検証が失敗することになります。

図 3-3 は、直前の値との検証バリデータを用いた場合の動作です。範囲チェックバリデータの場合と同様ですが、validate 関数ポインタは、validatePrevious() を指しており、pData は PreviousValue を指しています。利用者が 123 を push すると、PreviousValue に格納されている previousValue（初期値は 0）以上の値なので検証は成功します（①）。その後、PreviousValue の previousValue は、いま push した値である 123 に置き換わるので（②）、次の push では 123 以上の値でないと検証が失敗することになります。

それでは次節で今回の構造の特性について詳しく見ていきましょう。

3.2.4 オブジェクト指向と多態性

オブジェクト指向の基本的な考え方はデータと、そのデータの処理を 1 つの場所にまとめることで、独立性を高めるというものです。ポイントはデータだけ、あるいはデータの処理だけを別個にまとめてもダメだという点です。76 ページの「チェック機能付きスタック」で作成した例では検証に使う上限、下限といったデータとスタック自体を構成するデータがスタックの中に渾然一体となっていて、独立性にとぼしいものになっていました。つまりデータだけを 1 か所に集めても決して独立性は向上しないのです。Validator という構造体の中に検証の処理と、その検証処理が使用するデータとをセットで切り出すことにより、検証処理が独立し、スタックにさまざまな検証処理をあとから付け加えることができるようになりました。検証処理が独立したので、この機能はスタック以外でも容易に再利用できます。

オブジェクト指向の要件には、この他にもいくつかありますが、特に重要な要件の 1 つといえるのが多態性です。多態性とは外から見たら見分けがつかないのに、中の振る舞いが異なるという特性です。上の例であれば push の関数は値を検証するために、Validator の validate という関数を呼び出すのみです。その中でどんな検証処理が行われるかは一切関知していません。

```
bool validate(Validator *p, int val) {
    if (! p) return true;
    return p->validate(p, val);
}
```

実際にどんな検証処理が行われるかは、Validator の中身次第です。このようにデータと処理をセットにして分離し、構造体と関数ポインタを用いて多態性を実現することにより、検証という責務（オブジェクトに与えられる役割）が Validator の中に分離されているのです。このように分離されていると部品としてとても使いやすいものになり再利用が進みます。すると似たようなコードが繰り返し書かれるケースが減るので、自然とコードを修正する際にも修正箇所が限定されるようになります。

3.2.5 継承

　オブジェクト指向の重要な概念の1つに継承があります。上の例にもすでにその片鱗が見え始めています。元々のバリデータがあり、それを拡張した範囲チェックバリデータ、直前の値との検証バリデータという2つのバリデータが存在しています。この場合、元々のバリデータを親、拡張したバリデータを子と呼びます（なお親のことをスーパークラス、ベースクラス、また子のことをサブクラス、あるいは継承クラスと呼ぶことがあります）。継承では親と子の間には「is-a」関係が成立します。これは親を使用可能な場所に、子をそのまま使用できるということです。今回のケースでは親の存在が曖昧ですが、ValidatorのpDataが設定されていないものを親とみなせば、Range、PreviousValueを設定したValidatorを子とみなすことができます。この場合、親も子もValidatorという構造体になっているため、「is-a」関係はそのままCの文法上でも満たされています。実際、これら2つの子バリデータは処理内容が異なりますが、呼び出し規約（validate関数の引数、型、戻り値の型など）が親と同一なので、スタックからはまったく同じように使用することが可能で簡単に差し替えられます。しかし子バリデータが必要とするデータは異なるため、今回の例ではvoidポインタを使うことで回避しました。

```
typedef struct Validator {
    bool (* const validate)(struct Validator *pThis, int val);
    void * const pData;
} Validator;
```

　この方法は簡単な場合にはよいのですが、もう少し複雑になってくると面倒なことになります。範囲チェックを行うバリデータでは、このpDataが差す先がRangeになっています。たとえばこの範囲チェックバリデータをさらに拡張して、偶数あるいは奇数しか受け付けないようなバリデータを作りたいとしましょう。この場合、単純にRangeを拡張してしまうと、

```
typedef struct {
    const int min;
    const int max;
    const bool needOddEvenCheck;   // true なら偶数奇数チェックする
    const bool needToBeOdd;        // true なら奇数でなければならない
} Range;
```

Rangeの位置付けが曖昧になります。Rangeは範囲という意味ですから、ここに偶数奇数のチェックが入るのは変ですし、偶数奇数チェックが不要なケースでも余分な2つのメンバを抱えることになってメモリが無駄になります。残念ながらCはオブジェクト指向言語ではないので、継承をスマートに解決するための仕組みを持っていませんが、もう少しうまいやり方があります（**リスト3-16**）。

　まずはこれまでに作成している2つのバリデータをその方法で作り直してみましょう。

リスト3-16　Cによるオブジェクトの継承（chapter03/stack07/src/stack.h）

```
typedef struct Validator {    // ①
    bool (* const validate)(struct Validator *pThis, int val);
} Validator;
```

```
typedef struct {  // ②
    Validator base;  // ②-1
    const int min;
    const int max;
} RangeValidator;

typedef struct {  // ③
    Validator base;  // ③-1
    int previousValue;
} PreviousValueValidator;

bool validateRange(Validator *pThis, int val);
bool validatePrevious(Validator *pThis, int val);

#define newRangeValidator(min, max) \  // ④
    {{validateRange}, (min), (max)}

#define newPreviousValueValidator \  // ④
    {{validatePrevious}, 0}
```

①構造体 Validator の定義では、void ポインタが削除されています。
②範囲チェックバリデータの定義です。先頭メンバに、親の Validator が指定されていることに注意してください（②-1）。
③同様に直前の値との検証バリデータです。やはり親の Validator が先頭に指定されていることに注意してください（③-1）。
④バリデータを生成するためのマクロです。

実際のバリデーションを行う関数を見てみましょう（リスト **3-17**）。

リスト 3-17　C によるオブジェクトの継承（chapter03/stack07/src/stack.c）

```
bool validateRange(Validator *p, int val) {
    RangeValidator *pThis = (RangeValidator *)p;     // ①
    return pThis->min <= val && val <= pThis->max;
}

bool validatePrevious(Validator *p, int val) {
    PreviousValueValidator *pThis = (PreviousValueValidator *)p;  // ②
    if (val < pThis->previousValue) return false;
    pThis->previousValue = val;
    return true;
}
```

①`validateRange`関数は、`RangeValidator`で使用されるのでキャストを行って`RangeValidator`内のメンバにアクセスしていることがわかります。

②同様に`validatePrevious`内では、`PreviousValueValidator`へのキャストを行っています。

もう一度`Stack`の定義を確認しておきましょう。

```c
typedef struct {
    int top;
    const size_t size;
    int * const pBuf;
    Validator * const pValidator;
} Stack;
```

`Stack`を検証機能付きで生成するマクロは以下でした。

```c
#define newStackWithValidator(buf, pValidator) { \
    0, sizeof(buf) / sizeof(int), (buf),        \
    pValidator                                   \
}
```

このため実際にバリデータを使用したスタックの生成は以下のようになります。

```c
    RangeValidator validator = newRangeValidator(0, 9);
    Stack stack = newStackWithValidator(buf, &validator.base);  // ①
```

①`newStackWithValidator`の2番目の引数は`Validator`へのポインタですが、それに対して`RangeValidator`構造体の中に用意しておいた`base`メンバへのポインタを渡していることに注意してください。これは構造体の先頭のアドレスと、最初のメンバのアドレスが一致する特性を利用しています。

```c
typedef struct {
    Validator base;
    const int min;
    const int max;
} RangeValidator;
```

これにより`Validator`が必要な場所に、`RangeValidator`を使用することが可能となります。その後、実際にはバリデートを行う`validateRange`関数の中でキャストによって`RangeValidator`に戻されることになります。

```c
bool validateRange(Validator *p, int val) {
    RangeValidator *pThis = (RangeValidator *)p;
    return pThis->min <= val && val <= pThis->max;
}
```

この方法を利用すれば、最初に問題となった`Range`の拡張を継承によって解決することができるようになります。`RangeValidator`を拡張するには、以下のようにして`base`に`RangeValidator`を使用すればよいのです。

```c
typedef struct {
    RangeValidator base;
    const bool needOddEvenCheck;    // true なら偶数奇数チェックする
    const bool needToBeOdd;         // true なら奇数でなければならない
} OddEvenRangeValidator;
```

これにより C でも継承を利用することが可能となります。

3.2.6 カプセル化

カプセル化は、オブジェクトの持つ状態と振る舞いを1か所に集め、外部とのインターフェイスを規定することで抽象化することを指します。と言葉で書くと難解ですが、状態とは構造体の中の関数ポインタ以外のメンバ、振る舞いは関数ポインタメンバが提供する動作だと考えればよいでしょう。では抽象化とは何かというと、たとえば以下の Validator 定義を見た場合、

```c
typedef struct Validator {
    bool (* const validate)(struct Validator *pThis, int val);
} Validator;
```

validate 関数を呼べば、そのバリデータ固有のルールに従って入力値を検証してくれることがわかります。Validator の子である、RangeValidator を見た場合、

```c
typedef struct {
    Validator base;
    const int min;
    const int max;
} RangeValidator;
```

そこには min や max というメンバがありますが、これは検証を利用する側から見れば「どうでもよい、気にしなくてよい」内部情報であり、validate 関数さえ呼び出せば検証が行われます。つまり validate 関数に自分自身（pThis）と、検証対象の値（val）を渡せば、bool で検証結果が返るという「外部インターフェイス」のみが利用者側が気にする対象で、RangeValidator の内部のメンバは細かな実装の詳細に過ぎません。

概念的にはとても似たことを、C のプログラマなら普段から行っているはずです。FILE 構造体を考えてみてください。fopen すると FILE を指すポインタが返ってきますが、FILE 構造体の中身について気にしたことはあったでしょうか？ stdio.h を見れば FILE 構造体の中身を見ることはできますが、この内容は処理系によって異なりますから、この中身を直接操作することは通常ないはずです。ただ「fopen で返ってきたポインタを、fread などの関数に渡し、最後に fclose に渡して解放すること」だけを気にしていればよいのです。つまり FILE 構造体の中身そのものは利用者にとっては「どうでもよい、気にしなくてよい」情報であり、FILE 構造体のポインタを引数や戻り値としている関数に対して適切に引き渡すことだけを気にしていればよいのです。

大抵のオブジェクト指向言語では、カプセル化を補助するためにアクセス制御の仕組みを提供しており、RangeValidator の内部が見えないように隠蔽（データ隠蔽）することが可能です（アクセスしようとするとエラーになる）。残念ながら C にはアクセス制御の仕組みはないのでデータ隠蔽は実現できません。とはいえデータ隠蔽は補助的な機能であり本質ではないので、これは大した問題ではありません。実際、今回の例では

constが付与されていますから間違えて外部から書き換えてしまうミスを犯す心配はありません。必要ならメンバの命名規約を決めて、たとえばアンダースコア「_」で始まる名前のメンバには直接アクセスしてはならないといったルールを決めてもよいでしょう。

3.2.7 仮想関数テーブル

　ここまでの実装では、各オブジェクトが関数ポインタを保持していますが、これはメモリの無駄使いになる可能性があります。以下のようなオブジェクトの定義を見てみましょう。

```
typedef struct Foo {
    void (* const func0)(struct Foo *pThis);
    void (* const func1)(struct Foo *pThis);
    void (* const func2)(struct Foo *pThis);
} Foo;
```

このようなオブジェクト定義に従ってオブジェクトをいくつか作成したとしましょう。

```
Foo foo0 = {
    func0_impl, func1_impl, func2_impl
};

Foo foo1 = {
    func0_impl, func1_impl, func2_impl
};

Foo foo2 = {
    func0_impl, func1_impl, func2_impl
};
```

　もちろんこれはまったく内容が同じオブジェクトを複数生成することになるので無駄なのですが、それでは関数ポインタ以外の何らかのデータを持っていたとしたらどうでしょう？

```
typedef struct Foo {
    int count;
    void (*func0)(struct Foo *pThis);
    void (*func1)(struct Foo *pThis);
    void (*func2)(struct Foo *pThis);
} Foo;

Foo foo0 = {
    0, func0_impl, func1_impl, func2_impl
};

Foo foo1 = {
    1, func0_impl, func1_impl, func2_impl
};
```

```
Foo foo2 = {
    2, func0_impl, func1_impl, func2_impl
};
```

これなら保持しているデータが異なるので無駄ではないでしょうか？ 依然として関数ポインタ部分が同一なので無駄ですね。もちろんこの程度であれば大きな問題には見えません。しかし関数ポインタを 10 個持っていたとしたらどうでしょう？ あるいはオブジェクトを 1,000 個生成しなければならないとしたら？
もしも、

- 同じ振る舞い（つまり関数ポインタのセットが同一）を持つオブジェクトが複数あり、
- 中にある程度の個数の関数ポインタを持っていて、
- そのオブジェクトをある程度の個数生成する必要がある場合、

関数ポインタを保持する部分のメモリが無駄になる可能性が高くなります。この場合には仮想関数テーブルというものを導入することで、この無駄を排除できます。仮想関数とは、これまで見たように関数ポインタを用いることによって、実際に呼び出される関数がオブジェクトによって変化する関数のことです。それでは仮想関数テーブルの例を見てみましょう。

```
typedef struct FooVtbl {
    void (* const func0)(struct Foo *pThis);
    void (* const func1)(struct Foo *pThis);
    void (* const func2)(struct Foo *pThis);
} FooVtbl;

static FooVtbl foo_vtbl = {func0_impl, func1_impl, func2_impl};

typedef struct Foo {
    const int count;
    const FooVtbl * const pVtbl;
} Foo;

Foo foo0 = {0, &foo_vtbl};
Foo foo1 = {1, &foo_vtbl};
Foo foo2 = {2, &foo_vtbl};
```

この構造にすることにより、オブジェクトには仮想関数テーブルへのポインタのみを保持すればよくなるため、メモリを節約できます。一方、関数呼び出しにあたっては、仮想関数テーブルを経由しないといけないので、以下のように書く必要がありますし、プログラムの構造も複雑になります。

```
pFoo->pVtbl->func(pFoo);
```

したがって、メモリ使用量との兼ね合いを見て使用するかどうかを決める必要があります。本書ではコードをなるべく単純にするため仮想関数テーブルを使用していませんが、実際のアプリケーションでは上記の考慮点を勘案の上、必要に応じて仮想関数テーブルを導入するかどうかを決定してください。

3.2.8 非仮想関数

関数ポインタをオブジェクトで保持するようにすることで、オブジェクトの振る舞いをオブジェクトごとに変更することが可能となります。しかし関数によってはオブジェクトによらず、まったく同一の振る舞いでよい場合もあります。この場合には関数ポインタとして持つ必要はありません。

たとえば上で見たオブジェクトをもう一度見てみましょう。

```
typedef struct Foo {
    int count;
    void (*func0)(struct Foo *pThis);
    void (*func1)(struct Foo *pThis);
    void (*func2)(struct Foo *pThis);
} Foo;
```

この count を 0 リセットする関数が必要だとしましょう。この場合、仮想関数として追加することもできますが、

```
typedef struct Foo {
    int count;
    void (*func0)(struct Foo *pThis);
    void (*func1)(struct Foo *pThis);
    void (*func2)(struct Foo *pThis);
    void (*reset_counter)(struct Foo *pThis);  // 追加
} Foo;
```

count を 0 に戻すだけであれば、この振る舞いをオブジェクトごとに変更する必要はないかもしれません。その場合には独立した関数として用意することもできます。

```
typedef struct Foo { // 変更なし
    int count;
    void (*func0)(struct Foo *pThis);
    void (*func1)(struct Foo *pThis);
    void (*func2)(struct Foo *pThis);
} Foo;

void reset_foo_counter(Foo *pThis) {
    pThis->count = 0;
}
```

この場合、オブジェクトに関数ポインタを保持しなくてよいため、メモリを節約することが可能となります。一方でオブジェクトごとに振る舞いを変更できなくなります。もう1つ、Cの場合は名前空間の問題があります。この関数名が reset_foo_counter となっているのは、Foo 用の関数だからです。もしも単に reset_counter という名前にした場合、Bar というまったく別のオブジェクト定義があり、そこにも偶然 count というメンバがあって、そこをリセットする関数に reset_counter という名前を付けてしまうと関数名が衝突してしまいます。

関数ポインタとして保持するのであれば、このような問題は考えなくて構いません。構造体 Foo の中の

reset_counter と、別の構造体 Bar の中の reset_counter とは別ものとして扱われるからです。関数の実体は static にしておけば、同一の名前でも衝突を回避できます。また、本書でも後の章で取り上げますが、非仮想関数よりも関数ポインタを用いた実装のほうがテストが容易になるというメリットがあります（詳細は 5 章をご覧ください）。

どういう場合に非仮想関数を使い、どういう場合に関数ポインタを使うべきなのでしょうか？ これは難しい問題ですが、一般に経験が浅い人ほど非仮想関数を使い過ぎる傾向があります。基本的には関数ポインタとして実装し、メモリの制約があり、振る舞いが変更にならないと自信を持っていえる場合に限って非仮想関数の利用を検討するのがよいでしょう。

オブジェクト指向とメモリ節約

オブジェクト指向で書くと、関数ポインタをオブジェクトに保持しないといけないので、メモリの使用量が増え、組み込みには向かないように感じられるかもしれません。また関数ポインタ経由での呼び出しはコンパイラのインライン化などの最適化が効きにくく実行効率も気になるかもしれません。

まずメモリ使用量が問題になる場合は、仮想関数テーブルを利用し、これを ROM 領域に載せることを検討してください。仮想関数テーブルは定数なので ROM 上で問題ありません。多くの組み込み系のマイクロコントローラでは RAM よりも ROM の搭載量のほうが余裕があります。このため用意されている C の言語処理系でも ROM に載せるためのキーワードが用意されているケースが多く、これを利用することで定数を ROM に載せることが可能です。もちろん ROM といえども、節約しなければならないでしょうが、オブジェクト指向を用いてコードを整理することで、コードの重複を減らすことが可能となり、全体の必要 ROM 量は十分に削減できるはずです。

実行効率については、本当に関数ポインタによる呼び出し部分がネックになっているのであれば、非仮想関数やマクロを用いたりする必要があるでしょうが、今時のマイクロコントローラは十分速く、本当に間接呼び出しがネックになるケースは多くはないのではないかと思います。

3.3 まとめ

本章では C 言語でオブジェクト指向を実現する方法について解説しました。オブジェクト指向はコードを再利用しやすく構築するための 1 つの手法です。本章の前半ではスタックの実装例を用い、C で馴染みのある static 関数、構造体の利用といったモジュール化の手法を復習しつつ、その延長線上にオブジェクト指向があるという点について解説しました。

オブジェクト指向のエッセンスは、多態、継承、カプセル化です。スタック用のバリデータの実装を通してこれらを解説しました。

- 多態を用いることで、振る舞いの異なるオブジェクトを同じように扱えるようになる
- 継承は、一部のみが異なるコードの共通部分を取り出すことを容易にする
- カプセル化によりオブジェクトの振る舞いと内部状態を 1 か所に集めて抽象化を進め、扱いを容易にする

多態を実現するため、本書は構造体内に関数ポインタを持たせる構造を紹介しました。しかし場合によって

はこの方法ではメモリが無駄になる可能性があります。それを避けるための方法として仮想関数テーブルについて解説しました。また多態が不要な関数については非仮想関数が使えることを紹介しました。

　もしもこれまでオブジェクト指向について漠然とした知識しか持っていなかったとしたら、ここまでの話を読んでみて、もしかしたら「自分がこれまでやってきた、あのやり方はオブジェクト指向だったのか！」と思われたかもしれません。実際オブジェクト指向の考え方自体は、それほど難解なものではなく、ある程度経験を積んでいれば、日々の開発の中でこれに似た考え方にたどり着くはずです。特にGUIのライブラリなどオブジェクト指向との親和性の高いものでは、たとえC用のライブラリであっても少なからずオブジェクト指向の考え方が入り込んできています。

　Cはオブジェクト指向言語ではありませんが、Cでもオブジェクト指向プログラミングは十分に可能で、それにより再利用しやすいアプリケーションコードを構築することが可能となります。ぜひ、日々の開発の中に取り入れてみてください。

第4章
C言語とデザインパターン

　前章ではCでオブジェクト指向プログラミングを実現する方法を説明しました。しかし、オブジェクト指向について一通り理解できても、それを利用してアプリケーションを構築しようとすると、どうもうまくいかないということがよく起きます。それは、たとえばオブジェクト指向で作成しているはずなのに、どうも独立性が悪いとか、オブジェクト指向を使用しない場合と比べて手間ばかりかかって、ちっともメリットが得られないといった形で現れます。GoFのデザインパターンは、オブジェクト指向を用いてアプリケーションを構築するための実装パターン集で、これを適用することにより、オブジェクト指向でアプリケーションを構築する際によく遭遇する問題にうまく対処することが可能となります。本章では、Cで組み込み系の開発を行う場合に特に役に立つと思われるものをいくつか取り上げます。

4.1 ステートパターン（State）

　組み込み系で何といっても重宝するのが、このステートパターンでしょう。組み込み系ではハードウェアの状態に応じて動作をするプログラムを書く必要があります（というか、それがほぼすべてであるといっても過言ではないでしょう）。このため状態に応じて何らかの分岐処理を実装する必要があります。
　簡単なCDプレーヤを考えてみましょう。このCDプレーヤには表4-1に示すボタンがあるものとします。

表4-1 簡単なCDプレーヤとボタンの機能

ボタン	機能
[Play/Pause]	再生／一時停止
[Stop]	停止

4.1.1 状態遷移図

　複数の状態を扱うために古来からよく使われているツールとして状態遷移図があります。図4-1はこのCDプレーヤの状態遷移を状態遷移図を使って表現したものです。
　この図は極めて簡略化したものですが、それでも各ボタンによって状態がどのように変化するのかが一目瞭然で遷移図の有用性がよくわかります。リスト4-1はこの状態遷移図のとおりに動作するコードの例です。

第4章 C言語とデザインパターン

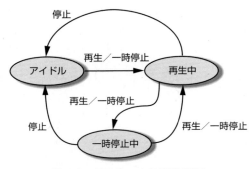

図 4-1　CD プレーヤの状態遷移図

リスト 4-1　CD プレーヤの実装例（chapter04/cd01/src/cdplayer.h、cdplayer.c）

```
typedef enum {
    EV_STOP,
    EV_PLAY_PAUSE
} EventCode;

bool playflag;
bool pauseflag;

void initialize() {
    playflag = false;
    pauseflag = false;
}

void onEvent(EventCode ec) {
    switch (ec) {
    case EV_STOP:
        if (playflag == true || pauseflag == true)
            stopPlayer();
        break;

    case EV_PLAY_PAUSE:
        if (playflag == true) pausePlayer();
        else if (pauseflag == true) resumePlayer();
        else startPlayer();
        break;

    default:
        break;
    }
}

void stopPlayer() {
```

```
        pauseflag = false;
        playflag = false;
    }

    void pausePlayer() {
        pauseflag = true;
        playflag = false;
    }

    void resumePlayer() {
        pauseflag = false;
        playflag = true;
    }

    void startPlayer() {
        pauseflag = false;
        playflag = true;
    }
```

この例では電源 on の際に `initialize()` 関数が呼ばれ、その後はボタンに応じて `onEvent` が呼び出されることを前提としています。

```
    initialize();
    onEvent(EV_PLAY_PAUSE);    // 再生開始
    onEvent(EV_PLAY_PAUSE);    // 一時停止
    onEvent(EV_PLAY_PAUSE);    // 再生再開
    onEvent(EV_STOP);          // 停止
```

この程度の規模であればこのプログラムでも十分に機能しそうですが、すでにコードの理解は難しくなっています。このコードでは `playflag` と `pauseflag` で状態を保持していますが、このようにフラグを使い始めると、このプログラムを拡張するたびに際限なくフラグが増えていって、すぐに手に負えなくなります。また、これらのフラグには暗黙のルールがあります。一時停止状態のときには、これらのフラグはどういう値なのでしょうか？ `pausePlayer` を見ると、

```
    void pausePlayer() {
        pauseflag = true;
        playflag = false;
    }
```

どうやら `pauseflag` が `true` でかつ `playflag` は `false` のようです。しかし、これは知らない人から見たら自明のルールとはいえません。`pauseflag` と `playflag` の両方が `true` ではダメなのでしょうか？ 現在のプログラムでは両方のフラグが `true` になることはありませんが、誰かが修正、拡張をした際に、フラグの両方が `true` になる状態を間違って持ち込んでしまうかもしれません。実際、両方のフラグが `true` だったとしても現在のプログラムは、それを pause 状態として認識しますから、少しテストしたくらいでは気づかないかもしれません。しかし、その後でまた別の人が拡張、修正した際に pausePlayer 関数を見て、pause 状態のときには playflag

は false であることを前提としたコードを書くかもしれません。するとアプリケーションは特定の状況でのみ正しく動作しなくなるでしょう。

このコードの問題は、まず 3 つ以上の状態をフラグで管理している点にあります。**フラグを使ってよいのは 2 つの状態を管理する場合のみ**です。状態が 3 つ以上あるときはフラグを用いてはなりません。**リスト 4-2** は状態変数を使って書き直したものです。

リスト 4-2　CD プレーヤの実装例（状態変数）（chapter04/cd03/src/cdplayer.h、cdplayer.c）

```
typedef enum {
    EV_STOP,
    EV_PLAY_PAUSE
} EventCode;

typedef enum {
    ST_IDLE,
    ST_PLAY,
    ST_PAUSE
} State;

void initialize() {
    state = ST_IDLE;
}

void onEvent(EventCode ec) {
    switch (state) {
    case ST_IDLE:
        if (ec == EV_PLAY_PAUSE)
            startPlayer();
        break;

    case ST_PLAY:
        switch (ec) {
        case EV_STOP:
            stopPlayer();
            break;

        case EV_PLAY_PAUSE:
            pausePlayer();
            break;

        default:
            break;
        }
        break;

    case ST_PAUSE:
```

```
            switch (ec) {
            case EV_STOP:
                stopPlayer();
                break;

            case EV_PLAY_PAUSE:
                resumePlayer();
                break;

            default:
                break;
            }

        default:
            break;
        }
    }

    void stopPlayer() {
        state = ST_IDLE;
    }

    void pausePlayer() {
        state = ST_PAUSE;
    }

    void resumePlayer() {
        state = ST_PLAY;
    }

    void startPlayer() {
        state = ST_PLAY;
    }
```

　大きく変化しているのは onEvent 関数で、まず現在の状態で条件分岐して、それからイベントごとの処理が書かれていることがわかります。状態をそのまま変数にしたことで、リスト 4-1 で見たような曖昧な状況はなくなっていることがわかります。

4.1.2 状態遷移表

　状態遷移図は見た目がわかりやすい反面、網羅性の確認が難しいという欠点もあります。たとえば図 4-1 では、アイドル状態で［Stop］ボタンを押したときの挙動が書かれていません。もちろんきっと何も起きないのだろうことは推測できますが、何も起きないので省略したのか、書き忘れただけなのかは、読む側にはわかりません。網羅性の確認には状態遷移表が有用です。**表 4-2** は図 4-1 を状態遷移表に直したものです。

表4-2 CDプレーヤの状態遷移表

イベント／状態	アイドル（ST_IDLE）	再生中（ST_PLAY）	一時停止中（ST_PAUSE）
停止（EV_STOP）	無視	停止してアイドルへ	停止してアイドルへ
再生／一時停止（EV_PLAY_PAUSE）	再生を開始して再生中へ	一時停止して一時停止中へ	再生を再開して再生中へ

　状態遷移表では、状態とイベントをそれぞれ横軸、縦軸にとり（どちらを縦側にしても構いません）、ある状態におけるイベントに対する動作と、次に移行する状態を記載します。たとえば再生中の停止イベントに対する挙動は、まず再生中の状態列を選び、次にそこから下に行をたどって停止の行を見ます。すると「停止してアイドルへ」と書かれているので、停止処理を行うこと、次の状態がアイドルであることがわかります。

　状態遷移表を使うと、全状態に対する全イベントの挙動が一覧されるため、考慮が漏れている場所がわかりやすくなりますし、実際にアプリケーションをテストする際に、どんなテストをやれば全パターンが網羅できているのかが確認しやすくなります。

4.1.3 オブジェクト指向ステートパターン

　リスト4-2は、この規模であれば十分にわかりやすく、状態遷移表との対応も簡単にわかります。しかし状態数やイベント数が増えていくと、onEvent関数がものすごい勢いで肥大化していくことは想像に難くありません。何しろコードの行数は状態数×イベント数に比例するからです。また条件分岐がネストしたswitchになっていて複雑なのも好ましいとはいえません。

　オブジェクト指向を用いることで、複雑な条件分岐を多態に変換できます。もしもコード中に条件分岐があったら、そこに多態を持ち込むことで条件分岐を削除できます。これを状態遷移に応用したのがオブジェクト指向ステートパターンです。それではこのオブジェクト指向ステートパターンで書き直したコードを見てみましょう（**リスト 4-3**）。

リスト4-3　CDプレーヤの実装例（オブジェクト指向ステートパターン）（chapter04/cd03/src/cdplayer.h、cdplayer.c）

```c
typedef struct State {
    const struct State *(* const stop)(const struct State *pThis);
    const struct State *(* const playOrPause)(const struct State *This);
} State;

void initialize();
void onStop();
void onPlayOrPause();

static const State *pCurrentState;

static const State *ignore(const State *pThis);
static const State *startPlay(const State *pThis);
static const State *stopPlay(const State *pThis);
static const State *pausePlay(const State *pThis);
static const State *resumePlay(const State *pThis);

const State IDLE = {
```

```
    ignore,    //  [Play/Pause] ボタン押下時の動作
    startPlay  //  [Stop] ボタン押下時の動作
};

const State PLAY = {
    stopPlay,  //  [Play/Pause] ボタン押下時の動作
    pausePlay  //  [Stop] ボタン押下時の動作
};

const State PAUSE = {
    stopPlay,   //  [Play/Pause] ボタン押下時の動作
    resumePlay  //  [Stop] ボタン押下時の動作
};

void initialize() {
    pCurrentState = &IDLE;
}

void onStop() {
    pCurrentState = pCurrentState->stop(pCurrentState);
}

void onPlayOrPause() {
    pCurrentState = pCurrentState->playOrPause(pCurrentState);
}

static const State *ignore(const State *pThis) {
    return pCurrentState;
}

static const State *stopPlay(const State *pThis) {
    return &IDLE;
}

static const State *pausePlay(const State *pThis) {
    return &PAUSE;
}

static const State *resumePlay(const State *pThis) {
    return &PLAY;
}

static const State *startPlay(const State *pThis) {
    return &PLAY;
}
```

これを利用したコードはたとえば以下のようになります。

```
initialize();
onPlayOrPause(); // 再生開始
onPlayOrPause(); // 一時停止
onPlayOrPause(); // 再生再開
onStop();        // 停止
```

中を見てみましょう。状態は `State` という構造体になり、その中に関数ポインタが2つ置かれています。

```
typedef struct State {
    const struct State *(* const stop)();
    const struct State *(* const playOrPause)();
} State;
```

`State` は状態を表すオブジェクトであり、その状態のときに発生したイベントに応じて、`stop`、`playOrPause` という関数が用意されていることがわかります。状態によって［Stop］ボタン、［Play/Pause］ボタンの挙動が変化するので、状態の中に関数ポインタを持つようにして、その指し先が、固有の処理を行う関数になるようにしてあるわけです。その定義は以下のような `State` 構造体の初期化に表されているので、状態遷移図との対応が明確で、これまでの例で見たような複雑な条件分岐がなくなっていることがわかります。

```
const State IDLE = {
    ignore,    // ［Play/Pause］ボタン押下時の動作
    startPlay  // ［Stop］ボタン押下時の動作
};

const State PLAY = {
    stopPlay,  // ［Play/Pause］ボタン押下時の動作
    pausePlay  // ［Stop］ボタン押下時の動作
};

const State PAUSE = {
    stopPlay,    // ［Play/Pause］ボタン押下時の動作
    resumePlay   // ［Stop］ボタン押下時の動作
};
```

図 4-2 は今回の構造を図示したものです。`State` には、ひな形があってそこには［Stop］ボタンの処理関数と、［Play/Pause］ボタンの処理関数があります。`State` を呼び出す側は、単に［Stop］ボタンが押されれば、［Stop］ボタンの処理関数を、［Play/Pause］ボタンが押されれば、［Play/Pause］ボタンの処理関数を呼び出すだけです。しかし実際にはその中身は、`State` ごとに異なっています。IDLE であれば［Stop］ボタンの処理は `ignore` になっていて何も実行されませんし、［Play/Pause］ボタンの処理は `startPlay` 関数になっていて再生を開始するようになっています。`State` という「共通のインターフェイス」を用意しておき、多態を活用して状態によって実際の処理内容を入れ替える。これが `State` パターンの本質です。

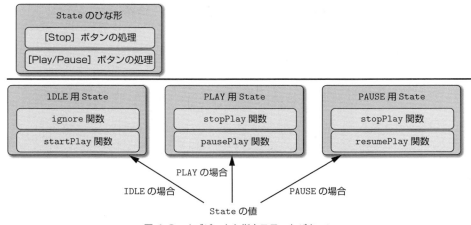

図4-2 オブジェクト指向ステートパターン

4.1.4 複数の状態セットが関係するケース

　実際の機器では複数の状態セットが関係しているケースがあります。たとえば今回のケースであれば、CDが入っているかどうかで動作が変わります。CDが入っていなかったら、アイドル状態で［Play/Pause］ボタンが押されてもドライブを再生開始すべきではないでしょう。この場合、再生開始処理の中でCDが入っているかどうかをチェックすることでも対処可能です。

```
static const State *startPlay(const State *pThis) {
    if (CDが入っていなかったら) return pThis;
    return &PLAY;
}
```

　しかし、ここ1か所ならともかく、このような条件分岐が増えていくと動作を決定するロジックがあちこちに分散するようになってしまって、全体の動作がわかりにくくなってしまいます。複数の状態セットが動作に関係する場合、それらの組み合わせを新たな状態として考えることで、1つの状態遷移として扱うことが可能です。

状態セット1
アイドル
再生中
一時停止中

状態セット2
CD空
CDあり

2つの状態セットが完全に独立していれば、それぞれの状態数を乗じた個数（この例なら 3 × 2 = 6 通り）の状態が存在することになりますが、何らかの関連があれば、それよりも少なくなります。

合成状態	状態セット1	状態セット2
アイドル（空）	アイドル	CD 空
アイドル（有）	アイドル	CD 有
NA	再生中	CD 空
再生中	再生中	CD 有
NA	一時停止中	CD 空
一時停止中	一時停止中	CD 有

NA：Not applicable（あり得ない状態）

実際、今回の例では CD が空であれば、再生中や一時停止中になることはあり得ないので、合成された状態の数は 4 つになります。あとは合成状態のほうに注目して、これまでと同じように状態遷移表を作成してプログラムを作成していけば同じ方法で実装できます。さきほどの `if` を使った方法よりも、状態で管理したほうが、テストですべてのパターンを洗い出すのも容易になるでしょう。

状態セットが 3 つ以上あっても、単に状態の合成を繰り返すだけで対応できます（まず状態セット 1 と状態セット 2 とで合成状態を作り、合成状態と状態セット 3 とで合成状態を作り、と繰り返します）。

4.1.5 ステートパターンとメモリ管理

小規模の組み込み機器の場合、システム内に OS はなく、システムリセット後にエントリーポイントから実行を始め、あとはビジーループ内で処理をしつつ、ハードウェアへの応答に割り込みで対応するという構成が多いでしょう。この場合、割り込みを除けば処理はシングルタスクで実行されます。このような小規模の組み込み機器ではメモリは貴重なリソースであり、1 バイトでも節約したいケースが多いでしょう。こういう場合にステートパターンを用いると、作業用メモリをうまく節約できることがあります。

通常、各ステートで使用する作業用メモリには、一時的なステート固有メモリ、つまりそのステート内でだけ必要で、ステートに入るときに初期化して使用し、別のステートに移れば不要になるものがあります。これらは通常であれば個別の変数として確保され、ステート数が増えると変数も増加するケースが多いのですが、ステート固有な作業域であれば、同じメモリ領域を共有することが可能です。

```
union {
    struct WorkForStateA {
        ...
    } for_state_a;

    struct WorkForStateB {
        ...
    } for_state_b;
    ...
} work;
```

for_state_a はステート A 用、for_state_b はステート B 用の作業領域ですが、union 内のメンバなので同じメモリ領域にオーバーラップして配置されます。これによりメモリを節約することが可能となります。もちろん当然のことながら複数のステート間でこの領域のデータを共有することはできませんし、一度他のステートに移ってから戻ってきたときには、他のステートによって内容が上書きされている可能性がありますから、一時的な作業領域を越えた使い方はできません。

4.2 テンプレートメソッドパターン（Template）

リソース（ファイル、メモリなど）の管理はやっかいです。それは獲得したものを解放しなければならないからです。たとえば fopen で開いたファイルは忘れずに fclose で解放しなければなりません。malloc で獲得したメモリは free で解放しなければなりません。このためリソースを扱うコードは煩雑になりがちです。

以下は指定されたファイル名を持つファイルの中から、1 行ごとに数字列を読み込み、その値の範囲を返すプログラムです（リスト 4-4）。

リスト 4-4　ファイルの中の値の範囲を求めるプログラム（chapter04/template01/src/range.c）

```c
int range(const char *pFname) {
    FILE *fp = fopen(pFname, "r");
    if (fp == NULL) return -1;

    int min = INT_MAX;    // 最小値を見つけるために、まず最大の値を設定
    int max = INT_MIN;    // 最大値を見つけるために、まず最小の値を設定
    char buf[256];

    while ((fgets(buf, sizeof(buf), fp)) != NULL) {
        int value = atoi(buf);
        min = min > value ? value : min;
        max = max < value ? value : max;
    }

    fclose(fp);
    return max - min;
}
```

この状態なら特に問題は感じないかしれません。それでは、ここでもしもファイルの中に空行が入っていたら-1 を返すという変更を加えることを考えてみましょう。もちろん以下は間違いです。

```c
    while ((fgets(buf, sizeof(buf), fp)) != NULL) {
        if (buf[0] == '\n') return -1;    // リソースリーク！
        int value = atoi(buf);
        min = min > value ? value : min;
        max = max < value ? value : max;
    }
```

ここで直接 return してしまうと、関数の最後にある fclose が呼ばれないので、ファイルがオープンされたままになってしまいます。では仕方がないので、ここに fclose をもう1つ書きましょうか？

```
while ((fgets(buf, sizeof(buf), fp)) != NULL) {
    if (buf[0] == '\n') {
        fclose(fp);
        return -1;
    }
    int value = atoi(buf);
    min = min > value ? value : min;
    max = max < value ? value : max;
}
```

しかしこれは fclose が2か所にあって不恰好ですね。関数の出口の処理が fclose の1つだけで、しかも今回のような例外条件が1つなのでまだ我慢できますが、こんな方法を続けていたらすぐにコードの内容が理解不可能になってしまいます。break や goto で抜けるという方法も考えられます。

```
while ((fgets(buf, sizeof(buf), fp)) != NULL) {
    if (buf[0] == '\n') {
        min = 1;
        max = 0;
        break;
    }
    int value = atoi(buf);
    min = min > value ? value : min;
    max = max < value ? value : max;
}
```

これは最終的に max - min が結果として返るので、-1 が返るように min に1を、max に0を代入してループを抜けています。fclose の呼び出しは1か所で済んでいますが、これも他人から見ると意図がわかりにくいコードです。C のプログラムで goto を見つけた場合、そこには多くのケースでリソースの獲得、解放が関係しています。

前後に定型処理が必要なコード

リソースを扱うコードが煩雑になるのは、リソースの管理（獲得と解放）コードが、リソースを使うコードをはさみこんでいるためです（図 4-3）。

このような構造がプログラムの中にある場合に有効なのがテンプレートメソッドパターンです。テンプレートメソッドパターンは、プログラムの中の一部の処理を関数として差し替えられるようにすることで、それ以外の処理部分を定型処理として再利用できるようにします。今回の例でいえばリソースの獲得、解放処理が定型処理で、値の範囲の算出部分が差し替え可能な処理の一例になります。

それでは、まずはテンプレートメソッドパターンを関数ポインタを用いて実現した例を見てみましょう（リスト 4-5）。

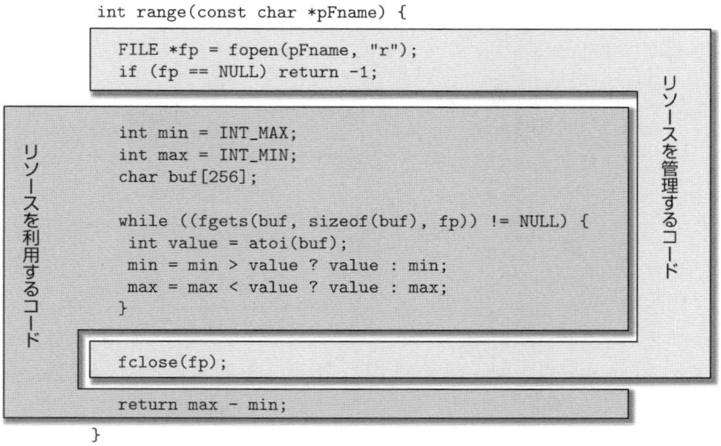

4.2 テンプレートメソッドパターン（Template）

```
int range(const char *pFname) {
    FILE *fp = fopen(pFname, "r");
    if (fp == NULL) return -1;

    int min = INT_MAX;
    int max = INT_MIN;
    char buf[256];

    while ((fgets(buf, sizeof(buf), fp)) != NULL) {
        int value = atoi(buf);
        min = min > value ? value : min;
        max = max < value ? value : max;
    }

    fclose(fp);

    return max - min;
}
```

図4-3　リソースを扱うコードの構造

リスト4-5　テンプレートメソッドパターンによって、ファイルの中の値の範囲を求めるプログラム
（chapter04/template04/src/file_reader.c、range.c）

```c
int read_file(const char *pFname, int (*processor)(FILE *fp)) {
    FILE *fp = fopen(pFname, "r");
    if (fp == NULL) return -1;

    int ret = processor(fp);

    fclose(fp);
    return ret;
}

static int range_processor(FILE *fp) {
    int min = INT_MAX;
    int max = INT_MIN;
    char buf[256];

    while ((fgets(buf, sizeof(buf), fp)) != NULL) {
        if (buf[0] == '\n') return -1; // 空行を発見したら-1を返す
        int value = atoi(buf);
        min = min > value ? value : min;
        max = max < value ? value : max;
    }

    return max - min;
}

int range(const char *pFname) {
    return read_file(pFname, range_processor);
}
```

`read_file`関数は、ファイルのオープンとクローズ処理という定型処理を行っていて、そこに`int`の結果を返すロジックをはさみ込めるようになっています。そして、関数ポインタの引数によって好きなロジックを外から渡せるようになっていることがわかります。`range_processor`はそうしたロジックの1つで、引数として`FILE`ポインタを受け取ります。`range`関数は、この`range_processor`を`read_file`関数に渡すことでファイルの中に書かれた値の範囲を算出するプログラムを完成させています。

　このプログラムの構造にはさまざまなメリットがあります。まずファイルのオープン、クローズといった一連の処理が`read_file`関数の中に実装されており、ここだけでリソースの獲得、解放処理が完結しています。一般にリソースの獲得場所と解放場所は、なるべく1か所に集めるべきです。これが離れるとどうしても対応する解放処理を忘れてしまうからです。そして中身の処理は`range_processor`に分離されており、各関数の役割が明確です。前節のリスト4-4の場合はファイルのオープン、クローズと、中身の処理が1つの関数の中に同居しています。この2つの処理は別のものであり、こうした関数は理解が難しくなります。関数では1つのことに専念すべきです。

　ファイルを読み込む処理はプログラムの中でいくつも書かれるでしょう。`read_file`は、そうした場所で使い回すことができます。これによりコードの重複を排除できます。`range_processor`部分を用意することでいくらでも好きな処理を差し込むことが可能になるからです（**図4-4**）。

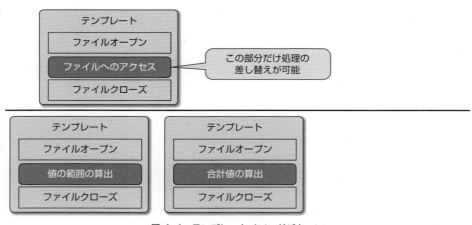

図4-4　テンプレートメソッドパターン

　前節のプログラムで問題となった途中退出のケースも支障なく実装できています。リソースの管理は`read_file`側に分離されたので、`range_processor`を実装する人はリソースの管理に頭を悩ませる必要がなく、中身の処理に集中することができます。後から別の人が`range_processor`を修正する際にも、下手な修正を行ってクローズを忘れるという事故はまず起きないでしょう。

　なお、このような設計パターンをローン（loan）パターンと呼ぶことがあります。これはリソースのライフサイクル管理を他に任せて、使用する際にだけリソースを「借りて」くることが可能になるからです。

4.2.1 int以外を返す

前節の例では処理結果が int でしたが、int 以外の場合はどうすればよいでしょう？ もちろん read_file を返す型ごとに用意することもできますが、それでは似たような関数が多量にできてしまいます。C ではこうしたケースでは、void ポインタか union を使用することが多いのですが、**リスト 4-6**、**リスト 4-7** はオブジェクトを使用して継承によって解決した例です（C での継承についてはすでに解説しました。詳細は86ページの「3.2.5 継承」を参照してください）。

リスト 4-6　ファイルの中の値の範囲を求めるプログラムで、int 以外の処理結果も使えるようにしたもの
　　　　　　（chapter04/template05/src/file_reader.h、file_reader.c）

```c
typedef struct FileReaderContext { // ①
    const char * const pFname;
    void (* const processor)(struct FileReaderContext *pThis, FILE *fp);
} FileReaderContext;

int read_file(FileReaderContext *pCtx) {
    FILE *fp = fopen(pCtx->pFname, "r");
    if (fp == NULL) return -1;

    pCtx->processor(pCtx, fp);

    fclose(fp);
    return 0;
}
```

リスト 4-7　ファイルの中の値の範囲を求めるプログラムで、int 以外の処理結果も使えるようにしたもの
　　　　　　（chapter04/template05/src/range.c）

```c
typedef struct { // ②
    FileReaderContext base;
    int result;
} MyFileReaderContext;

static void calc_range(FileReaderContext *p, FILE *fp) {
    MyFileReaderContext *pCtx = (MyFileReaderContext *)p; // ③
    pCtx->result = range_processor(fp);
}

int range(const char *pFname) {
    MyFileReaderContext ctx = {{pFname, calc_range}, 0};

    if (read_file(&ctx.base) != 0) {
        fprintf(stderr, "Cannot open file '%s'.\n", pFname);
    }
```

```
    return ctx.result; // ④
}
```

①`FileReaderContext`というオブジェクトを作り、この中にテンプレートメソッドである`processor`を関数ポインタとして置いています（このコンテキストという用語の意味については後述します）。
②そして、実際のアプリケーションでは結果を格納するためのメンバ`result`を継承によって追加しています。
③あとは、この`result`に結果を格納し、
④それを最後に取得して`range`関数の結果として返します。

この方法であれば`int`以外の型のどんな結果でも扱えます。オブジェクトと継承を利用することでコードは若干複雑になりましたが、逆にメリットもあります。もちろん`int`以外を結果として受け取れるという点もそうですが、ファイルオープンのエラーを返す場所と、処理の結果を受け取る場所とが分離されているのもまた1つの利点です。リスト4-5までは、ファイルオープンエラーの際も、ファイルの中身に空行があった場合も-1を返します。このため呼び出す側は-1が返ってきたときに、どちらが原因だったのか判別できませんし、エラーが起きた場合に返す値として、通常の処理では返らないであろう値をうまく選んでやらなければなりません。これは今回のケースのようにうまくいく場合もありますが（最大値−最小値は負にはならないので負の値をエラーを示す値として使用できる）、そうした値が見つけられない場合もあるでしょう。たとえば単にファイルの中身の総和を返す処理であったとしたら、処理結果は`int`の全値域が考えられるため、エラーを示す特別な値を割り当てることは難しくなります。

4.2.2 他のリソースを扱う

上ではファイルの例を挙げましたが、獲得と解放が必要となるリソースを利用する場合は、ファイルに限らず、同じパターンが適用できます。たとえば実行時にサイズが決まるバッファが必要なケースなら`fopen`と`fclose`のかわりに、`malloc`と`free`を使用すればよいでしょう。

それでは複数のリソースが必要な場合はどうすればよいのでしょうか。たとえばファイルに入ったデータをメモリに読み込んでからソートして、別のファイルに書き出すケースを考えてみましょう。もちろんこれまでどおりに3つのリソース（つまり読み込みファイル、メモリ、書き出しファイル）の獲得、解放を行う関数を作成するのも1つの方法です。しかし、これだと汎用性が下がって他で使い回せなくなりますし、そもそもこのような関数を間違いなく書くのは、実は思ったほど簡単ではありません。

```c
static long file_size(FILE *fp);

int process_file(
    const char *pInputFileName,
    const char *pOutputFileName,
    void (*sorter)(void *pBuf))
{
    FILE *fpInp = fopen(pInputFileName, "rb");
    if (fpInp == NULL) return FILE_OPEN_ERROR;
```

4.2 テンプレートメソッドパターン（Template）

```
long size = file_size(fpInp);
void *p = malloc(size);
if (p == NULL) return NO_MEMORY_ERROR; // リソースリーク！

fread(p, size, 1, fpInp);
// ...
```

　このコードでは、入力ファイルをオープンしてファイルのサイズと同じだけのバッファを確保して、そこに読み込もうとしていますが、メモリが確保できなければエラーを返すようになっています。しかしコメントにあるとおり、ここで return するとオープンしたファイルがクローズされないままになってしまいます。この後、さらにファイルへの書き込み処理が残っていますから、全体としては相当込み入ったコードになることが予想されます。
　複数のリソースを扱う場合は、それらをまとめて扱おうとせずに個別に管理したほうがコードが簡潔になりますし、再利用もしやすくなります。まず処理の大きな流れを見てみましょう。

- ファイルを読み込みオープンする
- `fseek`、`ftell` を使ってファイルのサイズを得る
- ファイルをクローズする
- ファイルサイズ分のメモリを確保する
- ファイルを読み込みオープンする
- ファイルを読み込む
- ファイルをクローズする
- メモリの内容をソートする
- ファイルを書き込みオープンする
- ファイルを書き込む
- ファイルをクローズする
- メモリを解放する

　これらは注意して見ると図 4-5 のような構造になっていることがわかります（読み込みオープンが 2 回必要になってしまう点は、後で改善します）。
　特にメモリの確保と解放の間にファイルのオープン、クローズが行われていて、入れ子の構造になっている点に注意してください。この構造の中には、複数のリソースを一度に管理している部分は存在しません。つまり、これまでに構築してきた単一リソースを扱うコードをうまく組み合わせさえすれば、この構造を構築できることを意味しています。
　まずファイルの読み込み、書き込みはコードの大半が共通なので 1 つにまとめてしまいます（リスト 4-8）。

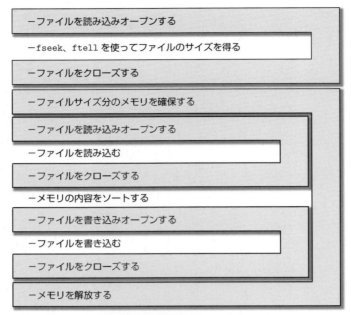

図 4-5　プログラム全体の構造

リスト 4-8　複数リソースを扱えるようにする（ファイル管理：chapter04/template08/src/file_accessor.h、file_accessor.c）

```
typedef struct FileAccessorContext {
    const char * const pFname;
    const char * const pMode;
    void (* const processor)(struct FileAccessorContext *pThis, FILE *fp);
} FileAccessorContext;

bool access_file(FileAccessorContext *pCtx) {
    FILE *fp = fopen(pCtx->pFname, pCtx->pMode);
    if (fp == NULL) return false;

    pCtx->processor(pCtx, fp);

    fclose(fp);
    return true;
}
```

ファイル名と一緒にアクセスモードも外から指定できるようにしています。これにより読み取りも書き込みも同一のコードで行うことができます。処理に成功したかどうかは bool で返すようになっています。動的にメモリを確保するコードも同様にテンプレートメソッドパターンを用いて管理することにします（**リスト 4-9**）。

4.2 テンプレートメソッドパターン（Template）

リスト4-9　複数リソースを扱えるようにする（バッファ管理：chapter04/template08/src/buffer.h、buffer.c）

```c
typedef struct BufferContext {
    void *pBuf;
    size_t size;
    void (*processor)(struct BufferContext *p);
} BufferContext;

bool buffer(BufferContext *pThis) {
    pThis->pBuf = malloc(pThis->size);
    if (pThis->pBuf == NULL) return false;

    pThis->processor(pThis);

    free(pThis->pBuf);
    return true;
}
```

FILEポインタの代わりにmallocしたメモリを扱うようになっているだけで、構造はこれまでのものと変わりありません。結果はファイルのときと同様にboolで返すようになっています。

パーツは揃ったので、あとはこれを組み合わせてプログラムを構築していきましょう。まずはファイルサイズを取得する関数です（リスト4-10）。

リスト4-10　複数リソースを扱えるようにする（ファイルサイズ取得：chapter04/template08/src/int_sorter.c）

```c
typedef struct { // ①
    FileAccessorContext base;
    long size;
} SizeGetterContext;

static long file_size(const char *pFname) {
    SizeGetterContext ctx = {{pFname, "rb", size_reader}, 0};

    if (! access_file(&ctx.base)) {
        return -1;
    }

    return ctx.size;
}

static void size_reader(FileAccessorContext *p, FILE *fp) {
    SizeGetterContext *pThis = (SizeGetterContext *)p;
    pThis->size = -1;

    if (fseek(fp, 0, SEEK_END) == 0)
        pThis->size = ftell(fp); // ②
}
```

FileAccessorContext を継承して、SizeGetterContext を作り、結果のファイルサイズを格納できるようにしています（①）。あとはこれまでどおり、access_file 関数にリソース管理を任せつつ、処理を関数ポインタで与えることでファイルサイズを取得しています（fseek でファイルの最後まで進んだあとに ftell で現在場所を取得することでファイルサイズを取得しています。②）。

それではプログラムの先頭部分を見てみましょう（**リスト 4-11**）。

リスト 4-11　複数リソースを扱えるようにする（本体前半部分：chapter04/template08/src/int_sorter.h、int_sorter.c）

```c
typedef enum {
    ERR_CAT_OK = 0,
    ERR_CAT_FILE,
    ERR_CAT_MEMORY
} IntSorterError;

typedef struct {
    const char * const pFname;  // ①
    int errorCategory;           // ②
} Context;

typedef struct {
    BufferContext base;
    Context *pAppCtx;
} MyBufferContext;

IntSorterError int_sorter(const char *pFname) {
    Context ctx = {pFname, ERR_CAT_OK};

    long size = file_size(pFname);  // ③
    if (size == -1) {
        file_error(&ctx);
        return ctx.errorCategory;
    }

    MyBufferContext bufCtx = {{NULL, size, do_with_buffer}, &ctx};
    if (! buffer(&bufCtx.base)) {
        ctx.errorCategory = ERR_CAT_MEMORY;  // ⑤
    }

    return ctx.errorCategory;  // ⑥
}

static void file_error(Context *pCtx) {  // ④
    fprintf(stderr, "%s: %s\n", pCtx->pFname, strerror(errno));
    pCtx->errorCategory = ERR_CAT_FILE;
}
```

4.2 テンプレートメソッドパターン（Template）

IntSorterError はエラーのカテゴリを定義する定数です。今回のプログラムではさまざまなエラー原因が考えられるのでカテゴリを定義しています。通常はカテゴリだけでなく、エラーの原因を表すような情報が必要になります。しかしファイル関係のエラーは標準で errno というグローバル変数が定義されており、これを見ることで詳細な原因がわかること、メモリ関係のエラーは malloc で NULL が返る場合しかないことから、今回はプログラムの構造をできるかぎり単純にするために省略しています。

①Context はアプリケーションの情報を格納する構造体で、2 つのメンバで構成されており、最初のメンバはファイル名になっています。
②Context の最後のメンバはエラーのカテゴリであることがわかります。
③リスト 4-10 で作成した file_size を用いてファイルのサイズを取得し、もしも失敗していた場合は-1 が返るので、file_error 関数を呼び出します。
④file_error 関数は errno を用いてエラーの理由を表示し、エラーのカテゴリとして ERR_CAT_FILE を指定しています。
⑤また buffer が false を返した場合はメモリを確保できなかった場合なので、エラーのカテゴリには ERR_CAT_MEMORY を設定していることがわかります。
⑥最終的にエラーのカテゴリは関数の戻り値として呼び出し元に返されます。

それでは bufCtx（の base メンバ）の processor メンバとして指定され、実際の処理を行う do_with_buffer を見てみましょう。この関数は buffer 関数内でバッファが用意されたあとに呼び出されるのでした（**リスト 4-12**）。

リスト 4-12　複数リソースを扱えるようにする（本体後半部分：chapter04/template08/src/int_sorter.c）

```
typedef struct {
    FileAccessorContext base;
    MyBufferContext *pBufCtx;
} MyFileAccessorContext;

static void do_with_buffer(BufferContext *p) {
    MyBufferContext *pBufCtx = (MyBufferContext *)p;  // ①
    MyFileAccessorContext readFileCtx =
        {{pBufCtx->pAppCtx->pFname, "rb", reader}, pBufCtx};

    if (! access_file(&readFileCtx.base)) {  // ②
        file_error(pBufCtx->pAppCtx);
        return;
    }

    qsort(p->pBuf, p->size / sizeof(int), sizeof(int), comparator);  // ④

    MyFileAccessorContext writeFileCtx =
        {{pBufCtx->pAppCtx->pFname, "wb", writer}, pBufCtx};
    if (! access_file(&writeFileCtx.base)) {  // ⑤
```

```
            file_error(pBufCtx->pAppCtx);
            return;
        }
    }

    static void reader(FileAccessorContext *p, FILE *fp) {  // ③
        MyFileAccessorContext *pFileCtx = (MyFileAccessorContext *)p;
        MyBufferContext *pBufCtx = pFileCtx->pBufCtx;

        if (pBufCtx->base.size != fread(pBufCtx->base.pBuf, 1, pBufCtx->base.size, fp)) {
            file_error(pBufCtx->pAppCtx);
        }
    }

    static void writer(FileAccessorContext *p, FILE *fp) {  // ⑥
        MyFileAccessorContext *pFileCtx = (MyFileAccessorContext *)p;
        MyBufferContext *pBufCtx = pFileCtx->pBufCtx;

        if (fwrite(pBufCtx->base.pBuf, 1, pBufCtx->base.size, fp) != pBufCtx->base.size) {
            file_error(pBufCtx->pAppCtx);
        }
    }
```

①do_with_buffer は引数として BufferContext を受け取りますが、実際は MyBufferContext なのでキャストを行います。

②次に access_file を用いてファイルの内容をメモリに読み込みます。エラーがあった場合は false が返るので、これまでどおり、file_error 関数を使用してエラー情報を設定します。

③実際の読み込み処理は reader という関数で行われています。ここでは単に fread を呼び出してバッファのサイズ分のデータを読み出しています。fread の読み込み先のアドレスの指定と、読み出すデータの長さは BufferContext に格納されているので、MyFileAccessorContext を通して取り出していることに注意してください。もしもサイズが合わなければ file_error を呼び出してエラーを設定しています。

④その後、qsort 関数を用いてメモリの内容のソートを行います。

⑤最後に access_file を呼び出してメモリの内容をファイルに書き出します。

⑥実際の書き込み処理は writer という関数で行われています。ここでは fwrite を用いてメモリの内容を書き出し、サイズが合わなければ file_error でエラーを設定しています。このときも reader の場合と同様に BufferContext で渡されたバッファの情報を使用していることに注意してください。

4.2.3 コンテキスト

　テンプレートメソッドパターンを用いることで、あるひとまとまりの処理の中で、一部のみを変更したバリエーションを簡単に実装することが可能となります。これをリソースの獲得、解放に応用したのが前項までの

4.2 テンプレートメソッドパターン（Template）

例でした。とはいえ、前項の最後の例は必ずしも最適とはいえない動作になっています。たとえば、ファイルサイズの取得のためにファイルをオープンし、一旦クローズしてから、ファイルの内容を読み込みのために再びオープンしています。1回のオープン、クローズにまとめられないのでしょうか（本当は fopen で指定しているモードを"ab"にすることで、読み込み、書き込みを含めて1回のオープン、クローズでまかなえますが、ここでは複雑なリソース管理の例として、あえて読み込みと書き込みは別にオープンする必要があるという制約を前提として考えてみましょう）。

残念ながらこれはうまくいきません。それは図 4-6 のようににリソースの獲得と解放がコの字が組み合わさった形になってしまうためです。テンプレートメソッドパターンを単純に適用して対処する場合、リソースの獲得解放は入れ子構造にしなければならず、これは特に複数のリソースを扱う場合に大きな制約となることがあります。

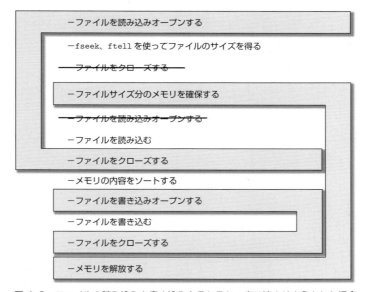

図 4-6　ファイルの読み込みと書き込みをそれぞれ一度で済ませようとした場合

この問題はリソースへのアクセス方法を少し工夫することで解決できます。図 4-7 はこれまでの buffer 関数の動作で、上から下へと実際に行われる処理を配置しています。

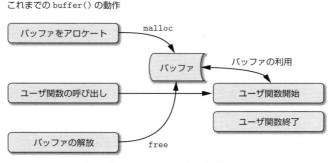

図 4-7　これまでの buffer 関数の動作

buffer関数は、関数ポインタで指定されたユーザ関数（processor引数）を呼び出す前にリソースを確保し、ユーザ関数の処理が終わったらリソースを解放します。このためbuffer関数は**ユーザ関数を呼び出す前にバッファのサイズを知っている**必要があります。しかし、これは上で見たとおり、アプリケーションの設計に大きな制限を課してしまいます。上の例ではファイルサイズがわからないと必要なバッファサイズがわからないため、ファイルサイズの取得処理をbuffer関数から呼ぶユーザ関数内で行うことができませんでした。

図4-8はバッファの獲得をユーザ関数の開始のあとに遅らせることを可能とする設計の処理の流れを図4-7と同様に示したものです。コンテキスト（Context）という単語は「文脈」「環境」という意味を持っていますが、プログラミングで使われる場合、「場」という言葉のほうがしっくりくるかもしれません。今回の例であればバッファの動的確保、解放という処理を行う上での「場」を提供しています。

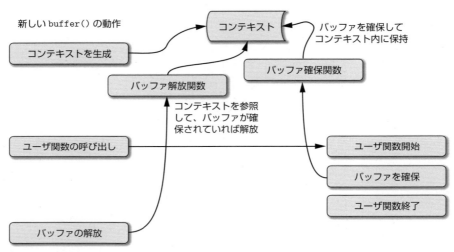

図4-8　新しいbuffer関数の動作

それでは、これを実現したbuffer関数を見てみましょう（**リスト4-13**）。

リスト4-13　バッファの確保を遅らせる（chapter04/template09/src/buffer.h、buffer.c）

```c
typedef struct BufferContext {
    void *pBuf;
    size_t size;
    bool (*processor)(struct BufferContext *p);
} BufferContext;

bool buffer(BufferContext *pThis) {
    assert(pThis);
    bool ret = pThis->processor(pThis);  // ①
    free(pThis->pBuf);    // ④
    return ret;
}

void *allocate_buffer(BufferContext *pThis, size_t size) {  // ②
```

```
        assert(pThis);
        assert(pThis->pBuf == NULL);
        pThis->pBuf = malloc(size);   // ③
        pThis->size = size;
        return pThis->pBuf;
    }
```

動作は以下のようになります。

①buffer 関数はリソースの確保を行わずに、ユーザ関数（processor）を呼び出します。

②ユーザ関数はバッファが必要となった時点で、サイズを指定してバッファ確保関数（allocate_buffer）を呼び出します。

③バッファ確保関数は、指定されたサイズのバッファを確保して、それをコンテキストに保存してユーザ関数に返します。

④ユーザ関数が処理を終えると、buffer 関数に戻ってきます。buffer 関数はコンテキストを参照して、もしもバッファが確保されていれば解放します（実際に BufferContext を初期化するときには、pBuf の初期値を NULL に設定するようにします。free は NULL ポインタに対して何もしないことに注意）。

同様に access_file 関数も書き直すことができます（リスト 4-14）。

リスト 4-14　ファイルのオープンを遅らせる（chapter04/template09/src/file_accessor.h、file_accessor.c）

```
typedef struct {
    FILE *fp;
    const char * const pMode;
    const char * const pFname;
    bool (* const processor)(struct FileAccessorContext *pThis);
} FileAccessorContext;

bool access_file(FileAccessorContext *pThis) {
    assert(pThis);
    bool ret = pThis->processor(pThis);   // ①
    if (pThis->fp != NULL) {   // ③
        if (fclose(pThis->fp) != 0) ret = false;
    }
    return ret;
}

FILE *get_file_pointer(FileAccessorContext *pThis) {   // ②
    assert(pThis);
    if (pThis->fp == NULL)
        pThis->fp = fopen(pThis->pFname, pThis->pMode);

    return pThis->fp;
}
```

①access_file は、buffer と同様にファイルのオープンは行わずにユーザ関数（processor）を呼び出します。
②ファイルのオープンは、processor が get_file_pointer 関数を呼び出すまで遅延されます。また get_file_pointer は、オープンされたファイルポインタをコンテキスト内に保存し、一度オープンされれば、fopen を呼ばずにコンテキスト内のファイルポインタを返すことがわかります。
③access_file はユーザ関数の実行が終わると、コンテキスト内のファイルポインタを調べて、オープン中であれば fclose を呼び出してクローズします。

これらを使用すると、int_sorter は**リスト 4-15** のようになります。

リスト 4-15　リソース獲得を遅らせた int_sorter（chapter04/template09/src/int_sorter.h、int_sorter.c）

```
typedef struct {                            // ①
    const char * const pFname;
    int errorCategory;
} Context;

IntSorterError int_sorter(const char *pFname) {
    Context ctx = {pFname, ERR_CAT_OK};     // ②

    MyBufferContext bufCtx = {{NULL, 0, do_with_buffer}, &ctx};
    buffer(&bufCtx.base);
    return ctx.errorCategory;
}

static bool do_with_buffer(BufferContext *p) {  // ③
    MyBufferContext *pBufCtx = (MyBufferContext *)p;
    MyFileAccessorContext readFileCtx =
        {{NULL, pBufCtx->pAppCtx->pFname, "rb", reader}, pBufCtx};

    if (! access_file(&readFileCtx.base)) {  // ④
        file_error(pBufCtx->pAppCtx);
        return false;
    }

    qsort(p->pBuf, p->size / sizeof(int), sizeof(int), comparator);  // ⑪

    MyFileAccessorContext writeFileCtx =
        {{NULL, pBufCtx->pAppCtx->pFname, "wb", writer}, pBufCtx};
    if (! access_file(&writeFileCtx.base)) {
        file_error(pBufCtx->pAppCtx);
        return false;
    }

    return true;
}
```

4.2 テンプレートメソッドパターン (Template)

```c
static bool reader(FileAccessorContext *p) {  // ⑤
    MyFileAccessorContext *pFileCtx = (MyFileAccessorContext *)p;
    MyBufferContext *pBufCtx = pFileCtx->pBufCtx;

    long size = file_size(p); // ⑥
    if (size == -1) {
        file_error(pBufCtx->pAppCtx);
        return false;
    }

    if (! allocate_buffer(&pBufCtx->base, size)) {  // ⑨
        pBufCtx->pAppCtx.errorCategory = ERR_CAT_MEMORY;
        return false;
    }

    FILE *fp = get_file_pointer(p);
    if (pBufCtx->base.size != fread(pBufCtx->base.pBuf, 1, pBufCtx->base.size, fp)) { // ⑩
        file_error(pBufCtx->pAppCtx);
        return false;
    }

    return true;
}

static bool writer(FileAccessorContext *p) {  // ⑫
    MyFileAccessorContext *pFileCtx = (MyFileAccessorContext *)p;
    MyBufferContext *pBufCtx = pFileCtx->pBufCtx;

    FILE *fp = get_file_pointer(p);
    if (fwrite(pBufCtx->base.pBuf, 1, pBufCtx->base.size, fp) != pBufCtx->base.size) {
        file_error(pBufCtx->pAppCtx);
        return false;
    }

    return true;
}

static long file_size(FileAccessorContext *pThis) {  // ⑦
    long save = file_current_pos(pThis);
    if (save < 0) return -1;

    if (set_file_pos(pThis, 0, SEEK_END) != 0) return -1;

    long size = file_current_pos(pThis);
    if (set_file_pos(pThis, save, SEEK_SET) != 0) return -1;
```

```
        return size;
}

static long file_current_pos(FileAccessorContext *pFileCtx) {
    assert(pFileCtx);
    FILE *fp = get_file_pointer(pFileCtx);   // ⑧
    if (fp == NULL) return -1;

    return ftell(fp);
}

static int set_file_pos(FileAccessorContext *pFileCtx, long offset, int whence) {
    assert(pFileCtx);
    FILE *fp = get_file_pointer(pFileCtx);   // ⑧
    if (fp == NULL) return -1;

    return fseek(fp, offset, whence);
}
```

①構造体 Context はアプリケーション用のコンテキスト定義です。この中にアプリケーション固有のデータが保持されます。

②int_sorter は、これまでどおり、アプリケーション用のコンテキストを生成して buffer を呼び出しています。もう buffer 呼び出し前にバッファサイズが確定している必要がなくなったので、ここにはファイルサイズを取得する処理はありません。

③buffer からはユーザ関数として、do_with_buffer が呼び出さます。

④まずはファイルの読み込み処理です。

⑤access_file 関数（リスト 4-14）もファイルのオープンは行わずにファイルコンテキストを生成するだけで、ユーザ関数である reader を呼び出します。

⑥ファイルのサイズを取得する処理を呼び出します。

⑦file_size は、現在のポジションを保存しておいてから、ファイルの末尾まで seek することでファイルのサイズを取得し、最後に保存しておいたポジションに戻していることがわかります。

⑧ファイルの場所取得、設定は file_current_pos、set_file_pos 関数によって行われていますが、このとき、ファイルポインタを取得するために、get_file_pointer 関数（リスト 4-14）を使用していることに注意してください。get_file_pointer 関数は、初めて呼び出されたときにファイルをオープンし、それ以降はすでにオープンされたファイルのファイルポインタを返します。

⑨ファイルのサイズが確定したら、バッファを確保します。

⑩バッファにファイルの内容を読み込みます。このときにも get_file_pointer を呼び出していることに注意してください。すでにファイルコンテキスト内にはオープンされたファイルポインタが格納されているため、ここでは fopen は呼ばれずに、オープン済みのファイルポインタが返されます。これでバッファ内にファイルの内容が読み込まれました。reader が終了すると access_file の中でファイルがクローズされます。

⑪do_with_buffer の中で、qsort が呼び出されて内容がソートされます。

⑫最後にファイルの書き出しです。書き出しは読み込みのときとは違って、単にバッファに内容を書き出すだけなので単純です。ここでも get_file_pointer を呼び出してファイルポインタを取得することで、初めてファイルのオープンが行われます。

今回のように設計を変更することで、次のようなメリットが生まれます。

- ユーザ関数側で、リソースの確保を行うことができるので、必要なサイズをユーザ関数が決めることができる
- 依然としてリソースの解放処理は、buffer 関数が面倒を見てくれる
- 状況によっては、ユーザ関数側でのリソースの確保がまったく不要な場合もあるかもしれない（今回は、そのようなケースはないが）。その場合はリソースの確保を行わなくても構わない。buffer 関数は、最後にバッファが確保されたかどうかを調べて、確保されているときにだけ解放するし、access_file もファイルポインタが NULL でないときにだけ fclose を呼び出す

反面、以下のようなデメリットがあります。

- コードが複雑になる
- リソースの獲得がユーザコード内に移動するため、獲得の際のエラー処理をユーザプログラムで行わなければならなくなる

このため最後の設計の例のほうが常に優れているともいえません。状況に応じて使い分ける必要があるでしょう。

4.3 オブザーバパターン（Observer）

前節のコードで、存在しないファイルを指定するとどうなるでしょう？ 試しに以下のように存在しないファイルを指定して呼び出してみると、

```
int_sorter("-- non existent file ---");
```

以下のように、2回エラーメッセージが表示されます。

```
-- non existent file ---: No such file or directory
-- non existent file ---: No such file or directory
```

これはなぜなのでしょうか？ プログラムは以下のファイルサイズ取得の中で呼び出される get_file_pointer によって、初めて fopen を呼び出します。

```
static bool reader(FileAccessorContext *p) {
    MyFileAccessorContext *pFileCtx = (MyFileAccessorContext *)p;
    MyBufferContext *pBufCtx = pFileCtx->pBufCtx;
```

```
        long size = file_size(p);  // ここから get_file_pointer が呼ばれ、その中で fopen が呼ばれる
        if (size == -1) {
            file_error(pBufCtx->pAppCtx);
            return false;
        }
        ...
```

ここでファイルポインタに NULL が返るため、file_size 関数は-1 を返します。

このため、file_error 関数によってエラーメッセージが表示されます。reader 関数は false を返し、これにより do_with_buffer 内でもエラーが検出され、やはりエラーメッセージが表示されます。

```
static bool do_with_buffer(BufferContext *p) {
    MyBufferContext *pBufCtx = (MyBufferContext *)p;
    MyFileAccessorContext readFileCtx =
        {{NULL, pBufCtx->pAppCtx->pFname, "rb", reader}, pBufCtx};

    if (! access_file(&readFileCtx.base)) {
        file_error(pBufCtx->pAppCtx);
        return false;
    }
```

このため同じエラーが 2 回表示されてしまっています。どうも後者のコードは余分のように見えます。そもそも access_file から呼び出されるユーザ関数はファイルアクセス以外の処理もするはずで、access_file が false を返したからといって、一律にファイルエラーだと判定してしまうのも乱暴です。しかし access_file 関数の中では fclose が呼ばれますから、ここでのエラーを無視するわけにもいきません。

access_file 関数内の fclose 呼び出し部分から、file_error を呼べばよいのでしょうか？ しかし access_file 関数は共通関数で、file_error はアプリケーション固有の関数ですから、file_error の呼び出しを access_file 内に埋め込むわけにはいきません。つまり fclose のエラーは知りたいけれど、エラー処理のコードを直接その場所に書くことはできないというジレンマを抱えているわけです。このようにある場所の処理の状況を、別の場所から監視したいけれど、監視する側と監視される側とをお互いに依存させたくないということが起きることがあります。こういう場合に活用できるのがオブザーバパターンです。

ファイルのアクセス処理を見てみましょう。

```
bool access_file(FileAccessorContext *pThis) {
    assert(pThis);
    bool ret = pThis->processor(pThis);
    if (pThis->fp != NULL) {
        if (fclose(pThis->fp) != 0) ret = false;   // ①
    }
    return ret;
}

FILE *get_file_pointer(FileAccessorContext *pThis) {
    assert(pThis);
    if (pThis->fp == NULL)
```

4.3 オブザーバパターン（Observer）

```
        pThis->fp = fopen(pThis->pFname, pThis->pMode);  // ②

    return pThis->fp;
}
```

これらの関数の中でエラーが起きる可能性があるのは、①と②ですから、これらのエラーを外部に通知できるようにしてみましょう。まず`FileAccessorContext`に、オブザーバオブジェクト（エラー通知先のオブジェクト）を登録できるようにします（**リスト4-16**）。

リスト4-16　オブザーバを持てるように変更したFileAccessorContext（chapter04/observer01/src/file_accessor.h）

```
struct FileAccessorContext;

typedef struct FileErrorObserver {
    void (* const onError)
        (struct FileErrorObserver *pThis, struct FileAccessorContext *pFileCtx);
} FileErrorObserver;

extern FileErrorObserver default_file_error_observer;

typedef struct FileAccessorContext {
    FILE *fp;
    const char *pFname;
    const char *pMode;
    bool (* const processor)(struct FileAccessorContext *pThis);
    FileErrorObserver *pFileErrorObserver;
} FileAccessorContext;
```

`FileAccessorContext`には、`pFileErrorObserver`というオブザーバへのポインタを追加して、ファイルエラーがあった場合は、このオブザーバを呼ぶというルールを決めます。つまり、このオブザーバにエラー処理関数を登録しておいてやれば、ファイルエラーが発生した際に呼び出してもらえるわけです。

`access_file`と、`get_file_pointer`は、これを利用するようにします（**リスト4-17**）。

リスト4-17　オブザーバを呼び出すコード（chapter04/observer01/src/file_accessor.c）

```
static void default_file_error_handler(
    FileErrorObserver *pThis, FileAccessorContext *pFileCtx);

FileErrorObserver default_file_error_observer = {
    &default_file_error_handler
};

bool access_file(FileAccessorContext *pThis) {
    assert(pThis);
    if (pThis->pFileErrorObserver == NULL)
        pThis->pFileErrorObserver = &default_file_error_observer;  // ②
    bool ret = pThis->processor(pThis);
```

```c
        if (pThis->fp != NULL) {
            if (fclose(pThis->fp) != 0) {
                pThis->pFileErrorObserver->onError(pThis->pFileErrorObserver, pThis);  // ①
                ret = false;
            }
        }

        return ret;
    }

    FILE *get_file_pointer(FileAccessorContext *pThis) {
        assert(pThis);
        if (pThis->fp == NULL) {
            pThis->fp = fopen(pThis->pFname, pThis->pMode);
            if (pThis->fp == NULL)
                pThis->pFileErrorObserver->onError(pThis->pFileErrorObserver, pThis);  // ①
        }

        return pThis->fp;
    }

    static void default_file_error_handler(
        FileErrorObserver *pThis, FileAccessorContext *pFileCtx) { // ③
        fprintf(stderr, "File access error '%s'(mode: %s): %s\n",
                pFileCtx->pFname, pFileCtx->pMode, strerror(errno));
    }
```

①ファイルエラーがあったら、オブザーバの`onError`を呼び出します。ここで重要なのは`onError`の中でどんな処理をしているかは関係ないという点です。これによりエラーを通知する側とエラーを処理する側とを切り離すことができます。

②`access_file`の中では、`onError`に何も設定されていなければ、`default_error_observer`という関数が設定されます。

③`default_error_observer`は簡単な関数で、単に`strerror`を使用して最後に発生したエラーの状況を標準エラー出力に表示します。

図4-9は今回の動作を図示したものです。監視対象側にはエラーを通知するための「共通のインターフェイス」のみが用意されていて、実際のエラー処理（アプリケーションによって異なる）は、監視する側に分離されていることがわかります。これによって共通部分とアプリケーション固有の部分のコードを分離することが可能となります。

4.3 オブザーバパターン (Observer)

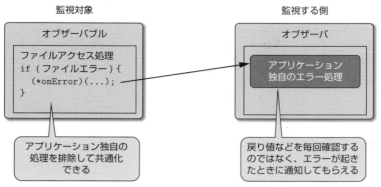

図4-9 オブザーバパターン

Nullオブジェクトパターン

今回のコードでは Null オブジェクトパターンを使用しています。C では、NULL はポインタの値として特別な意味を持っており、有効ではないポインタの値として使用できます。つまりポインタ変数がこの値であれば、その指している先は有効なメモリではないということになります（多くの処理系ではアドレス0が NULL となっていますが、仕様上はそうでない処理系もあり得ます）。このため、通常はポインタ変数の値がこの値でないかをチェックするコード（if 文や assert）を書いて指している先にアクセスしないようにしないといけません。

たとえば get_file_pointer 関数は通常であれば以下のように記述することになります。

```
if (pThis->fp == NULL) {
    if (pThis->pFileErrorObserver != NULL)
        pThis->pFileErrorObserver->onError(pThis->pFileErrorObserver, pThis);
}
```

しかしオブザーバを呼び出すたびに NULL チェックするのは煩雑ですし、うっかり忘れる可能性もあります。こうした状況を考えると、オブザーバを呼び出すときに毎回 NULL チェックをするのではなく、オブザーバを受け取ったときに1回だけ NULL チェックをしたほうが合理的です。それを実現するのが今回の access_file 内での以下のコードです。

```
if (pThis->pFileErrorObserver == NULL)
    pThis->pFileErrorObserver = &default_file_error_observer;
```

pFileErrorObserver にオブザーバを保管する際に NULL チェックを行い、NULL であればデフォルト実装を持ったオブジェクトを設定します。これを Null オブジェクトと呼びます。これによりオブザーバを利用する際に毎回 NULL チェックを行うのを避けることができます。

ファイルサイズの取得処理はどうなるでしょうか（**リスト4-18**）。

リスト 4-18　ファイルサイズ取得（chapter04/observer01/src/file_accessor.c）

```c
long file_size(FileAccessorContext *pFileCtx) {
    long save = file_current_pos(pFileCtx);
    if (save < 0) return -1;

    if (set_file_pos(pFileCtx, 0, SEEK_END) != 0) return -1;

    long size = file_current_pos(pFileCtx);
    set_file_pos(pFileCtx, save, SEEK_SET);

    return size;
}

long file_current_pos(FileAccessorContext *pFileCtx) {
    assert(pFileCtx);
    FILE *fp = get_file_pointer(pFileCtx);
    if (fp == NULL) return -1;

    long ret = ftell(fp);
    if (ret < 0) pFileCtx->onError(pFileCtx);
    return ret;
}

int set_file_pos(FileAccessorContext *pFileCtx, long offset, int whence) {
    assert(pFileCtx);
    FILE *fp = get_file_pointer(pFileCtx);
    if (fp == NULL) return -1;

    int ret = fseek(fp, offset, whence);
    if (ret != 0) pFileCtx->onError(pFileCtx);
    return ret;
}
```

　ここでもファイルアクセスでエラーが起きたときには onError() を使って通知していることがわかります。エラー処理を切り離したので、この3つの関数にはもうアプリケーション独自の処理がなくなりました。このため、共通関数としてアプリケーション全体で共有することが可能になりました。

　これでアプリケーション側でファイルサイズを取得する関数を用意する必要がなくなりました。これがオブジェクト指向の醍醐味の1つです。オブジェクト指向を活用すると、細かな単位で処理を分離できるので、うまく共通化できるようになってコードを再利用しやすくなります。もう1つ、バッファにファイルを読み込む処理と、バッファの内容をファイルに書き込む処理ですが、これらも一般化可能ですから共通関数にしてしまいましょう（**リスト 4-19**）。

4.3 オブザーバパターン (Observer)

リスト4-19 ファイルのバッファへの読み込み、書き込み (chapter04/observer01/src/file_accessor.c)

```c
bool read_file(FileAccessorContext *pFileCtx, BufferContext *pBufCtx) {
    FILE *fp = get_file_pointer(pFileCtx);
    if (fp == NULL) return false;

    if (pBufCtx->size != fread(pBufCtx->pBuf, 1, pBufCtx->size, fp)) {
        pFileCtx->onError(pFileCtx);
        return false;
    }
    return true;
}

bool write_file(FileAccessorContext *pFileCtx, BufferContext *pBufCtx) {
    FILE *fp = get_file_pointer(pFileCtx);
    if (fp == NULL) return false;

    if (pBufCtx->size != fwrite(pBufCtx->pBuf, 1, pBufCtx->size, fp)) {
        pFileCtx->onError(pFileCtx);
        return false;
    }
    return true;
}
```

`read_file`はバッファのサイズ分ファイルを読み込む関数で、`write_file`はバッファのサイズ分ファイルに書き込む関数です。これらを使用すると、ファイルの内容をソートするプログラムは以下のようになります (リスト4-20)。

リスト4-20 int_sorterの全体 (chapter04/observer01/src/int_sorter.c)

```c
static bool reader(FileAccessorContext *pFileCtx);
static bool do_with_buffer(BufferContext *pBufCtx);
static bool writer(FileAccessorContext *pFileCtx);
static int comparator(const void *p1, const void *p2);

typedef struct {
    BufferContext base;
    Context *pAppCtx;
} MyBufferContext;

typedef struct {
    FileAccessorContext base;
    MyBufferContext *pBufCtx;
} MyFileAccessorContext;

typedef struct {
    FileAccessorContext base;
```

```c
    long size;
} SizeGetterContext;

static FileErrorObserver file_error_observer = {
    file_error
};

IntSorterError int_sorter(const char *pFname) {
    Context ctx = {pFname, ERR_CAT_OK};

    MyBufferContext bufCtx = {{NULL, 0, do_with_buffer}, &ctx};
    buffer(&bufCtx.base);
    return ctx.errorCategory;
}

static bool do_with_buffer(BufferContext *p) {
    MyBufferContext *pBufCtx = (MyBufferContext *)p;
    MyFileAccessorContext readFileCtx = {
        {NULL, pBufCtx->pAppCtx->pFname, "rb", reader, &file_error_observer},
        pBufCtx
    };

    if (! access_file(&readFileCtx.base)) return false;

    qsort(p->pBuf, p->size / sizeof(int), sizeof(int), comparator);

    MyFileAccessorContext writeFileCtx = {
        {NULL, pBufCtx->pAppCtx->pFname, "wb", writer, &file_error_observer},
        pBufCtx
    };
    return access_file(&writeFileCtx.base);
}

static bool reader(FileAccessorContext *p) {
    MyFileAccessorContext *pFileCtx = (MyFileAccessorContext *)p;

    long size = file_size(p);
    if (size == -1) return false;

    if (! allocate_buffer(&pFileCtx->pBufCtx->base, size)) {
        pFileCtx->pBufCtx->pAppCtx->errorCategory = ERR_CAT_MEMORY;
        return false;
    }

    return read_file(p, &pFileCtx->pBufCtx->base);
}
```

```
static bool writer(FileAccessorContext *p) {
    MyFileAccessorContext *pFileCtx = (MyFileAccessorContext *)p;
    return write_file(p, &pFileCtx->pBufCtx->base);
}

static int comparator(const void *p1, const void *p2) {
    int i1 = *(const int *)p1;
    int i2 = *(const int *)p2;
    if (i1 < i2) return -1;
    if (i1 > i2) return 1;
    return 0;
}

static void file_error(FileErrorObserver *pThis, FileAccessorContext *pFileCtx) {
    default_file_error_observer.onError(pThis, pFileCtx);

    MyFileAccessorContext *pMyFileCtx = (MyFileAccessorContext *)pFileCtx;
    pMyFileCtx->pBufCtx->pAppCtx->errorCategory = ERR_CAT_FILE;
}
```

ファイルサイズの取得や、ファイルからバッファへの読み込み、バッファからファイルへの書き出しを共通化して外に出したので、随分短くなりました。

「コールバックに似ているな」と思われた方は正解です。基本的に監視する側と監視対象との依存を断ち切るためにコールバックを利用しているのがオブザーバパターンです。今回のコードは簡易版で、オブザーバを1つだけコンパイル時に設定できますが、本来のオブザーバパターンでは、動的（つまりコンパイル時ではなくプログラムの実行時）に、複数のオブザーバを追加したり削除したりできます。このような特性が必要となるケースは多くはないので、必要なければ今回のように静的に1つ指定できるオブザーバパターンでも十分でしょう。

最後に動的にオブザーバを追加可能なオブザーバパターンを見てみましょう。このためには可変長の配列が必要となるため、まずはそれを準備しておきます（**リスト4-21**）。

リスト4-21　可変長配列（chapter04/observer01/src/array_list.h、array_list.c）

```
typedef struct ArrayList {
    const int capacity;
    void ** const pBuf;
    size_t index;

    struct ArrayList *(* const add)(struct ArrayList *pThis, void *pData);
    void *(* const remove)(struct ArrayList *pThis, void *pData);
    void *(* const get)(struct ArrayList *pThis, int index);
    size_t (* const size)(struct ArrayList *pThis);
} ArrayList;

ArrayList *add_to_array_list(ArrayList *pThis, void *pData);
void *remove_from_array_list(ArrayList *pThis, void *pData);
```

```c
void *get_from_array_list(ArrayList *pThis, int index);
size_t array_list_size(ArrayList *pThis);

#define new_array_list(array) \
    {sizeof(array) / sizeof(void *), array, \
     0, add_to_array_list, remove_from_array_list, get_from_array_list, array_list_size}

// データを末尾に追加し、自分自身を返す
// サイズが足りない場合は assert エラーになる
ArrayList *add_to_array_list(ArrayList *pThis, void *pData) {
    assert(pThis->capacity > pThis->index);
    pThis->pBuf[pThis->index++] = pData;
    return pThis;
}

// 指定されたデータを削除し、削除されたデータを返す
// 見つからない場合は NULL が返る
void *remove_from_array_list(ArrayList *pThis, void *pData) {
    int i;

    for (i = 0; i < pThis->index; ++i) {
        if (pThis->pBuf[i] == pData) {
            memmove(pThis->pBuf + i,
                pThis->pBuf + i + 1,
                (pThis->index - i - 1) * sizeof(void *));
            --pThis->index;
            return pData;
        }
    }

    return NULL;
}

// 指定された場所のデータを返す
// index の値がデータの格納されている範囲外の場合は assert エラーになる
void *get_from_array_list(ArrayList *pThis, int index) {
    assert(0 <= index && pThis->index > index);
    return pThis->pBuf[index];
}

// 格納されているデータの個数を返す
size_t array_list_size(ArrayList *pThis) {
    return pThis->index;
}
```

4.3 オブザーバパターン（Observer）

ここでは本格的な可変長配列を実装するのは避け、オブザーバパターンで必要となる最低限の機能を作成しました。`ArrayList` は配列を引数として可変長の配列を作成します。`add` を呼ぶことで `ArrayList` にデータを追加、`remove` を呼ぶことで指定された場所のデータを `ArrayList` から削除できます。また `get` を呼ぶことで指定された場所の要素を取得できます。可変長といっても簡易版ですので、最初に渡した配列の大きさを越えることはできません。あらゆるデータを扱えるようにするため、データ型は `void *` になっています。それでは、これを使用してプログラムを修正しましょう（**リスト 4-22**）。

リスト 4-22　オブザーバの動的追加を可能にする（chapter04/observer02/src/file_accessor.h）

```c
typedef struct FileErrorObserver {
    void (* const onError)
        (struct FileErrorObserver *pThis, struct FileAccessorContext *pFileCtx);
} FileErrorObserver;

typedef struct FileAccessorContext {
    FILE *fp;
    const char *pFname;
    const char *pMode;
    ArrayList observer_table;

    bool (* const processor)(struct FileAccessorContext *pThis);
} FileAccessorContext;
```

ファイルアクセス用のコンテキストには、複数のオブザーバを保持できるように、`ArrayList` としてオブザーバを保持するようにします。

次にオブザーバにエラーを通知する部分を見てみましょう（**リスト 4-23**）。

リスト 4-23　オブザーバへの通知（chapter04/observer02/src/file_accessor.c）

```c
static void fire_error(FileAccessorContext *pThis);

bool access_file(FileAccessorContext *pThis) {
    assert(pThis);
    bool ret = pThis->processor(pThis);
    if (pThis->fp != NULL) {
        if (fclose(pThis->fp) != 0) {
            fire_error(pThis);
            ret = false;
        }
    }

    return ret;
}

static void fire_error(FileAccessorContext *pThis) {
    ArrayList *pTbl = &pThis->observer_table;
```

133

```
    int i;
    for (i = 0; i < pTbl->index; ++i) {
        FileErrorObserver *pObserver = pTbl->get(pTbl, i);
        pObserver->onError(pObserver, pThis);
    }
}
```

　エラーをオブザーバに通知する処理は何箇所かで呼び出されるため fire_error という関数にまとめてあります。オブザーバは ArrayList に入っているので、1つ1つ取り出して onError を呼び出すことですべてのオブザーバに通知します。オブザーバの追加、削除関数は**リスト 4-24** のようになります。

リスト 4-24　オブザーバの追加、削除（chapter04/observer02/src/file_accessor.c）

```
void add_file_error_observer(
        FileAccessorContext *pThis, FileErrorObserver *pErrorObserver) {
    ArrayList *pTable = &pThis->observer_table;
    pTable->add(pTable, pErrorObserver);
}

void remove_file_error_observer(
        FileAccessorContext *pThis, FileErrorObserver *pErrorObserver) {
    ArrayList *pTable = &pThis->observer_table;
    pTable->remove(pTable, pErrorObserver);
}
```

　ArrayList の関数を呼び出すことでオブザーバの追加、削除を行っています。
　今回の例の方法を利用することで、複数のオブザーバを実行時に追加したり削除したりすることが可能となります。

4.4 チェインオブレスポンシビリティパターン（Chain of responsibility）

　継承はオブジェクト指向の重要な概念の1つですが、使いどころを間違えると逆に足枷になることがあります。前章の継承の解説では、範囲チェックバリデータに対して、継承によって偶数奇数チェックを行うチェック機能を追加する例を紹介しました。しかし偶数奇数チェックは、範囲チェックだけでなく、他のバリデータにも追加したくなるかもしれません。
　仮に2種類の検証機能 A、B があったとしたら、これらを単独で使用するケースの2つ以外に、A のあとに B あるいは、B のあとに A の検証を行いたいという2ケースも考えられます。これを継承で解決しようとすると合計で4つのクラスが必要になります。バリデータの数が増えると、この組み合わせの個数は爆発的に増大するため、継承による拡張は現実的ではありません。
　こうした問題に対処するパターンの1つがチェインオブレスポンシビリティパターンです。このパターンでは、オブジェクトを数珠つなぎにしておいて、一方の端に処理を依頼します。処理を依頼されたオブジェクト

4.4 チェインオブレスポンシビリティパターン（Chain of responsibility）

は、自分に処理が可能な処理であれば、自分で処理して結果を返しますが、自分には処理できないと判断したときは、数珠つなぎになった次のオブジェクトに処理を丸投げします。この方式を用いて検証ロジックを実装しておけば、それらを数珠つなぎにすることで任意の順番で検証処理を呼び出すことが可能になります。**リスト4-25** はチェイン可能なバリデータの定義です。

リスト4-25 検証処理をチェインする（chapter04/chainOfResponsibility01/src/stack.h、stack.c）

```c
typedef struct ChainedValidator {
    Validator base;
    Validator *pWrapped;
    Validator *pNext;
} ChainedValidator;
```

これまでと同じようにValidatorを継承して、pWrappedとpNextというメンバを追加しています。ChainedValidatorは、それ自身には検証機能を持たず、pWrappedとpNextを用いて検証を行います。実際の検証処理を行う関数は**リスト4-26** のようになります。

リスト4-26 チェイン可能な検証処理（chapter04/chainOfResponsibility01/src/stack.h、stack.c）

```c
bool validateChain(Validator *p, int val) {
    ChainedValidator *pThis = (ChainedValidator *)p;

    p = pThis->pWrapped;
    if (! p->validate(p, val)) return false;   // ①

    p = pThis->pNext;   // ②
    return !p || p->validate(p, val);   // ③、④
}

#define newChainedValidator(wrapped, next)          \
    {{validateChain}, (wrapped), (next)}
```

①まずpWrappedで指されているバリデータを用いて検証を行い、falseが返れば、そのままfalseを返します（検証失敗）。

②pWrappedで指されているバリデータがtrueを返した場合は、pNextを調べます。

③pNextがNULLだったら、これが数珠つなぎの最後のバリデータですから、ここまでのバリデータすべてがtrueを返したことになります。したがって、全体の結果としてtrue（成功）を返します。

④pNextがNULLでない場合は後続のバリデータがあるので、pNextに検証処理を丸投げします。

それでは使用例を見てみましょう。

```c
// 範囲チェックバリデータの生成
RangeValidator rangeValidator = newRangeValidator(0, 9);
// 直前の値とのチェックを行うバリデータの生成
PreviousValueValidator prevValidator = newPreviousValueValidator;
```

```
ChainedValidator prevChain = newChainedValidator(&prevValidator.base, NULL);
ChainedValidator rangeChain = newChainedValidator(&rangeValidator.base, &prevChain.base);

int buf[16];
Stack stack = newStackWithValidator(buf, &rangeChain.base);
push(&stack, -1);   // false が返る ①
push(&stack, 5);    // true が返る ②
push(&stack, 4);    // false が返る ③
push(&stack, 9);    // true が返る ④
push(&stack, 10);   // false が返る ⑤
```

この例では、すでに作成した範囲チェックバリデータと、直前の値との検証バリデータをチェインによってつないでいます。これにより、まず最初に範囲チェックを行い、その後に直前の値との検証を行うバリデータを生成していることがわかります。図4-10はオブジェクトの構造を図に示したものです。

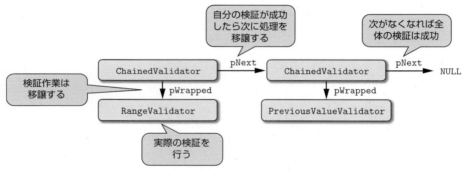

図4-10 チェインオブレスポンシビリティパターン

① 範囲チェックバリデータが0～9の範囲にあるかチェックするので、-1に対してfalseが返ります。
② 5は範囲内なのでtrueが返ります。
③ 4は範囲内ですが、直前の値との検証バリデータが働き、5よりも小さい値が指定されたためfalseが返ります。
④ 9は範囲内で、直前の値よりも大きい値なのでtrueが返ります。
⑤ 10は範囲外なのでfalseが返ります。

今回新たに作成したのはChainedValidatorという継承クラスだけですが、これにより、任意のバリデータを任意の個数、任意の順番でつないで使えるようになりました。これにより継承を用いた拡張方法よりも大幅に少ないコード量で、同じ機能を実現できます。他にも以下のようなメリットが得られます。

- 今回は簡単なマクロでチェインを生成したが、可変引数のマクロを使うようにすれば、チェインの生成コードはとてもわかりやすく記述することができ、継承による拡張よりもわかりやすい
- 継承による拡張は静的（コンパイル時）だが、チェインは動的（実行時）に変更することも可能

今回は、まず自分自身（pWrapped）を実行してから、後続（pNext）を実行するという実装により検証処理を実装しました。しかし検証以外にも用途を拡げて考えた場合、たとえば以下のようなバリエーションが考えられます。

- 後続を実行する前に現在の時刻を覚えておき、後続を実行したあとに再び現在の時刻を取得して差分を取ることで、後続処理の処理時間を測定できる
- 後続処理に渡す値（今回の例なら val）に細工を行ってから後続処理に渡すことにより、入力値を変換できる
- 後続処理が返す値（今回は bool）に細工を行ってから返すことにより出力値を変換できる
- まず入力値をチェックして、特定条件では後続処理を行わないようにすることで、特定の入力値の場合に後続処理をスキップ、フィルタリングできる（今回の例であればバリデータが失敗した場合がこれに相当する）

このようにチェインオブレスポンシビリティパターンを用いると、同じ外部インターフェイスを持ったオブジェクトを数珠つなぎにして、さまざまな動作（演算、フィルタリング、変換など）を実行することが可能となります。

4.5 ビジターパターン（Visitor）

バリデータの設定を表示できるようにしたいとしましょう。たとえば RangeValidator(0, 9) であれば、"Range(0-9)"、PreviousValueValidator なら"Previous"と表示したいとします。一番簡単なのはバリデータ自身にこういった表示用の関数を追加することです（リスト 4-27）。

リスト 4-27　バリデータを表示する（chapter04/visitor01/src/visitor.h、visitor.c）

```
typedef struct Validator {
    bool (* const validate)(struct Validator *pThis, int val);
    bool (* const view)(struct Validator *pThis, char *pBuf, size_t size);   // ①
} Validator;

...

void viewRange(Validator *pThis, char *pBuf, size_t size);
void viewPrevious(Validator *pThis, char *pBuf, size_t size);

...

#define newRangeValidator(min, max) \
    {{validateRange, viewRange}, (min), (max)}

#define newPreviousValueValidator \
    {{validatePrevious, viewPrevious}, 0}
```

```
void viewRange(Validator *p, char *pBuf, size_t size) {   // ②
    RangeValidator *pThis = (RangeValidator *)p;
    snprintf(pBuf, size, "Range(%d-%d)", pThis->min, pThis->max);
}

void viewPrevious(Validator *pThis, char *pBuf, size_t size) {   // ②
    snprintf(pBuf, size, "Previous");
}
```

① まず Validator に view という関数ポインタを追加します。この関数を呼ぶとそのオブジェクトの文字列表現が得られます。
② 実際の文字列表現を生成する関数です。

snprintf

snprintf は C99 から追加されたライブラリ関数で、基本的な動作は「n」が付かない sprintf と同様ですが、出力先の長さを指定できる点が異なります。sprintf は昔から C のライブラリにある書式化表示をメモリに対して行うことができる便利な関数ですが、特に %s のような可変長の書式化を安易に指定すると、用意しておいたメモリの領域をはみ出してしまう恐れがあります。これはバッファオーバーラン脆弱性につながるため非常に危険なバグとなります。これに対して snprintf では、

```
char buf[32];
snprintf(buf, sizeof(buf), "Range(%d-%d)", min, max);
```

というように snprintf が終端に書き込むナル文字文も含めた最大長さを第 2 引数で指定します。これにより snprintf 関数は結果を書き込む際に、この長さを超えないようにあふれた分を切り詰めてくれます。

さて、このような表示関数は本当にバリデータ自身が提供すべきなのでしょうか？ もちろん、この程度であればまったく問題はありません。しかしこれから先、次のようなことも考えられます。

- バリデータの設定をファイルに保存する関数が必要になるかもしれない
- バリデータのチェインの中に同じバリデータが繰り返し出てくるような間違った構成を検証する機能が必要になるかもしれない

こうした少しでもバリデータに関連のある関数をすべてバリデータ自身に追加してしまうと、バリデータ本来の機能（入力値を検証する）から外れてバリデータの位置付けが曖昧になってきます。オブジェクトがこのような状態になってしまうと、何でもかんでも 1 つのオブジェクトに詰め込むようになってしまって独立性が失われオブジェクト指向のメリットが失われてしまいます。

それでは上の表示機能をバリデータ自身に持たせずに実現するとしたらどうなるでしょう。ここでは以下の関数を呼び出すと、バリデータの表示結果が得られるものとします。。

```
void printValidator(Validator *p, char *pBuf, size_t size) {
    ...
}
```

この関数ではバリデータの種類を調べて、それに応じて表示を行うような形になるでしょう。疑似コードで書くと以下のような感じになります。

```
void printValidator(Validator *p, char *pBuf, size_t size) {
    switch (pで指されたバリデータの種類) {
    case RangeValidator:
        RangeValidator用の表示
        break;

    case PreviousValueValidator:
        PreviousValueValidator用の表示
        break;
    }
}
```

しかしバリデータの種類を調べる部分は、どのように実装すればよいのでしょうか？ 今はそういう情報が何もありませんから、ポインタで渡された Validator が、RangeValidator なのか PreviousValueValidator なのかを判定する術がありません。簡単な解決策の1つはバリデータに type id を持たせて種類を判定する方法です。

```
#define TYPE_VALIDATOR_RANGE 0
#define TYPE_VALIDATOR_PREV_VALUE 1

...

typedef struct Validator {
    const int type_id;
    bool (* const validate)(struct Validator *pThis, int val);
    void (* const view)(struct Validator *pThis, char *pBuf, size_t size);
} Validator;

#define newRangeValidator(min, max) \
    {{TYPE_VALIDATOR_RANGE, validateRange, viewRange}, (min), (max)}

#define newPreviousValueValidator \
    {{TPE_VALIDATOR_PREV_VALUE, validatePrevious, viewPrevious}, 0}
```

これがあれば以下のように実装できます。

```
void printValidator(Validator *p, char *pBuf, size_t size) {
    switch (p->type_id) {
    case TYPE_VALIDATOR_RANGE: // RangeValidator の場合
        ...
```

しかし、こうしたid管理は煩雑でプログラムの拡張に伴って破綻しやすく基本的には避けるべきです。そもそも外からオブジェクトの種類を調べて**条件分岐**を行い、種類に応じた動作を実装するというやり方は、オブジェクト指向のやり方に反しています。

4.5.1 オブジェクトにtype idを持たせたくなったら黄信号

オブジェクト指向では、多態を用いることで条件分岐を削除するのでした。ビジターパターンは、これを巧妙に利用してオブジェクトごとに異なる処理を実行できるようにします。

まずValidatorにacceptという関数を追加します。この関数はビジターを受け取ります（**リスト4-28**）。

リスト4-28　ビジターパターンを用いてオブジェクトの種類別の処理を実装する（chapter04/visitor02/src/visitor.h）

```c
struct ValidatorVisitor;

typedef struct Validator {
    bool (* const validate)(struct Validator *pThis, int val);
    void (* const accept)(struct Validator *pThis, struct ValidatorVisitor *pVisitor);
} Validator;

typedef struct {
    Validator base;
    const int min;
    const int max;
} RangeValidator;

typedef struct {
    Validator base;
    int previousValue;
} PreviousValueValidator;

typedef struct ValidatorVisitor {
    void (* const visitRange)(struct ValidatorVisitor *pThis, RangeValidator *p);
    void (* const visitPreviousValue)
        (struct ValidatorVisitor *pThis, PreviousValueValidator *p);
} ValidatorVisitor;

void acceptRange(Validator *pThis, ValidatorVisitor *pVisitor);
void acceptPrevious(Validator *pThis, ValidatorVisitor *pVisitor);

bool validateRange(Validator *pThis, int val);
bool validatePrevious(Validator *pThis, int val);

#define newRangeValidator(min, max) \
    {{validateRange, acceptRange}, (min), (max)}

#define newPreviousValueValidator \
    {{validatePrevious, acceptPrevious}, 0}
```

4.5 ビジターパターン（Visitor）

accept 関数は、Validator の種類によって別の関数を設定します。今回は RangeValidator 用が acceptRange、PreviousValueValidator 用が acceptPrevious としてあります。

Visitor にはバリデータ種類分の数の関数を用意します。今回は RangeValidator と PreviousValueValidator の2つなので、2つの関数を用意します（**リスト 4-29**）。

リスト 4-29　ビジターパターンを用いてオブジェクトの種類別の処理を実装する：ビジター側
　　　　　（chapter04/visitor02/src/visitor.h、visitor.c）

```c
typedef struct ValidatorVisitor {
    void (* const visitRange)(struct ValidatorVisitor *pThis, RangeValidator *p);
    void (* const visitPreviousValue)
        (struct ValidatorVisitor *pThis, PreviousValueValidator *p);
} ValidatorVisitor;

void acceptRange(Validator *p, ValidatorVisitor *pVisitor) {
    pVisitor->visitRange(pVisitor, (RangeValidator *)p);
}

void acceptPrevious(Validator *p, ValidatorVisitor *pVisitor) {
    pVisitor->visitPreviousValue(pVisitor, (PreviousValueValidator *)p);
}
```

accept 関数の実体では、Visitor 上の適切な関数を呼びだすようになっていることがわかります。これにより、

1. ビジターを用意して、
2. それを accept 関数を通してバリデータに渡してやると、
3. ビジター上の、適切な関数（visitRange、visitPreviousValue）が、バリデータの種類に応じて呼び出される

ことになります。**図 4-11** にビジターパターンの動作を示しました。バリデータが持っている関数ポインタ、accept の指し先がバリデータごとに異なっているのがポイントです。RangeValidator の場合は、RangeValidator の accept → acceptRange() → ValidatorVisitor の visitRange() という経路に、PreviousValueValidator の場合は、PreviousValueVisitor の accept → acceptPrevious() → ValidatorVisitor の visitPreviousValue() という経路を通ります。これによってバリデータの種類に応じて、ビジター内の適切なメソッドが呼び出されます。

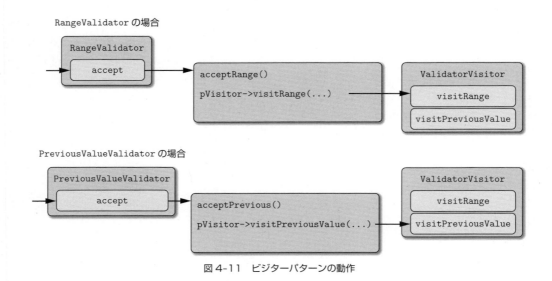

図4-11 ビジターパターンの動作

それではビジターを利用して printValidator を実装してみましょう（**リスト4-30**）。

リスト4-30　ビジターパターンを使ったバリデータの表示（chapter04/visitor02/src/validator_view.c）

```c
static void rangeView(ValidatorVisitor *pThis, RangeValidator *p);
static void previousValueView(ValidatorVisitor *pThis, PreviousValueValidator *p);

typedef struct ViewVisitor {  // ①
    ValidatorVisitor base;
    char *pBuf;
    size_t size;
} ViewVisitor;

void printValidator(Validator *p, char *pBuf, size_t size) {
    ViewVisitor visitor = {{rangeView, previousValueView}, pBuf, size};  // ②
    p->accept(p, &visitor.base);  // ④
}

static void rangeView(ValidatorVisitor *pThis, RangeValidator *p) {  // ③
    ViewVisitor *pVisitor = (ViewVisitor* )pThis;
    snprintf(pVisitor->pBuf, pVisitor->size, "Range(%d-%d)", p->min, p->max);
}

static void previousValueView(ValidatorVisitor *pThis, PreviousValueValidator *p) {  // ③
    ViewVisitor *pVisitor = (ViewVisitor* )pThis;
    snprintf(pVisitor->pBuf, pVisitor->size, "Previous");
}
```

おそらく初めてビジターパターンを見た人は、わけがわからないというのが第1印象だと思います（筆者もそうでした）。しかし何度か使ううちに慣れますので大丈夫です。もう一度、図4-11を見ながら、落ち着いて1つ1つコードの流れを追ってみましょう。

①まず Visitor を継承して自分用の Visitor の定義を作成します。もしも実行したい処理が固有のデータを必要としないのであれば継承せずに Visitor をそのまま使用して構いません。今回は出力先バッファの情報である pBuf と size を渡したいので ViewVisitor 定義を作成しています。
②ViewVisitor オブジェクトを作成します。このとき、親の Visitor 部分に含まれる関数ポインタには、それぞれ Validator が RangeValidator だった場合、PreviousValueValidator だった場合の処理を指定します。
③②で指定した関数の実体です。それぞれ RangeValidator だった場合と PreviousValueValidator だった場合の処理です。
④accept 関数を実行します。この accept 関数の実体は、RangeValidator なら acceptRange、PreviousValueValidator なら acceptPrevious 関数なので、これにより渡した Validator の種類に応じて、まず Visitor の visitRange あるいは、visitPreviousValue が呼び出され、そこから rangeView もしくは previousValueView が呼び出されることになります。

通常は多態を用いることで、以下のような処理を実現します。

1. オブジェクトの種類に応じて対象オブジェクトへのディスパッチを行い、
2. 対象オブジェクト内で、そのオブジェクト用の処理を実行する。

これに対し、ビジターパターンを用いると、**1.** の部分はそのままに、**2.** の部分のみをオブジェクトの外部に抜き出すことが可能となります。accept 関数1つだけを用意しておけば、この accept 関数をあらゆる用途に共用できます。たとえばバリデータの内容をファイルに書き出すための SerializerVisitor を用意して、accept 関数に渡すことでバリデータの内容をファイルに書き出すことが可能になります。これによりバリデータが肥大化するのを防ぐことができます。

4.6 まとめ

本章ではデザインパターンについて解説しました。オブジェクト指向でコードを構築し始めると、誰しもがぶつかる壁があります。デザインパターンは、それを解決するための先人達の実装の知恵です。本書の中ではページ数の関係から特に組み込みで有効と思われるデザインパターンのいくつかを例を挙げつつ紹介しました。

- ステートパターン
  組み込み機器はハードウェアの状態に応じて適切な処理を行う必要がある。ステートパターンはこうした場合に適したデザインパターンである。本書では古くから用いられてきた状態遷移図、状態遷移表を復習しつつ、それらがステートパターンではどのように実装されるのかについて解説した。ステートパターンを用いることで状態遷移表とコードとの対応が一目瞭然となり、コードから複雑な分岐を取り除くことが

可能となる。

●テンプレートメソッドパターン

Cでコードが難解になるケースの1つとしてリソースの確保、解放が挙げられる。どんな処理ロジックを通ったとしても、きちんとリソースが解放されるようにコードを構築するのは難しく、それを安易に解決しようとすると、gotoを含んだ複雑なコードになることが多い。本書ではリソースの確保、解放といった管理にテンプレートメソッドパターンを用いた例を解説した。これにより、アプリケーションロジックをリソースの管理から解放することが可能となる。

●オブザーバパターン

構造化を意識したはずなのに関数間の独立性が悪くなってしまう場合がある。本書ではそういう例の1つとしてエラー処理を取り上げ、これを解決する1つの方法としてオブザーバパターンを解説した。オブザーバパターンを用いることで、状態を監視する側と監視される側とを切り離すことが可能となる。

●チェインオブレスポンシビリティパターン

バリデータの例をもとに（実装の）継承を用いるとうまくいかないケースについて解説した。そうした状況で利用できるパターンの1つとしてチェインオブレスポンシビリティパターンについて解説した。チェインオブレスポンシビリティパターンを用いると、既存のオブジェクトに実装した処理を好きな順序で利用できるようになる。

●ビジターパターン

オブジェクトの種類に応じて別の処理を行いたい場合には、通常は多態を用いるが、多態によってディスパッチした先の処理を、対象のオブジェクトの外に置きたい場合が時として発生する。ビジターパターンを用いると、多態によるディスパッチはそのままに、ディスパッチ先の処理を外に実装することが可能となる。これによりオブジェクトが肥大化するのを防ぐことができる。

デザインパターンの中には他にも有用なものがいくつもあります。本章の内容が理解できれば、他のパターンの理解も難しくはないでしょう。ぜひ習得に挑戦してみてください。

第5章
C言語とリファクタリング

5.1 概要

　何度も修正されたソースコードというものは非常に難解なものになりがちです。皆さんも見なかったことにして、そのままエディタを閉じたくなるコードに遭遇した経験があるのではないでしょうか。そうしたコードでは、次のようなことがありがちです。

- 1つの関数が数百行ある
- インデントが滅茶苦茶で構造が把握できない
- i2、i3など既存の名前に数字を付けただけの変数、関数があって同じような処理が繰り返し書かれている
- 「後で修正する」などのコメントがそのまま残っていて正しく動くのか疑わしいコードがある

　どうしてこうなってしまうのでしょうか？　**すでに実機で動作しているソースコードを修正する**という作業は大変な勇気と労力を必要とします。なぜなら変更によってコードが壊れてしまう（正しく動作しなくなる）かもしれないからです。このため、変更作業は保守的にならざるを得ません。本当は関数に分割したほうがよくても、コードが壊れるかもしれないという恐怖の前では、修正量をなるべく減らそうとして、すでに肥大化している関数にさらに行を追加する道を選ぶことになるかもしれません。既存の関数を修正すると、その関数を呼び出すすべての処理が影響を受ける可能性があります。これにより今回の障害とは無関係の機能が壊れるかもしれません。影響はないはずと頭ではわかっていても、コードを壊すという恐怖の前では、既存の関数をコピーして名前を変えた、今回修正する機能専用の関数を用意したいという誘惑に負けるかもしれません。本当はインデントの不備や間違ったコメントなど修正したくても、コードを壊すかもという恐怖にとらわれると、そうした変更さえも手を出せなくなることもあります。
　C/C++のプログラムは、潜在的なメモリアクセスに関するバグを持っていることがあります。たとえば配列の添字を間違えていて、無関係のメモリの内容を破壊していても、現在はたまたまその領域が使われていないので影響が表に出ていないということがあります。こうしたコードのある箇所を直すと、メモリの配置が変化し、突然隠れていたバグが牙をむくことになります。このため論理的に考えてまったく影響がない変更であったとしても、それが引き金となってアプリケーションが動作しなくなることもあります。
　こうしたさまざまなプレッシャーの中でプログラマはコードを追加、修正していかなければなりません。本章では、そのための武器としてテスト駆動開発とリファクタリングを取り上げます。

5.2 テスト駆動開発

テスト駆動開発は、ソフトウェアを開発する手法の1つで、エクストリーム・プログラミングと呼ばれるアジャイル開発の手法の1つで提唱されているやり方です。この手法では、あるロジックを作成、改良するにあたって、まずそのロジックが正しく動作していることを検証するための自動テスト（プログラムで書かれたテスト）を先に書き、そのテストが失敗することを確認します（まだロジックを実装していないので）。次にテストが通るようにロジックを実装してテストが通ることを確認します。このサイクルを非常に小さな修正単位で繰り返すことでソフトウェアを構築していきます。

自動テストはコンピュータで実行できるものなので、少しでもコードを直したら気軽に実行してコードが壊れていないことを再確認できるようになります。これは前節で見たような恐怖と戦うのに大きな助けとなりますし、少々複雑なロジックでも安心して実装できるようになります。テストコードには対象プログラムの機能をテストするコードが書かれるため、これはテスト対象の利用方法を示したサンプルコードと見ることもできます。このため、もしも特定の機能の使い方がよくわからない場合、テストコードを見ることで、対象のコードを書いた人の意図を汲むことが可能となります。

とはいえ、どんなコードでも自動テストが可能なわけではありません。たとえば、ある関数の中でハードウェアに直接アクセスしているようなケースでは、そのハードウェアが存在しなければテストはできないでしょう。このため自動テスト可能とするためには、こうしたところを適切に分離しておかなければなりません。これは手がかかる作業ですが、このようにしておくことでプログラムの各部はハードウェアから分離され、構造が洗練されていきます。つまりテスト可能とすることにより、アプリケーションコードがハードウェアなどの外部に依存するものから分離されるという副次的な効果が得られます。本節ではテスト駆動開発をCで行うための手法について解説します。

5.2.1 Google Test

本書ではCの単体テストツールとしてGoogle Testを使用します。Google TestはC++用のツールですが、非常に簡単にテスト記述できるようになっており、C++の知識がなくても無理なくテストを記述できます。

ソースコードの入手

Google Testはhttp://code.google.com/p/googletest/で提供されています。[Downloads]のリンクからソースコードを入手してください。執筆時点でのバージョンは、1.6.0です。zipファイルを入手したら、以下のようにして好きな場所に展開してください。本書では~/ossの下に置いています。

```
$ cd
$ mkdir oss
$ cd oss
$ unzip /tmp/gtest-1.6.0.zip
```

コンパイル、ライブラリ作成

まずコンパイルに必要となる C++ コンパイラをインストールします。

```
$ sudo apt-get install g++
```

次に以下のようにしてコンパイルし、ライブラリを作成してください。

```
$ cd ~/oss/gtest-1.6.0
$ g++ -I./include -I. -c ./src/gtest-all.cc
$ ar -rv libgtest.a gtest-all.o
```

これで libgtest.a というライブラリファイルが得られます。

5.3 TDD入門編

それでは Google Test を使用して非常に簡単なプログラムをテスト駆動で書いてみましょう。

5.3.1 Eclipseの設定

まずプロジェクトを作成します。Eclipse で［File］－［New］－［C++ Project］を選びます。今回は足し算を行う関数を作成するので、［Project name］に「add」と入力し、［Project type］から［Empty Project］、［Toolchains］から［Linux GCC］を選び［Finish］ボタンをクリックします（**図 5-1**）。

図 5-1　足し算を行うプロジェクト

プロジェクトが作成されたら、Google Test が利用できるように Eclipse のプロジェクト設定を行います。

第 5 章　C 言語とリファクタリング

Project Explorer の中の［add］プロジェクトを右クリックして［Properties］をクリックします（図 5-2）。

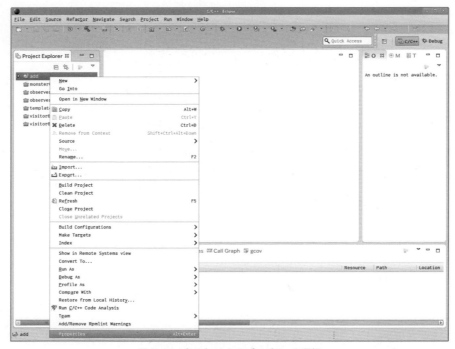

図 5-2　プロジェクトのプロパティを選択

左のペインから、［C/C++ General］-［Paths and Symbols］を選びます。［Includes］タブを選んで［Languages］から［GNU C++］を選び［Add］ボタンを押します（図 5-3）。

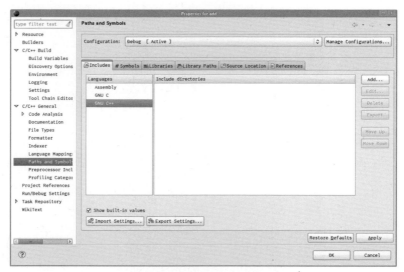

図 5-3　言語に GNU C++を指定

まずインクルードパスにGoogle Testを追加します。[Add directory path]ダイアログで[File system]をクリックします。Google Testをインストールしたディレクトリの下にあるincludeディレクトリ（gtest-1.6.0/includeディレクトリ）を選んで、[OK]ボタンをクリックします（**図5-4**）。

図5-4　インクルードパスにGoogle Testを追加

[Add directory path]ダイアログでそのまま[OK]ボタンをクリックします。[Include directories]にgtest-1.6.0/includeディレクトリが追加されたことを確認します（**図5-5**）。

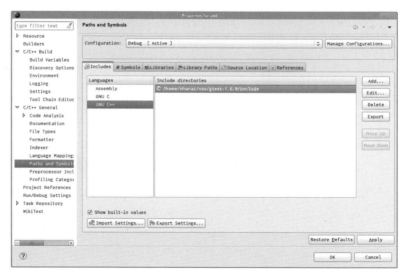

図5-5　インクルードパスにGoogle Testが追加されたことを確認

次にライブラリパスにGoogle Testを追加します。[Library Paths]のタブを選び、[Add]ボタンを押します（**図5-6**）。

図 5-6　ライブラリパスに Google Test を追加（1）

［File system］をクリックして、Google Test をインストールしたディレクトリを選び、［OK］ボタンをクリックします（**図 5-7**）。

図 5-7　ライブラリパスに Google Test を追加（2）

［Add directory path］ダイアログでそのまま［OK］ボタンをクリックします。［Library Paths］に gtest-1.6.0 ディレクトリが追加されたことを確認します（**図 5-8**）。

次に Google Test のライブラリと必要となるライブラリを追加します。［Libraries］タブを選び、［Add］ボタンを押して、「gtest」と入力します（**図 5-9**）。

もう一度［Add］ボタンを押して、今度は「pthread」を追加します（**図 5-10**）。

これで設定は完了です。［Properties for add］ダイアログの［OK］ボタンを押して閉じます。インクルードパスを変更したのでビルドし直すかと聞かれた場合は［Yes］ボタンをクリックします。

なお［Project］-［Build Automatically］にデフォルトでチェックが入っている場合がありますが、今のバージョンの Eclipse では、この設定だと動作が不安定になることが多いので、外しておきます。このメニューはトグルなので［Project］-［Build Automatically］をクリックすれば off にできます。

5.3 TDD 入門編

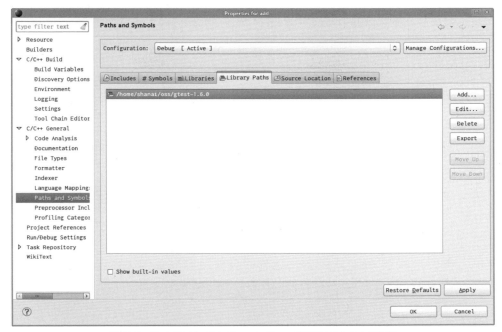

図 5-8　ライブラリパスに Google Test が追加されたことを確認

図 5-9　gtest ライブラリを追加

図 5-10　pthread ライブラリを追加

5.3.2 初めてのテスト駆動開発

それではテストを作成しましょう。ファイル名は add_test.cc とします。[File] – [New] – [Source File] を選びます。[Source file] に「add_test.cc」と入力して [Finish] ボタンをクリックします（**図 5-11**）。

151

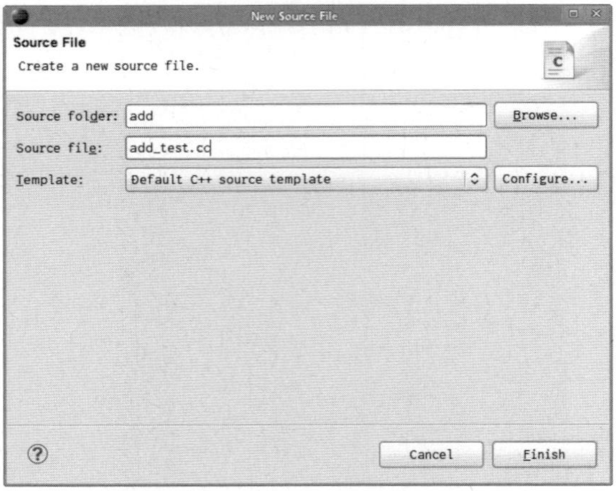

図5-11　ソースファイルを新規作成

次にテストを書きましょう。まず「1 + 2 = 3」を検証します。つまりadd関数に引数として1と2を与えると3が返ってくることを確認します。コードは以下のようになります。

リスト5-1　add関数

```
#include "gtest/gtest.h"  // ①

TEST(AddTest, onePlusTwoGivesThree) {  // ②
    EXPECT_EQ(3, add(1, 2));  // ③
}
```

①Google Testをインクルードします。
②テストはTESTというマクロを使って実装します。1つ目の引数は、この一群のテスト全体に付ける共通の名前で、2つ目の引数は、今回のテストに付ける名前です。この2つのセットがプログラム全体で一意である必要があります。
③EXPECT_EQは引数の2つが一致することを確認するための検証マクロです。今回はadd(1, 2)の戻り値が3と等しいことを検証します。1つ目の引数が「正解」で、2つ目の引数が検証対象です。

ここまで入力したらファイルを保存します（ウィンドウの左上にあるフロッピーディスクのアイコンをクリック）。次にコンパイルしましょう。[Project] - [Build All]を選びます。すると図5-12のようにエラーになるはずです。
エラーの内容は、

../add_test.cc:10:5: エラー: 'add' was not declared in this scope

です。つまり、「add関数がない」というコンパイルエラーになっています。まずは、このエラーを解消しましょう。ヘッダファイル、add.hを作成します。Projcet Explorerで[add]プロジェクトを右クリックし、[New] - [Header File]を選びます。

5.3 TDD 入門編

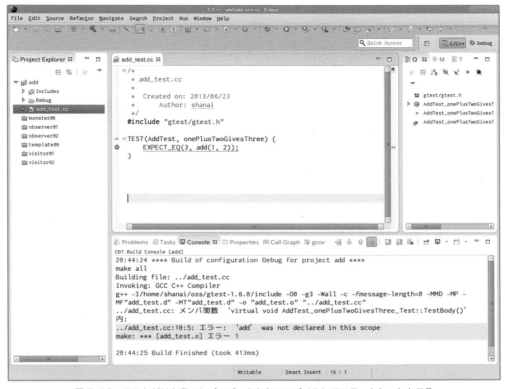

図 5-12 テストだけを書いたプロジェクトをコンパイルしてエラーとなったところ

[Header File] に「add.h」、[Template] に [Default C header template] を指定して、[Finish] ボタンをクリックします (**図 5-13**)。

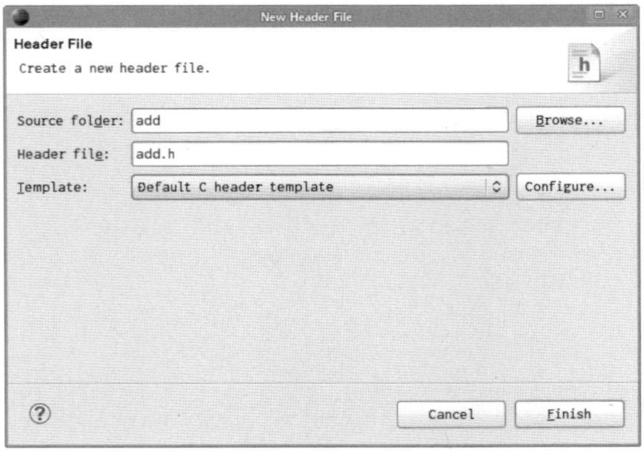

図 5-13 ヘッダファイルを作成

ひな形が生成されるので、さっそく add 関数のプロトタイプ宣言を追加します (**リスト 5-2**)。

リスト 5-2 　add 関数のヘッダ

```
#ifndef ADD_H_
#define ADD_H_

#ifdef __cplusplus
extern "C" {
#endif

int add(int i1, int i2);

#ifdef __cplusplus
}
#endif

#endif /* ADD_H_ */
```

C++でもコンパイルできるように「extern "C"」の指定が必要なことに注意してください。このヘッダファイルを、add_test.cc の中でインクルードします。

```
#include "gtest/gtest.h"
#include "add.h"
```

もう一度［Project］－［Build All］でコンパイルし直しましょう。エラーが少し変わったのがわかると思います（図 5-14）。

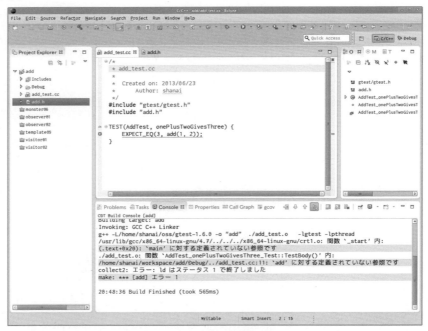

図 5-14　ヘッダファイルを追加してコンパイル

1つ目のエラーは「add関数の実体がない」というリンクエラー、

```
/home/shanai/workspace/add/Debug/../add_test.cc:11: 'add' に対する定義されていない参照です
```

もう1つは「main関数がない」というリンクエラーです。

```
/usr/lib/gcc/x86_64-linux-gnu/4.7/../../../x86_64-linux-gnu/crt1.o: 関数 '_start' 内:
(.text+0x20): 'main' に対する定義されていない参照です
```

それではadd関数の実体を作りましょう。プロジェクトを右クリックし、[New] － [Source File] を選択してadd.cを作成し、add.cの中身を実装します。

```c
#include "add.h"

int add(int i1, int i2) {
    return 0;
}
```

この関数の処理が間違っていることはすぐにわかるでしょう。**しかし、これでよいのです。**ここまでテストを先に書き、コンパイル、リンクエラーを頼りに、add.hとadd.cを追加してきました。今回add.cを追加したのは「add関数がない」というリンクエラーを解決するためです。TDDでは目先の障害を取り除くことのみに集中し、少しずつ前進していきます。こうすると何か不測のエラーに遭遇しても、それまでに修正した量はたかが知れていますから、その原因をつきとめるのは難しくないでしょう。今回は、add関数がありさえすればリンクエラーは解消できるはずなので、これでよいのです。

どのみち最終的には足し算を行うロジックを実装するのだから、今まとめてやってもいいのではないか？

きっとそう思われるでしょう。今回わざと間違った実装を書くのにはもう1つ理由があります。このあとadd_test.ccのテストを実行する際に、もしもadd関数が最初から正しいと、テストも最初から成功するでしょう。この場合、以下の2つが判然としません。

- add_test.ccが間違っていてテスト抜けが起き、add関数がちゃんとテストされなかったので成功した
- 本当にadd関数が正しい

万全を期すためには、ここでわざと失敗する実装を書いてテストが失敗することを確かめ、それからadd関数の中身を直したほうが確実なのです。

最後にmain関数を追加します。Google Testを使用する場合は決まり文句として以下をテストソースのどれか（独立したソースファイルでも構いません）に入れておけば完了です（**リスト5-3**）。今回は、add_test.ccに追加します。

リスト5-3 　Google Testを使用する場合に必要なmain関数。

```cpp
int main(int argc, char **argv) {
    ::testing::InitGoogleTest(&argc, argv);
    return RUN_ALL_TESTS();
}
```

これでビルドエラーがなくなったはずです。ビルドが完了したら、add_test.ccのソースコードを右クリッ

クして［Run］-［1 Local C/C++ Application］をクリックして単体テストを実行してください（**図 5-15**）。

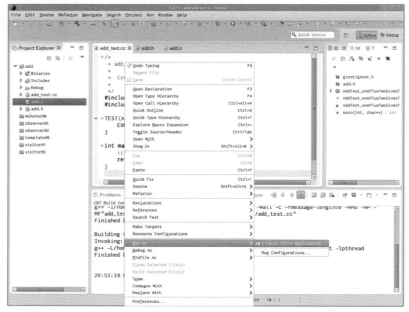

図 5-15　add_test.cc を実行

Eclipse の［Console］ビューにテストの失敗が表示されるはずです（**図 5-16**）。

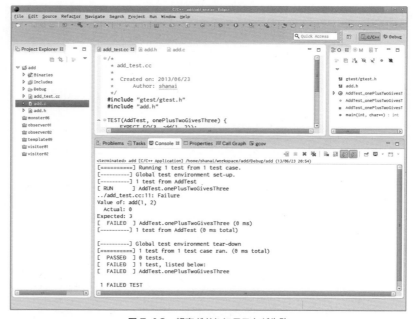

図 5-16　想定どおりにテストが失敗

以下の部分が失敗した箇所の指摘です。

```
[ RUN      ] AddTest.onePlusTwoGivesThree
../add_test.cc:11: Failure
Value of: add(1, 2)
  Actual: 0
Expected: 3
```

add(1, 2) の結果として、3 が期待される結果（Expected）でしたが、0 が実際の値（Actual）だったことが示されています。もちろん、これは add 関数の中身を 0 を返すように実装したからです。これでテストがちゃんと add 関数をテストしていることがわかったので add 関数を修正しましょう。

```
int add(int i1, int i2) {
    return i1 + i2;
}
```

ビルドしたらもう一度 add_test を実行してみてください。今度は成功したはずです。

```
[==========] Running 1 test from 1 test case.
[----------] Global test environment set-up.
[----------] 1 test from AddTest
[ RUN      ] AddTest.onePlusTwoGivesThree
[       OK ] AddTest.onePlusTwoGivesThree (0 ms)
[----------] 1 test from AddTest (1 ms total)

[----------] Global test environment tear-down
[==========] 1 test from 1 test case ran. (1 ms total)
[  PASSED  ] 1 test.
```

これで add 関数を作成できました。以上が TDD による開発の基本的な進め方です（chapter05/add01）。

5.3.3 static 関数のテスト

もしもテスト対象のソースファイルに static 関数があったら、その関数はどうやったらテストできるのでしょう？ static 関数は同一のコンパイル単位の中からしか見えません。このため add_test.cc からは呼び出すことができません。これを回避する方法はいくつか考えられます。

static をテストのときに外す

たとえばマクロを使用し、

```
#ifdef UNIT_TEST
  #define STATIC
#else
  #define STATIC static
#endif
```

staticのかわりにSTATICを用いることで、単体テストのときにのみstaticを外すことが可能です。この方法は非常に簡便ですが、staticを外すことによりstatic宣言された関数や変数が公開されてしまうので、衝突が起きてリンクが失敗する可能性があるというのが、最大の欠点です。こうした欠点はありますが、規模が小さくて識別子の衝突が起きないのであれば、有力な候補といえます。

static 関数をテストしない

　static 関数、変数というのは、そのモジュール（コンパイル単位）における「内部実装」です。もしもそのモジュールが外部に公開されたインターフェイスのみを使ってテストできるのであれば、static 関数をテストする必要はありませんし、そうするべきでもありません。外部公開インターフェイスのみでテストしていれば、内部の実装を変更してもテストが壊れてしまうことはありません。これは理想の形態といえます。純粋に数学的な処理や、アルゴリズムを実装したモジュールの場合は、こうしたやり方が可能なケースがあります。しかし残念ながら現実のプログラムでは、こうしたモジュールは少ないでしょう。

テスト対象のソースを include する

　通常は、include で指定するのはヘッダファイルですが、あえてテストコードにテスト対象のソースコードを include してしまうのがこの方法です。この場合ではテストコードとテスト対象が1つのコンパイル単位としてコンパイルされるので、テストコードからテスト対象の static 関数、変数に自由にアクセスできるようになります。例を見てみましょう。まずは add.c に static 関数を導入しておきます。

```
--- add.h ---
int calc(int i1, int i2);

--- add.c ---
static int add(int, int);

int calc(int i1, int i2) {
    return add(i1, i2);
}

static int add(int i1, int i2) {
    return i1 + i2;
}
```

もう add() 関数は外から見えませんから、add_test.cc はコンパイルエラーになるはずです。それでは、これをテストできるようにしましょう。まず add.h を変更して、extern "C"を外しておきます。

```
#ifndef ADD_H_
#define ADD_H_

int calc(int i1, int i2);

#endif /* ADD_H_ */
```

add_test.cc では、以下のように add.c を include します。

```
--- add_test.cc ---
#include "gtest/gtest.h"

extern "C" {
#include "add.h"
}

namespace unit_test {

#include "add.c"

TEST(AddTest, onePlusTwoGivesThree) {
    EXPECT_EQ(3, add(1, 2));
}

}

int main(int argc, char **argv) {
    ::testing::InitGoogleTest(&argc, argv);
    return RUN_ALL_TESTS();
}
```

これで static 関数も見えるようになり、コンパイル、テストが成功するはずです（chapter05/add02）。

この方法は少々トリッキーなので解説が必要でしょう。まず add.c に calc()、add() 関数があり、add_test.cc は、add.c を include してコンパイルするので、calc()、add() が2セット存在することになり、リンクしたときに衝突してしまうのではないでしょうか？ これが衝突しないで済むのは、namespace が設定してあるためです。

```
--- add_test.cc ---
namespace unit_test {

#include "add.c"

...
}
```

これは C++ の機能で、この中で定義された変数、関数は別の名前空間に属するため、まったく同じ名前の変数、関数が同居できるようになります。これにより、add_test.cc で include した場合は unit_test::add()、unit_test::calc() という名前になるため、add.c をそのままコンパイルしたときに生成される add()、calc() と同居できるようになっています。

この方法の欠点は、add_test.cc 内で include された add.c は C++ のコードとしてコンパイルされているという点にあります。C と C++ の文法には微妙な違いがあるため、できれば C でコンパイルした状態でテストしたほうが好ましいでしょう。とはいえ単体テストの主眼はロジックが正しいかを見る点にあるので、この方法でも大きな問題はありません。C++ としてコンパイルされてしまうということは、間違って C++ でしか使用できない文法を使ってしまう危険はないでしょうか？ これも問題ありません。add.c はそれ自体、C として

もコンパイルされるため、C++のみで有効な文法を間違って使ってしまっても、すぐにコンパイルエラーで発見できるでしょう。本書では、以降、この方法を用いてテストを作成していきます。

5.4 リファクタリング

　1章でも触れたとおり、リファクタリングとはソフトウェアの「体質」を改善する作業ですが、その中でも「外部インターフェイス」を変更せずに、その中身を改善する作業を一般には指します。Cにおける「外部インターフェイス」とは、ヘッダファイルに書かれる内容です。つまり、実装された機能を外部から使う際に必要となるデータ構造の定義、関数、マクロのシグニチャ（名前、引数や戻り値の型や順序）と動作、定数定義といったものです。逆に static 関数や、.c ファイル内に置かれたマクロや構造体定義などは外部インターフェイスではありません。外部インターフェイスが変更されなければ、利用者側のコードを変更せずに済みます。

　ある程度熟練したCのプログラマであれば、何を外部に公開し、何を公開しないようにするかを念頭に置き、基本的に必要最低限のもののみを公開するように意識するはずです（なぜなら公開するものが少なければ少ないほど、将来、コードを改善するときに外部への影響を抑えることが可能になるからです）。具体的にはたとえば、内部で使われるだけの関数や変数を static にしたり、将来使うかもしれないからという理由で不用意に関数を公開したりすることを避けるといったことを心がけているはずです。

　こういう場合、外部インターフェイスは最低限になっているため、リファクタリング作業にそれほど大きな困難を伴うことはありません。しかし、そうでない場合、そもそも体質を改善するためには外部インターフェイスにも手を加えざるを得なくなります。たとえば大量のグローバル変数、不適切な名前の関数、大量の引数を持った非 static 関数、こうしたものはいずれも外部インターフェイスですから、修正すれば外部インターフェイスの変更になってしまいます。

5.4.1 外部インターフェイス

　さて教科書的には外部インターフェイスを変えないことが正解となりますが、現実世界の問題というのはそれほど単純ではありません。したがって、掟を破ったときのデメリットをよく理解しておく必要があります。外部インターフェイスをなぜ変えてはいけないかといえば、利用者側のコードを壊してしまうからです。なぜ利用者側のコードを壊してはいけないかといえば、通常、利用者側が自分達とは異なる組織に所属しているか、あるいは利害関係を持っているからです。自分達は保守性や品質を向上させるために外部インターフェイスを変更してでもコードを改善したいと思っていても、利用者側が同意してくれるかどうかはわかりません。

　逆にいえば、利用者が自分達の組織内のみに存在し同じ利害を共有しているなら、外部インターフェイスの変更禁止にこだわる必要はありませんし、たとえ別の組織だとしても、話し合いをして説得可能であれば十分に選択肢の1つとなり得ます。幸いCには型チェックがありますから、大抵の場合、外部インターフェイスの変更による影響箇所は、利用者側のコードを全コンパイルすることで発見できます。

5.4.2 リファクタリングと投資

　ひどい状態になってしまったコード。プログラマなら誰しも好きでそんなコードを書くわけがありません。それは納期に追われてとか、前任者からの引き継ぎが不十分だったとか、きっとそれなりの理由があったので

しょう。理由はどうあれ今、目の前には、そうしたコードがあり現場で動いています。今後はそれを保守していかなければなりません。こうした「技術的負債」は、無理をして借りた借金の利子と同様、放っておけば次々と積み上がり、チームの生産性、製品の品質を下げていってしまいます。どこかでこの負債を返していかなければなりません。

とはいえ、リファクタリングは簡単な作業ではありません。プログラマなら誰しもすべてのコードをきれいにしたいと思うでしょう。しかし趣味のプログラミングならともかく、ビジネスとして考えた場合、そこから得られるメリットと、そこにかかるコストを常に考えて行動する必要があります。

もしもすでに出荷済みで保守が始まっているコードならば、次のような点を意識するとよいでしょう。

1. よく変更が入るファイル、ロジックはどれか
2. 複雑で、変更したときにバグを埋め込んでしまうことが多いファイルはどれか
3. ほとんど修正の入らないファイルはどれか
4. その製品（コード）の寿命はどのくらいか
5. その製品（コード）から今後得られるお金、かかるお金（製品の売上利益、保守作業費用など）はどのくらいか

3. のようなファイルを苦労してリファクタリングしてもかけるコストに見合いませんし、あるいは 4. の余命があとわずかであれば、やはりコストに見合わないでしょう。逆に 1. や 2. についてはリファクタリングを実施することで、大きな効果が得られるので、5. を考慮のうえ、無理のない範囲でリファクタリングを進めるべきです。

5.5 TDD実践編

リファクタリングで最も恐しいのは、機能を壊してしまうことです。せっかくきれいになっても機能が壊れてしまっては元も子もありません。リファクタリングの基本的な進め方は、以下のようになります。

1. リファクタリング対象の自動テストがあることを確認する。なければ作成する
2. リファクタリングを実施する
3. 自動テストを実行して機能が壊れていないことを確認する

とはいえ、世の中のコードというのは自動テストがないことが少なくありません。自動テストがないと、後からコードを修正する人は、コードを壊してしまうかもしれないという恐怖に足がすくみ、コードを抜本的にきれいにしようという勇気を持てなくなります。結果的に毎回、付け焼刃的な修正を繰り返してしまいます。これが結果的にコードを次々と混乱の渦へと巻き込み、抜本的な改善をさらに困難にするという悪循環を生んでしまいます。

こういう場合、自動テストを後から簡単に作成できればよいのですが、大抵は大きな困難に直面します。前節の例は、中身がたった1行しかない関数だったので、TDDで進めるうえで特に難しいところはありませんでした。しかし、これをいざ現実のコードで実践しようとすると、とたんに単体テストを書くことが困難になります。TDDでテストを先に書く理由の1つは、テストをあとから書こうとしても、そもそもテストが困難な

コードが先にできあがってしまうことが多いからです。以下ではこうしたテストを阻む障害の中から代表的なものを挙げて、どのように対処すればよいのかを考えていきます。

5.5.1 モンスターメソッド

1つの関数の長さが1画面に入らないどころか、数百行に及ぶ。誰しもこうしたコードを見かけたことがあるはずです。こうした関数は1つの関数の中でさまざまなことを行っており、テストを作成するのが困難です。このような関数は「モンスターメソッド」と呼ばれます。テストがないので残念ながら教科書どおりにリファクタリングを行うのも不可能です。この場合は仕方がないので次のように進めるしかありません。

1. なるべくリスクの少ない方法でテストなしのリファクタリングを行って、テスト可能な状態へと修正する
2. テストを作成する
3. 抜本的なリファクタリングを実施する

それでは実際の例を見てみましょう。リスト 5-4 は 1 章で少し触れた Microchip 社の PIC18F14K50 というチップ用の割り込み処理ルーチンです。長いといっても 80 行あまりなので一般に見られるモンスターメソッドと比べればかわいいものでしょう。なお、今回のプログラムはチップ専用のハードウェアに対するアクセスが含まれているため、本来、コンパイルには専用の C コンパイラとライブラリが必要です。今回はそれを避けるため、ハードウェアへのアクセス部分については、コンパイルが通る最低限のヘッダと関数群（hw.h/hw.c）を用意し、リンクが通るように空の main 関数（main.c）を用意しています。

リスト 5-4　割り込み処理ルーチン

```
void lowPriorityISRCode(void) {
    if (PIR1bits.RCIF) { // USART 受信割り込み発生
        if (RCSTAbits.OERR) {   // オーバーランを検出
            int c;

            // ポートをリセット
            RCSTAbits.CREN = 0;
            c = USART_RECEIVE_CHAR();
            RCSTAbits.CREN = 1;
        }
        else {
            int c = USART_RECEIVE_CHAR();
            PUT_CHAR_TO_RING_BUFFER(&ringBufferForReceive, (char)c);
        }
    }
    else if (PIR2bits.TMR3IF != 0) { // TIMER3 がオーバーフロー
        int c;

        if ((c = getCharFromRingBuffer(&ringBufferForLcd)) != -1) {
            if (c == (BYTE)0xFE) { // エスケープ文字
                c = getCharFromRingBuffer(&ringBufferForLcd);
```

```c
        PORTBbits.RB0 = 0;   // control mode
        PORTBbits.RB2 = 0;   // R/W = Write

        // 上位 4 ビット
        PORTA = c >> 4;
        PORTBbits.RB1 = 1;   // CE = enable
        PORTBbits.RB1 = 1;
        PORTBbits.RB1 = 1;   // wait 300ns
        PORTBbits.RB1 = 0;   // CE = disable
        PORTBbits.RB1 = 0;   // wait 200ns

        // 下位 4 ビット
        PORTA = c & 0xf;
        PORTBbits.RB1 = 1;   // CE = enable
        PORTBbits.RB1 = 1;
        PORTBbits.RB1 = 1;   // wait 300ns
        PORTBbits.RB1 = 0;   // CE = disable

        PIR2bits.TMR3IF = 0;  // timer3 オーバーフローをクリア
        // 65536 - 40micro sec / 0.666666
        TMR3H = (65467u >> 8);
        TMR3L = (65467u & 0xff);
    }
    else {
        PORTBbits.RB0 = 1;   // data mode
        PORTBbits.RB2 = 0;   // R/W = Write

        // 上位 4 ビット
        PORTA = c >> 4;
        PORTBbits.RB1 = 1;   // CE = enable
        PORTBbits.RB1 = 1;
        PORTBbits.RB1 = 1;   // wait 300ns
        PORTBbits.RB1 = 0;   // CE = disable
        PORTBbits.RB1 = 0;   // wait 200ns

        // 下位 4 ビット
        PORTA = c & 0xf;
        PORTBbits.RB1 = 1;   // CE = enable
        PORTBbits.RB1 = 1;
        PORTBbits.RB1 = 1;   // wait 300ns
        PORTBbits.RB1 = 0;   // CE = disable

        PIR2bits.TMR3IF = 0;  // timer3 オーバーフローをクリア
        // 65536 - 46micro sec / 0.666666
        TMR3H = (65467u >> 8);
        TMR3L = (65467u & 0xff);
```

```
            }
        }
        else {
            PIE2bits.TMR3IE = 0;  // 割り込み禁止
        }
    }
}
```

　このルーチンの背景を簡単に解説しておきましょう。このルーチンでは非同期通信（USART）とタイマー割り込み、そして液晶ディスプレイ（LCD）というハードウェアを扱っています。USARTでデータを送受信する場合、今回の機器ではデータを受信した場合と、オーバーランエラー（USART内部の受信バッファがあふれた場合）を割り込みで処理しています。タイマー割り込みはLCDの制御に使用しています。LCDに連続してデータを送るときには、ある程度の時間をおいて（今回の回路では約40ms）送信する必要があります。これはCPUのビジーループでも実現できますが、そうするとCPUが他の処理をできなくなってしまうのでタイマー割り込みを使用してタイミングをとっています。LCDのデータはバイト単位なので本来は8本のデータ線が必要ですが、この機器では配線数を減らすため4本のデータ線を使用しており、そのためデータを4ビットずつに分割して送信しています。

モンスターメソッドの特徴

　モンスターメソッドには以下のような共通の特徴が見られます。

1. コメントが多い

　昔は、コメントの多いコードがよいコードといわれていましたが、現実は逆で、コメントの多さとコードのわかりにくさは比例します。コードがわかりにくいからコメントを書かなければならないのです。

2. 処理が重複している

　以下の内側の `if` の中身は非常に似ており、処理が重複しています。

```
            if ((c = getCharFromRingBuffer(&ringBufferForLcd)) != -1) {
                if (c == (BYTE)0xFE) { // エスケープ文字
                    c = getCharFromRingBuffer(&ringBufferForLcd);
                    PORTBbits.RB0 = 0;   // control mode
                    PORTBbits.RB2 = 0;   // R/W = Write

                    // 上位4ビット
                    PORTA = c >> 4;
                    PORTBbits.RB1 = 1;   // CE = enable
                    PORTBbits.RB1 = 1;
                    PORTBbits.RB1 = 1;   // wait 300ns
                    PORTBbits.RB1 = 0;   // CE = disable
                    PORTBbits.RB1 = 0;   // wait 200ns
                    ...
                }
                else {
```

```
                    PORTBbits.RB0 = 1;    // data mode
                    PORTBbits.RB2 = 0;    // R/W = Write

                    // 上位 4 ビット
                    PORTA = c >> 4;
                    PORTBbits.RB1 = 1;    // CE = enable
                    PORTBbits.RB1 = 1;
                    PORTBbits.RB1 = 1;    // wait 300ns
                    PORTBbits.RB1 = 0;    // CE = disable
                    PORTBbits.RB1 = 0;    // wait 200ns
                    ...
```

　もちろん 2 つのロジックはまったく同一ではありませんが、大半が同じであることがわかります。新たなロジックが必要になったとき、既存の「動くロジック」を少し修正すれば、それが達成できるのであれば、誰しも誘惑に負けて既存のロジックを「コピペ」して一部を修正するという愚を犯してしまいがちです。何しろ動く実績のあるコードを利用できるので安心感があります。しかしその末路は上記のような重複コードです。ひとたびコードが重複すると、コードにバグが見つかったら、すべての重複したコードに同じ修正を入れなければなりません。これは困難な仕事になります。

3. **高レベルの処理と低レベルの処理が同居している**

　このルーチンには、USART の割り込みとタイマーの割り込みを処理しなければならないという大枠の構造があることがわかります（高レベルの処理）。一方でデータを 4 ビットずつに分けて送信するとか、受信オーバーランエラーのリセットのような詳細のロジック（低レベルの処理）が同居しています。このようにレベルの異なる処理を 1 つの関数に同居させると関数全体で何をしているのかを把握するのに時間がかかります。一方でこうした欠点は自分が書いたコードでは気づきにくいという特徴があります。むしろ自分で書いたコードの場合「すべての処理が一覧できてわかりやすい」と錯覚してしまいがちです。これを避けるには他人にコードをレビューしてもらう必要があります。

モンスターメソッドの修正

　たった 80 行あまりのコードですが、それでも今回のコードの単体テストを書くことは不可能（まったく不可能とはいいませんが、必要とする労力と時間を考えれば非現実的）です。このためリファクタリングにあたって、まず単体テストを用意するという教科書どおりの手法はとれません。すでに述べたとおり、まずはリスクの少ない方法で最低限のリファクタリングを進める必要があります。どういう方法ならリスクが少ないのでしょうか？　それはたとえば以下のような変更です。

1. **ツールで行える変更**

　人間は必ずミスを犯します。まずツールでできるリファクタリングがあれば、それを実行します。

2. **範囲が局所的である変更**

　たとえばローカル変数の変更なら、その関数内に影響が限定されます。static 変数、関数の変更ならば、そのコンパイル単位内に影響が限定されます。なるべく影響範囲の少ないリファクタリングを実施します。

3. 間違えてもコンパイル、リンクエラーで発見できる変更

仮に間違えてもコンパイル、リンクエラーで発見できる確率の高いものがあれば優先的に実施します。たとえば、関数名や変数名の変更なら、全コンパイル、リンクによって間違いを発見できるでしょう。一方でvoid *で受け取ったポインタのキャスト型を変更するような場合は、型チェックが働かないのでコンパイル、リンクでのミス発見は困難になります。

リファクタリング：関数抽出

関数抽出は、特定のまとまったコードを関数に抽出するリファクタリングです。これにより、特定のコードブロックに意味を持った名前を持たせることで余計なコメントを削除したり、コードの重複を排除することが可能となります。

条件式を関数抽出する

筆者が手始めによくやるリファクタリングは、コメントの付いた条件式を見つけて、そのコメントを除去することです。

```c
if (PIR1bits.RCIF) { // USART 受信割り込み発生
    if (RCSTAbits.OERR) {   // オーバーランを検出
        int c;
```

PIR1bits.RCIF と書かれても意味がわからないのでコメントを書いているのですが、こういう場合は関数に抜き出してやります。このように関数を抜き出すリファクタリングのことを関数抽出（Extract Function）と呼びます。

それでは Eclipse を使って関数を抽出しましょう。

- まず PIR1bits.RCIF の部分を選択状態にする
- 選択部分を右クリックし、［Refactor］-［Extract Function］を選ぶ
- ダイアログが表示されるので、関数に名前を付ける。今回は、「isUsartReceiveInterruptOccurred」を指定

Eclipse によって関数抽出を実行した結果は以下のようになります（関数抽出のあとは引数リストは () になります。これだと引数がチェックされないので、手で void を追加しています）。

```c
unsigned int isUsartInterruptOccurred(void) {
    return PIR1bits.RCIF;
}

void lowPriorityISRCode(void) {
    if (isUsartInterruptOccurred()) { // USART 受信割り込み発生
        if (RCSTAbits.OERR) {   // オーバーランを検出
        ...
```

5.5 TDD 実践編

同様に RCSTAbits.OERR 部分も抽出しましょう。もうわかりやすい関数名があるのでコメントは不要になりました。削除しましょう。

```
unsigned int isUsartInterruptOccurred(void) {
    return PIR1bits.RCIF;
}

unsigned int isUsartOverrunOccurred(void) {
    return RCSTAbits.OERR;
}

void lowPriorityISRCode(void) {
    if (isUsartInterruptOccurred()) {
        if (isUsartOverrunOccurred()) {
    ...
```

関数抽出を進める

関数抽出は、もっと大きなブロックにも適用できます。この関数の大枠は、割り込み要因を調べてそれに応じた処理をすることにあります。この大枠構造のみを残して内部を抽出してみましょう。以下は抽出した結果です。

```
void onUsartInterrupt(void) {
    if (isUsartOverrunOccurred()) {
        int c;
        // ポートをリセット
        RCSTAbits.CREN = 0;
        c = USART_RECEIVE_CHAR();
        RCSTAbits.CREN = 1;
    } else {
        int c = USART_RECEIVE_CHAR();
        PUT_CHAR_TO_RING_BUFFER(&ringBufferForReceive, (char) c);
    }
}

void onTimer3Interrupt(void) {
    int c;
    if ((c = getCharFromRingBuffer(&ringBufferForLcd)) != -1) {
        if (c == (BYTE) 0xFE) {
            // エスケープ文字
    ...
}

void lowPriorityISRCode(void) {
    if (isUsartInterruptOccurred()) {
```

```
            onUsartInterrupt();
        }
        else if (isTimer3Overflow()) {
            onTimer3Interrupt();
        }
    }
```

lowPriorityISRCode 関数が驚くほどすっきりしました。割り込み要因を調べて、各デバイス用の割り込み処理を行うだけなので中身の理解も容易です。lowPriorityISRCode 関数はここまでリファクタリングすれば十分でしょう。次に onUsartInterrupt 関数をリファクタリングしましょう。リファクタリングのヒントはコメントです。コメントがある場所はプログラマがわかりにくいと感じたところなので、大抵コードが混み入った状態になっていたり、詳細な処理が紛れ込んでいたりします。今回も以下の部分に詳細な処理が紛れ込んでいることがわかります。

```
            // ポートをリセット
            RCSTAbits.CREN = 0;
            c = USART_RECEIVE_CHAR();
            RCSTAbits.CREN = 1;
```

ここも同様に関数抽出を行って外に出してしまいましょう。

```
void resetUsartPort(int c) {
    // ポートをリセット
    RCSTAbits.CREN = 0;
    c = USART_RECEIVE_CHAR();
    RCSTAbits.CREN = 1;
}

void onUsartInterrupt(void) {
    if (isUsartOverrunOccurred()) {
        int c;
        // ポートをリセット
        resetUsartPort(c);
    } else {
        int c = USART_RECEIVE_CHAR();
        PUT_CHAR_TO_RING_BUFFER(&ringBufferForReceive, (char) c);
    }
}
```

Eclipse で関数抽出をすると、このように余計な引数が渡されることがあります。c を渡す必要はないので削除しておきましょう（なお、USART_RECEIVE_CHAR() はマクロなので、変数 c そのものを削除してしまうことはできません。ここではポートから空読みするという副作用が必要なのです）。

```
void resetUsartPort(void) {
    RCSTAbits.CREN = 0;
    int c = USART_RECEIVE_CHAR();
```

```
        RCSTAbits.CREN = 1;
    }

    void onUsartInterrupt(void) {
        if (isUsartOverrunOccurred()) {
            resetUsartPort();
        } else {
            int c = USART_RECEIVE_CHAR();
            PUT_CHAR_TO_RING_BUFFER(&ringBufferForReceive, (char) c);
        }
    }
```

最後に onTimer3Interrupt 関数を片付けましょう。ここの外側の if 文はリングバッファから LCD に渡すデータを取り出して、もうデータがなければ timer3 の割り込みを禁止し、そうでなければ受け取ったデータを処理しています。まずこの構造部分を残して中身は外に出してしまいましょう。すると onTimer3Interrupt 関数は以下のようになります。

```
    void processLcdData(int c) {
        ...
    }

    void disableTime3Interrupt(void) {
        PIE2bits.TMR3IE = 0;
    }

    void onTimer3Interrupt(void) {
        int c;
        if ((c = getCharFromRingBuffer(&ringBufferForLcd)) != -1) {
            processLcdData(c);
        } else {
            disableTime3Interrupt();
        }
    }
```

「// 割り込み禁止」のコメントは、もう不要になりましたから削除しました。残りは、processLcdData 関数です。ここの if 文は、中のコメントを見ると LCD の制御用データなのか、表示用データなのかで分岐していることがわかります。

```
    void processLcdData(int c) {
        if (c == (BYTE) 0xFE) { // エスケープ文字
            c = getCharFromRingBuffer(&ringBufferForLcd);
            PORTBbits.RB0 = 0; // control mode
            PORTBbits.RB2 = 0; // R/W = Write
            ...
        } else {
            PORTBbits.RB0 = 1; // data mode
```

```
        PORTBbits.RB2 = 0;  // R/W = Write
        // 上位4ビット
        ...
    }
}
```

この構造を切り出してしまいましょう。

```
void performLcdControl(int c) {
    c = getCharFromRingBuffer(&ringBufferForLcd);
    PORTBbits.RB0 = 0;  // control mode
    PORTBbits.RB2 = 0;  // R/W = Write
    ...
}

void performLcdData(int c) {
    PORTBbits.RB0 = 1;  // data mode
    PORTBbits.RB2 = 0;  // R/W = Write
    ...
}

void processLcdData(int c) {
    if (c == (BYTE) 0xFE) {  // エスケープ文字
        performLcdControl(c);
    } else {
        performLcdData(c);
    }
}
```

performLcdControl と performLcdData ですが、以下の LCD へのデータ書き込み部分は共通であることがわかります。

```
    PORTBbits.RB2 = 0;  // R/W = Write
    // 上位4ビット
    PORTA = c >> 4;
    PORTBbits.RB1 = 1;  // CE = enable
    PORTBbits.RB1 = 1;
    PORTBbits.RB1 = 1;  // wait 300ns
    PORTBbits.RB1 = 0;  // CE = disable
    PORTBbits.RB1 = 0;  // wait 200ns
    // 下位4ビット
    PORTA = c & 0xf;
    PORTBbits.RB1 = 1;  // CE = enable
    PORTBbits.RB1 = 1;
    PORTBbits.RB1 = 1;  // wait 300ns
    PORTBbits.RB1 = 0;  // CE = disable
```

ここでは LCD の R/W 制御線を Write(0) に設定したあと、LCD のデータ線にまず送りたいデータの上位 4 ビット分を設定。その後にチップ有効化のための CE 制御線を 1 に設定して有効にし、同じ命令を 3 回繰り返すことで 300ns のウェイトを生成しています。この後 CE 制御線を 0 に設定して無効にし、やはり同じ命令の繰り返しで 200ns のウェイトを生成しています。この後は下位 4 ビットについても同じことを行って 8 ビット分のデータを LCD に設定しています。下位の書き込みのとき、CE を無効化したあとに 200ns 待っていないのは、どうせこの後、他の処理がはさまるために結果的に CE が無効の状態が 200ns 以上続くことになるからです。まずは、ここを関数に抽出してしまいましょう。

```
void write1byteToLcd(int c) {
    PORTBbits.RB2 = 0;  // R/W = Write
    // 上位 4 ビット
    PORTA = c >> 4;
    PORTBbits.RB1 = 1;  // CE = enable
    PORTBbits.RB1 = 1;
    PORTBbits.RB1 = 1;  // wait 300ns
    PORTBbits.RB1 = 0;  // CE = disable
    PORTBbits.RB1 = 0;  // wait 200ns
    // 下位 4 ビット
    PORTA = c & 0xf;
    PORTBbits.RB1 = 1;  // CE = enable
    PORTBbits.RB1 = 1;
    PORTBbits.RB1 = 1;  // wait 300ns
    PORTBbits.RB1 = 0;  // CE = disable
}

void performLcdControl(int c) {
    c = getCharFromRingBuffer(&ringBufferForLcd);
    PORTBbits.RB0 = 0;  // control mode
    write1byteToLcd(c);
    PIR2bits.TMR3IF = 0;  // timer3 オーバーフローをクリア
    // 65536 - 40micro sec / 0.666666
    TMR3H = (65467u >> 8);
    TMR3L = (65467u & 0xff);
}

void performLcdData(int c) {
    PORTBbits.RB0 = 1;  // data mode
    write1byteToLcd(c);
    PIR2bits.TMR3IF = 0;  // timer3 オーバーフローをクリア
    // 65536 - 46micro sec / 0.666666
    TMR3H = (65467u >> 8);
    TMR3L = (65467u & 0xff);
}
```

各関数は随分と小さくなり、そろそろテストが書けそうです。それではこれらについてテストを作成していきましょう。ここまでで大事なことは基本的に Eclipse の関数抽出ツールを用いてリファクタリングを行って

きたという点です。もちろんツールにだってバグはあるかもしれませんし、ツールの操作を間違える可能性は残りますが、人間がすべて手でコードを修正するのに比べればコードを壊してしまうリスクは少ないでしょう。

5.5.2 C言語によるモック化の手法

一番上位の以下の関数はどうやってテストすればよいのでしょうか？

```
void lowPriorityISRCode(void) {
    if (isUsartInterruptOccurred()) {
        onUsartInterrupt();
    }
    else if (isTimer3Overflow()) {
        onTimer3Interrupt();
    }
}
```

これは以下のようにすることで可能です。

- （何らかの方法で）`isUsartInterruptOccurred()`が0以外を返すようにしておくと、`onUsartInterrupt()`が呼ばれることを検証する
- （何らかの方法で）`isUsartInterruptOccurred()`が0を返すようにして、`isTimer3Overflow()`が0以外を返すようにしておくと、`onTimer3Interrupt()`が呼ばれることを検証する
- （何らかの方法で）`isUsartInterruptOccurred()`と`isTimer3Overflow()`の両方が0を返すようにしておくと、何も呼び出されない

しかしこの「何らかの方法で」はどうやって実現すればよいのでしょうか？　1つはコード自体をテストのたびに書き換えて、テストが終わったら元に戻すという方法です。

```
unsigned int isUsartInterruptOccurred(void) {
    return 0;    // テストのために0を返す
}
```

しかし、このようにテストのために本体のコードを変更すると、せっかくテストをしても、元に戻すときに修正ミスをしてしまう危険があります。これでは何のためにテストをしたのかわからないので、テストのためだけに毎回コードを修正するというやり方は避けなければなりません。そもそもテストのたびに、こんな面倒なことをしなければならないのでは続かないでしょう。

関数の「にせもの」を用意しましょう。`true`を返すだけの`isUsartInterruptOccurred()`の「にせもの」を用意して、呼ばれた回数を記録するだけの`onUsartInterrupt()`の「にせもの」を用意すれば、あとは`lowPriorityISRCode()`を呼び出したあとに、`onUsartInterrupt()`の呼び出し回数が1であることをチェックすれば、最初の検証が実現できます。「にせもの」を使ってしまったらテストにならないのではないかと思われるかもしれません。しかし**問題ありません**。今は`lowPriorityISRCode()`関数をテストしたいのですから、そこから呼び出される他の関数は「にせもの」でも構わないのです。そうした外部の関数に渡す引数が正しいかとか、外部の関数の戻り値が適切に処理されているかということを検証することが今回の目的であり、外部の

関数そのものをテストすることが今回の目的ではありません。

こうした「にせもの」のことを**モック**（Mock）とか**スタブ**（Stub）と呼びます。それでは、このモックというのはどうすれば実現できるのでしょうか？　これにはいくつかの方法が考えられます。

オブジェクト指向によるモックの実現

第3章で見たようなオブジェクトを用いることで、簡単に関数を差し替えることが可能になります。今回の例であれば、たとえば以下のような感じになるでしょう。

リスト5-5　オブジェクト指向によるモック化（chapter05/monster02/src/interrupt.h）

```c
#ifndef _INTERRUPT_H_
#define _INTERRUPT_H_

typedef struct LowPriorityInterrupt {
    unsigned int (* const isUsartInterruptOccurred)(struct LowPriorityInterrupt *pThis);
    void (* const onUsartInterrupt)(struct LowPriorityInterrupt *pThis);
    int (* const isTimer3Overflow)(struct LowPriorityInterrupt *pThis);
    void (* const onTimer3Interrupt)(struct LowPriorityInterrupt *pThis);
    // ...
} LowPriorityInterrupt;

void performLowPriorityInterrupt(LowPriorityInterrupt *pThis);

#endif
```

リスト5-6　オブジェクト指向によるモック化（chapter05/monster02/src/interrupt.c）

```c
static LowPriorityInterrupt lowPriorityInterrupt = {
    isUsartInterruptOccurred,
    onUsartInterrupt,
    isTimer3Overflow,
    onTimer3Interrupt
};

void lowPriorityISRCode(void) {
    performLowPriorityInterrupt(&lowPriorityInterrupt);
}

void performLowPriorityInterrupt(LowPriorityInterrupt *pThis) {
    if (pThis->isUsartInterruptOccurred(pThis)) {
        pThis->onUsartInterrupt(pThis);
    }
    else if (pThis->isTimer3Overflow(pThis)) {
        pThis->onTimer3Interrupt(pThis);
    }
}
```

元々あった`lowPriorityISRCode`関数は`performLowPriorityInterrupt`関数を呼び出すだけになっています。そして、`performLowPriorityInterrupt`関数を見ると、直接`isUsartInterruptOccurred()`などの関数を呼び出すのではなく、`pThis->isUsartInterruptOccurred()`を呼び出していることがわかります。つまり`LowPriorityInterrupt`構造体の中に保管されている関数ポインタ`isUsartInterruptOccurred`を経由して呼び出しているのです。つまりこの関数ポインタを書き替えてやれば、別の関数に簡単に差し替えることが可能です。これを利用するとテストは**リスト5-7**のように書けます。

リスト5-7　オブジェクト指向によるモック化（chapter05/monster02/src/interrupt_test.cc）

```
#include "gtest/gtest.h"

extern "C" {
#include "hw.h"
}

namespace unit_test {

#include "interrupt.h"
#include "interrupt.c"

static unsigned int usartOverrunOccurred;
static unsigned int mockIsUsartOverrunOccurred(LowPriorityInterrupt *pThis) { // ①
    return usartOverrunOccurred;
}

static int onUsartInterruptCallCount;
static void mockOnUsartInterrupt(LowPriorityInterrupt *pThis) { // ②
    ++onUsartInterruptCallCount;
}

static int timer3Overflow;
static int mockIsTimer3Overflow(LowPriorityInterrupt *pThis) {
    return timer3Overflow;
}

static int onTimer3InterruptCallCount;
static void mockOnTimer3Interrupt(LowPriorityInterrupt *pThis) {
    ++onTimer3InterruptCallCount;
}

TEST(InterruptTest, usartInterrupt) {
    LowPriorityInterrupt interrupt = { // ③
        mockIsUsartOverrunOccurred,
        mockOnUsartInterrupt,
        mockIsTimer3Overflow,
        mockOnTimer3Interrupt
```

```
    };

    usartOverrunOccurred = 1; // ④
    onUsartInterruptCallCount = 0;

    performLowPriorityInterrupt(&interrupt);
    EXPECT_EQ(1, onUsartInterruptCallCount); // ⑤
}

}

int main(int argc, char **argv) {
    ::testing::InitGoogleTest(&argc, argv);
    return RUN_ALL_TESTS();
}
```

①isUsartOverrunOccurred 関数の「にせもの」です。単に usartOverrunOccurred 変数の内容を返していることがわかります。

②onUsartInterrupt 関数の「にせもの」です。単に呼び出された回数を記録していることがわかります。

③オブジェクトを初期化しています。関数ポインタですから、自由に「にせもの」に差し替えることが可能です。

④isUsartOverrunOccurred が呼ばれたら 1 が返るようにしています。

⑤lowPriorityISRCode が呼ばれたら、onUsartInterrupt が 1 回呼び出されることを確認しています。

　オブジェクト指向を用いる方法は非常に柔軟ですが、欠点もあります。まず元々のコードがオブジェクト指向で書かれていない場合、修正量が非常に多くなってしまいます。オブジェクト指向に変更することで、this を渡す必要があるため、もしも対象の関数が外部インターフェイスになっている場合は、シグニチャ（引数）の変更になってしまうので使用できません。特に今回のようにまだテストのない段階でこのような修正を行うのはリスクが高すぎます。また関数ポインタ経由の呼び出しになることによるオーバーヘッドが問題になるケースでは使用できません。今の CPU は十分に速いので、このオーバーヘッドが実際問題になるケースはほとんどありませんが、一般に割り込み処理は高速に処理をすることが求められることが多いため今回のケースでは問題になるかもしれません。

関数ポインタとマクロによるモックの実現

　オブジェクト指向での解決が難しい場合、関数ポインタとマクロを使った解決方法が考えられます。少しややこしいのでまずは図 5-17 を見てください。

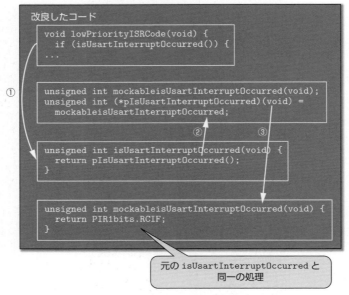

図5-17 関数ポインタを経由して関数を呼び出す

図5-17の上は元々のコードで、lowPriorityISRCode から isUsartInterruptOccurred を呼び出しています。下はテストを可能とするために isUsartInterruptOccurred の実体を差し替えられるように関数ポインタを導入したものです。

①呼び出し側コードは isUsartInterruptOccurred を呼び出します。
②しかし isUsartInterruptOccurred の実体は関数ポインタ pIsUsartInterruptOccurred で示された関数を呼び出して結果を返すだけの関数になっています。
③関数ポインタの指す先は mockableisUsartInterruptOccurred という関数になっていて、その中身は元の isUsartInterruptOccurred 関数となっているため、実際にはまったく同一の処理が行われることになります。

一見、単に呼び出しにあたってひと手間追加されただけに見えますが、これにより大きな柔軟性が得られます。なぜなら関数ポインタを書きかえてしまえば飛び先を「にせもの」に簡単に差し替えることができるからです。これにマクロの仕掛けを追加します。

リスト5-8 関数ポインタとマクロによるモックの実現（chapter05/monster03/src/interrupt.h）

```
#ifdef UNIT_TEST
    #define MOCKABLE(method) mockable##method     /* ① */
#else
    #define MOCKABLE(method) method               /* ① */
#endif

unsigned int isUsartInterruptOccurred(void);

#ifdef UNIT_TEST
unsigned int MOCKABLE(isUsartInterruptOccurred)(void);   // ②
unsigned int (*pIsUsartInterruptOccurred)(void);         // ③
#endif
```

リスト5-9 関数ポインタとマクロによるモックの実現（chapter05/monster03/src/interrupt.c）

```
void lowPriorityISRCode(void) {
    if (isUsartInterruptOccurred()) {  // ④
        ...
}

unsigned int MOCKABLE(isUsartInterruptOccurred)(void) { // ⑦
    return PIR1bits.RCIF;
}

#ifdef UNIT_TEST
unsigned int (*pIsUsartInterruptOccurred)(void) = MOCKABLE(isUsartInterruptOccurred); // ⑥
unsigned int isUsartInterruptOccurred(void) {  // ⑤
    return pIsUsartInterruptOccurred();
}
#endif
```

リストは少々複雑ですが図5-17を念頭に置きながら見れば、それほど難しくはないはずです。

①関数をモック可能とするために、UNIT_TESTがdefineされた場合にのみ、メソッド名を自動的に書き換えることができるマクロを用意します。このマクロを使って、たとえば以下のような関数を定義すると、

```
void MOCKABLE(foo)(void) {
}
```

UNIT_TESTがdefineされていれば、

```
void mockablefoo(void) {
}
```

に、UNIT_TESTがdefineされていなければ、

```
    void foo(void) {
    }
```

となります。

②モック可能関数のプロトタイプ宣言です。UNIT_TEST が define されていれば、mockableisUsartInterruptOccurred が宣言されることになります。
③関数ポインタの宣言です。この関数ポインタを経由することで関数をモック可能とします。
④利用者側のコードです。ここには**変更は不要**です。
⑤UNIT_TEST が define されていた場合、isUsartInterruptOccurred を呼び出すと、ここが呼び出されることになり、関数ポインタで示された関数を呼び出して結果を返します。
⑥関数ポインタは、⑦の関数を指しています。
⑦実際に呼び出される関数の実体です。

今度は UNIT_TEST が define されているときと、されていないときの動きを見てみましょう。

リスト5-10　関数ポインタとマクロによるモックの実現（UNIT_TEST が define されている場合をマクロ展開したもの）

```
unsigned int isUsartInterruptOccurred(void);
unsigned int mockableisUsartInterruptOccurred(void);
unsigned int (*pIsUsartInterruptOccurred)(void);

void lowPriorityISRCode(void) {
    if (isUsartInterruptOccurred()) {
        ...
}

unsigned int mockableisUsartInterruptOccurred(void) {
    return PIR1bits.RCIF;
}

unsigned int (*pIsUsartInterruptOccurred)(void) = mockableisUsartInterruptOccurred;
unsigned int isUsartInterruptOccurred(void) {
    return pIsUsartInterruptOccurred();
}
```

リスト5-10 は、UNIT_TEST が define されている場合にマクロ展開したものです。図5-17で見たような関数ポインタ経由の呼び出しを使って、最終的に mockableisUsartInterruptOccurred を呼び出していることがわかります。次に UNIT_TEST が define されていない場合を見てみましょう（**リスト5-11**）。

リスト5-11　関数ポインタとマクロによるモックの実現（UNIT_TEST が define されていない場合をマクロ展開したもの）

```
unsigned int isUsartInterruptOccurred(void);

void lowPriorityISRCode(void) {
    if (isUsartInterruptOccurred()) {
        ...
```

```
}

unsigned int isUsartInterruptOccurred(void) {
    return PIR1bits.RCIF;
}
```

関数ポインタは消え去り、元のコードと完全に同一になることがわかります。この方法を用いると、関数ポインタ経由になるのは単体テストのときのみで済みますし、アプリケーションをオブジェクト指向に書き直す必要もありません。しかしマクロを使用したコードは煩雑で慣れないとわかりにくいという欠点があります。なお、実際にこの仕組みを利用したテストコードについては、ここでは省略します。興味のある方は、chapter05/monster06 に含まれているコードを参照してください。

ライブラリ差し替え

組み込み機器では専用のハードウェアを前提としたコードが書かれます。単体テストはPC側で行うので、当然専用ハードウェアは存在しません。そこで専用ハードウェアへのアクセス部分をライブラリ内にまとめておき、PCで実行する場合にはこのライブラリを丸ごと「にせもの」に差し替えてしまえばテストが可能になります。

この方法は、上で見た例のように1つのコンパイル単位内の関数の一部をモックに差し替えたい場合には使用できませんが、ライブラリ全体を置き替えれば十分な場合であれば簡便な方法です。

マクロを利用した差し替え

ハードウェア呼び出しの入口をすべてマクロにしておけば、マクロ定義をテストのときだけ変更することで簡単に差し替えられます。例を見てみましょう。以下は上でリファクタリングしたUSART割り込み処理です。

```
void onUsartInterrupt(void) {
    if (isUsartOverrunOccurred()) {
        resetUsartPort();
    } else {
        int c = USART_RECEIVE_CHAR();
        PUT_CHAR_TO_RING_BUFFER(&ringBufferForReceive, (char) c);
    }
}
```

この中の以下の部分は、USARTから1文字を読み出しています。

```
        int c = USART_RECEIVE_CHAR();
```

この場合、ヘッダファイルを以下のようにして、

```
#ifdef UNIT_TEST
  int usartChar;
  #define READ_CHAR_FROM_USART() usartChar
#else
```

```
  #define READ_CHAR_FROM_USART() USART_RECEIVE_CHAR()
#endif
```

USARTからの読み込み処理を以下のように変更すれば、

```
        int c = READ_CHAR_FROM_USART();
```

コンパイル時にオプションとして-DUNIT_TESTを追加すると、READ_CHAR_FROM_USART()はusartCharを返すだけのマクロになるため、専用ハードウェアなしにテストが可能になります。

　この方法も1つのソースコード内の一部の関数のみをモックにしたい場合には不向きです。たとえばintを返すfoo()とbar()という2つの関数を個別にモックにしたいとしましょう。つまりテストケースによってfoo()だけをモックにしたい場合、bar()だけをモックにしたい場合があるとしましょう。すると、以下のように2つのマクロを用意する必要があります。

```
#ifdef UNIT_TEST_FOO
  int fooValue;
  #define FOO() fooValue
#else
  #define FOO() foo()
#endif

#ifdef UNIT_TEST_BAR
  int barValue;
  #define BAR() barValue
#else
  #define BAR() bar()
#endif
```

しかもfoo()をモックにしたい場合と、bar()をモックしたい場合に応じて、コンパイルオプションに-DUNIT_TEST_FOO、-DUNIT_TEST_BARを設定するか、あるいはこのマクロが格納されたインクルードファイルをインクルードする前に、#define UNIT_TEST_FOO、#define UNIT_TEST_BARを配置しなければいけないことになります。これはあまりに煩雑で現実的とはいえないでしょう。

　とはいえ、最下層のハードウェアにアクセスするような関数は、テスト時には常にモック化されると考えられるので、この手法で十分です。

　4つの方法を挙げましたが、以下のように使い分けるとよいでしょう。

① まとまったライブラリ全体をテスト用に入れ替えられればよい場合、あるいはその関数全体がハードウェアにアクセスする処理のみで構成されていてテストできない場合

　　○ライブラリ差し替え
　　○マクロを利用した差し替え

② まったく新規のアプリケーションの場合

　　○オブジェクト指向によるモックの実現

③既存のコードで1つのコンパイル単位内の特定の関数をテストするために、他の関数をモック化したい場合、あるいはパフォーマンスにシビアでオブジェクト指向によるモックが利用できない場合

○関数ポインタとマクロによるモックの実現

今回は既存コードの修正なので、①あるいは③の方法を利用してテストを作成していきます。

モンスターメソッドの解体

それでは interrupt.c のテストを作成しましょう。名前は interrupt_test.c です。まずは上でも出てきた isUsartOverrunOccurred() 関数から片付けましょう。

```c
unsigned int isUsartOverrunOccurred(void) {
    return RCSTAbits.OERR;
}
```

この RCSTAbits.OERR は実際の機器ではハードウェアレジスタですが、PC でテストする際には以下のように構造体を用意しておけば、そのままコンパイルできます。

```c
typedef union {
    struct {
        unsigned OERR                  :1;
        unsigned CREN                  :1;
    };
} RCSTAbits_t;

RCSTAbits_t RCSTAbits;
```

今回は hw.h、hw.c というファイルを用意して、この中で、上に示したような構造体定義を追加しています。これをスタブと呼びます。

モックとスタブの違い？

モックとスタブとは何が違うのでしょうか？ 最初に断っておきますが、この2つの違いにこだわる必要はまったくありませんし、そんなにはっきりと区別できるものでもありません。モックもスタブもテストのために本物とは別のものを用意するという点は同じであり、その点さえ理解できていれば十分です。本書でもこれら2つの言葉を明確には使い分けしていません。

スタブはテストしにくい対象をテストするために用意するにせもので、利用者側のコードから見た場合には本物と区別ができません。たとえば組み込み機器用のハードウェアの場合は、そもそもテストを実行するマシン（PC）には、そのハードウェアが搭載されていないかもしれません。このため、たとえば変数を使ってハードウェアレジスタを模倣します。これがスタブです。スタブを使ったテストでは、模倣した変数に予め値を入れておいてからテスト対象コードを実行します。テスト対象コードはハードウェアレジスタを読み込んでいるつもりで、スタブ内の変数を読み出します。あるいはハードウェアレジスタを操作したつもりでスタブ内の変数に値を書き込みます。テス

> ト完了後にスタブ内の変数に想定された値が書き込まれているかをチェックすることで、アプリケーションが正しくハードウェアを制御したのかがわかります。
>
> しかし、もしもアプリケーションが同一のハードウェアレジスタから2回データを読み出して処理をしていたらどうでしょう？ つまり isUsartOverrunOccurred 関数を複数回呼び出していたらどうでしょう？ 上のような方法では同じ値しか返すことができないので、テストのバリエーションは自ずと限られます。ここで発想を変えてスタブ内の「状態」に着目するのではなく、ハードウェアレジスタへの書き込みとか読み出しという「相互作用」に着目してはどうでしょう？ ハードウェアレジスタへのアクセスを writeXXXRegister()、readXXXRegister() という関数として提供しておきます。実機では、これらは単にハードウェアレジスタへのアクセスとして実装しますが、テストの際には writeXXXRegister() では、引数内容をたとえば配列を用意するなどして呼び出されるごとに別の場所に保存します。readXXXRegister() は配列に用意しておいた値を順番に返します。これらの関数を使ってテスト対象アプリケーションを実行することで、想定どおりにこれらの関数を正しい引数で呼び出したかどうかが検証できます。このように「相互作用」を検証する仕掛けのことをモックと呼びます。

次に、以下の USART を初期化する関数です。

```
void resetUsartPort(void) {
    RCSTAbits.CREN = 0;
    int c = USART_RECEIVE_CHAR();
    RCSTAbits.CREN = 1;
}
```

　この処理も関数全体がハードウェアアクセスで構成されており、十分に小さいのでこのまま全体をモック化してしまうという方法でも十分と考えられます。しかし、この各行は何を目的としているのか今ひとつわかりにくいという点も否めません。RCSTAbits.CREN = 0; とは何をしているのでしょうか？ なぜ c というローカル変数は書き込まれるだけで読まれないのでしょうか？

　今回は、こうした問題を改善するためにリファクタリングすることにしましょう。まず、「RCSTAbits.CREN = 0（あるいは 1）;」ですが、これは USART の受信バッファを無効化／有効化しています。こういう場合は関数に抽出して、そのメソッドに意味のある名前を付けます。

```
--- hw.h ---
#ifdef UNIT_TEST
extern bool usartReceiveBufferEnabled;
#endif
void enableUsartReceiveBuffer(bool enable);

--- hw.c ---
#ifdef UNIT_TEST
bool usartReceiveBufferEnabled;
#endif
void enableUsartReceiveBuffer(bool enable) {
#ifdef UNIT_TEST
    usartReceiveBufferEnabled = enable;
#else
```

```
        RCSTAbits.CREN = enable ? 1 : 0;
#endif
}
```

USART_RECEIVE_CHAR();の呼び出しは空読みによる受信バッファのクリアが目的なので、やはり関数抽出を行います。

```
--- hw.h ---
#ifdef UNIT_TEST
extern int clearUsartReceiveBufferCallCount;
#endif
void clearUsartReceiveBuffer(void);

--- hw.c ---
#ifdef UNIT_TEST
int clearUsartReceiveBufferCallCount;
#endif
void clearUsartReceiveBuffer(void) {
#ifdef UNIT_TEST
    ++clearUsartReceiveBufferCallCount;
#else
    int c = USART_RECEIVE_CHAR();
#endif
}
```

これらを使うと、resetUsartPort()は以下のようになります。

```
void resetUsartPort(void) {
    enableUsartReceiveBuffer(false);
    clearUsartReceiveBuffer();
    enableUsartReceiveBuffer(true);
}
```

メソッド名が処理の内容を表しているので、当初のコードよりもずっとわかりやすくなりました。

複数回呼び出される関数がある場合

それではresetUsartPort()の単体テストを作成してみましょう。テストは、

- enableUsartReceiveBuffer()が引数falseで呼び出され、
- clearUsartReceiveBuffer()が1回呼び出され、
- enableUsartReceiveBuffer()が引数trueで呼び出される

ことを検証すればよいでしょう。すでにclearUsartReceiveBuffer()のモックでは呼び出し回数を記録するようになっているので、これをそのまま利用できます。

```
#ifdef UNIT_TEST
int clearUsartReceiveBufferCallCount;
#endif
void clearUsartReceiveBuffer(void) {
#ifdef UNIT_TEST
    ++clearUsartReceiveBufferCallCount;
#else
    int c = USART_RECEIVE_CHAR();
#endif
}
```

一方、enableUsartReceiveBuffer() はどうでしょうか?

```
#ifdef UNIT_TEST
bool usartReceiveBufferEnabled;
#endif
void enableUsartReceiveBuffer(bool enable) {
#ifdef UNIT_TEST
    usartReceiveBufferEnabled = enable;
#else
    RCSTAbits.CREN = enable ? 1 : 0;
#endif
}
```

渡された引数を保存するようになっていますが、これだけでは今回のテストには不十分です。なぜなら最初は false で、2回目は true で呼び出されるので結局最後の true で上書きされてしまい、最初に false で呼び出されたかどうかが検証できないからです。これは上のコラムで解説したスタブの限界ですが、スタブでもこれを解決することは可能です。複数回呼び出されたときに引数の内容を保存しておけばよいのです。

```
#include <assert.h>
...

#ifdef UNIT_TEST
int usartReceiveBufferEnabledIdx;
bool usartReceiveBufferEnabled[8];
#endif
void enableUsartReceiveBuffer(bool enable) {
#ifdef UNIT_TEST
    assert(usartReceiveBufferEnabledIdx <
            sizeof(usartReceiveBufferEnabled) / sizeof(usartReceiveBufferEnabled[0]));
    usartReceiveBufferEnabled[usartReceiveBufferEnabledIdx++] = enable;
#else
    RCSTAbits.CREN = enable ? 1 : 0;
#endif
}
```

ここではサイズを 8 にしているので、1 回のテストの中で 8 回分まで引数の値を記録できます。このサイズは任意ですが、あまり多くの要素数が必要な場合、単体テストの粒度が大きすぎると考えられるので、テスト自体を見直したほうがよいでしょう。では、テストを作成します。

```
TEST(ResetUsartPort, normalCase) {
    usartReceiveBufferEnabledIdx = 0;  // ①
    clearUsartReceiveBufferCallCount = 0;   // ①

    resetUsartPort();   // ②

    EXPECT_EQ(1, clearUsartReceiveBufferCallCount);   // ③
    EXPECT_EQ(2, usartReceiveBufferEnabledIdx);    // ④
    EXPECT_EQ(false, usartReceiveBufferEnabled[0]);   // ⑤
    EXPECT_EQ(true, usartReceiveBufferEnabled[1]);    // ⑤
}
```

①モックのカウンタ類をテストに先立って初期化しておきます。
②テスト対象の関数を実行します。
③clearUsartReceiveBuffer() が一度呼び出されたことを確認します。
④enableUsartReceiveBuffer() は 2 回呼び出されているはずなので、usartReceiveBufferEnabledIdx は 2 になっていることを確認します。
⑤1 回目の引数が false で、2 回目の引数が true であることを確認します。

それではテストを実行しましょう。その前にコンパイルオプションに UNIT_TEST の定義を追加します。
プロジェクトを右クリックして、[Properties] を選び、[C/C++ General] から [Paths and Symbols] を選んで、タブから [Symbols] を選びます。
[Languages] に [GNU C] と [GNU C++] があるので、それぞれで [Add] ボタンを押して、「UNIT_TEST」というシンボルを追加します。

図 5-18　シンボル UNIT_TEST の追加

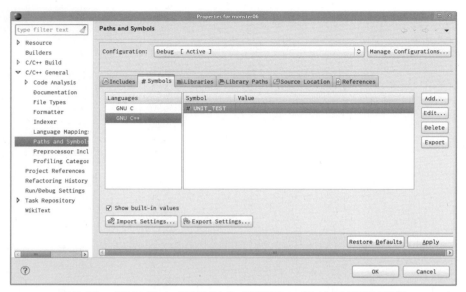

図5-19 [GNU C]と[GNU C++]の両者にシンボル UNIT_TEST を追加

　これで実行すればテストが成功することが確認できるでしょう(今回のコードは、chapter05/monster04 に格納されています)。

```
[==========] Running 1 test from 1 test case.
[----------] Global test environment set-up.
[----------] 1 test from ResetUsartPort
[ RUN      ] ResetUsartPort.normalCase
[       OK ] ResetUsartPort.normalCase (0 ms)
[----------] 1 test from ResetUsartPort (0 ms total)

[----------] Global test environment tear-down
[==========] 1 test from 1 test case ran. (0 ms total)
[  PASSED  ] 1 test.
```

　このようにスタブでも工夫すればモックと同じように複雑なケースをテストできます。実際、スタブとモックの違いはそれほど明確なものでもありませんので、あまりその違いにこだわらないでください。

どこまでテストするのか？

　もしかすると今回のテストコードを見て、不十分だと感じた人がいるかもしれません。今回のテストでは関数が呼び出された回数や、そのときの引数はチェックしていますが、たとえば `enableUsartReceiveBuffer(false)` の後に `clearUsartReceiveBuffer()` が呼び出されているかといった観点はテストされていませんし、まったく別の関数が間違って呼び出されていないかもテストされていません。
　単体テストをどこまで詳細に行うかは難しい問題です。しかしあまり「厳密性」にこだわらないほうがよいでしょう。テストを作成する作業にはコストがかかります。ただでさえ近年の言語にくらべて、C はテストを書きやすい言語と

はいえません。ここにコストをかけすぎるとメリットを相殺してしまいます。それだけではありません。テストをあまりに厳密に書いてしまうと、元のコードを修正したときにテストが壊れやすくなります。今回のresetUsartPort()の場合は中で呼ばれる関数の順序に重要な意味があり、これ以外の順序で呼び出すのは間違いですが、関数によっては順序自体はさほど問題ではない場合もあるでしょう。そういう場合に不必要に厳密なテストを書いてしまうと、後でリファクタリングを行った際に多数のテストが壊れてしまうことになりかねません。

単体テストを「品質保証」だと考えてしまうと、つい厳密なテストを書いてしまいがちです。そうではなくケアレスミスを発見するためのダブルチェックくらいに考えるほうがよいでしょう。たとえば、enableUsartReceiveBuffer()の引数をfalse → trueという順番で指定するところを、間違ってtrue → falseという順番で指定してしまったようなケースを拾えればよいのです。

おめでとうございます。これでresetUsartPort()関数がテストされた状態になりました。次はwrite1byteToLcd()にとりかかりましょう。

```
void write1byteToLcd(int c) {
    PORTBbits.RB2 = 0; // R/W = Write
    // 上位4ビット
    PORTA = c >> 4;
    PORTBbits.RB1 = 1; // CE = enable
    PORTBbits.RB1 = 1;
    PORTBbits.RB1 = 1; // wait 300ns
    PORTBbits.RB1 = 0; // CE = disable
    PORTBbits.RB1 = 0; // wait 200ns
    // 下位4ビット
    PORTA = c & 0xf;
    PORTBbits.RB1 = 1; // CE = enable
    PORTBbits.RB1 = 1;
    PORTBbits.RB1 = 1; // wait 300ns
    PORTBbits.RB1 = 0; // CE = disable
}
```

基本的なやり方は、まったく変わりません。このコードには多くのコメントが入っていますので、このコメントをどうすれば取り除けるかを考えれば、難しくはないはずです。1つ注意点があります。それはこのコードにはタイミングをとっている部分があるため、安易に関数抽出をするとタイミングを正確に保てないという点です。したがって、CEを制御する部分は、まとめて1つの関数に抽出するのがよいでしょう（chapter05/monster05）。

まずR/W信号の設定を関数に抽出しましょう。

```
--- hw.h ---
#define LCD_PORT_READ 0
#define LCD_PORT_WRITE 1

void setLcdPortRw(int rw);


--- hw.c ---
void setLcdPortRw(int rw) {
```

```
    PORTBbits.RB2 = rw;
}
```

特にむずかしいところはないでしょう。直接 `PORTBbits.RB2` を変更する代わりに関数に抽出しただけです。次に `PORTA` に値を設定する処理を抜き出します。

```
--- hw.h ---
#ifdef UNIT_TEST
extern int portAIdx;
extern int portAState[];
#endif

void setPortA(int data);


--- hw.c ---
#ifdef UNIT_TEST
int portAIdx;
int portAState[8];
#endif
void setPortA(int data) {
#ifdef UNIT_TEST
    assert(portAIdx <
            sizeof(portAState) / sizeof(portAState[0]));
    portAState[portAIdx++] = data;
#else
    PORTA = data;
#endif
}
```

ここも、これまでの延長なので特に難しいところはないでしょう。`PORTA` への書き込みは複数回あるために 8 回まで値を保持できるようになっています。最後に CE 信号を一定期間 `enable` にしてから、`disable` に戻す処理を抜き出します。

```
--- hw.h ---
#ifdef UNIT_TEST
extern int pulseLcdCeCallCount;
#endif

void pulseLcdCe(void);


--- hw.c ---
#ifdef UNIT_TEST
int pulseLcdCeCallCount;
#endif
void pulseLcdCe(void) {
#ifdef UNIT_TEST
    ++pulseLcdCeCallCount;
```

```
#else
    PORTBbits.RB1 = 1;  // CE = enable
    PORTBbits.RB1 = 1;
    PORTBbits.RB1 = 1;  // wait 300ns
    PORTBbits.RB1 = 0;  // CE = disable
    PORTBbits.RB1 = 0;  // wait 200ns
#endif
}
```

これで準備ができたので、write1byteToLcd() をリファクタリングします。

```
void write1byteToLcd(int c) {
    setLcdPortRw(LCD_PORT_WRITE);

    setPortA(c >> 4);    // 上位 4 ビット
    pulseLcdCe();

    setPortA(c & 0xf); // 下位 4 ビット
    pulseLcdCe();
}
```

関数名で処理内容がわかるため大部分のコメントは削除しています。テストを書きましょう。

```
--- interrupt_test.cc ---
TEST(Write1ByteToLcd, normalCase) {
    PORTBbits.RB2 = LCD_PORT_READ;  // ①
    portAIdx = 0;   // ①
    pulseLcdCeCallCount = 0;   // ①

    write1byteToLcd(0x5a);   // ②
    EXPECT_EQ(LCD_PORT_WRITE, PORTBbits.RB2);   // ③
    EXPECT_EQ(2, portAIdx);   // ④
    EXPECT_EQ(5, portAState[0]);   // ⑤
    EXPECT_EQ(0xA, portAState[1]);   // ⑤
    EXPECT_EQ(2, pulseLcdCeCallCount);   // ⑥
}

TEST(Write1ByteToLcd, normalCase2) {  // ⑦
    PORTBbits.RB2 = LCD_PORT_READ;
    portAIdx = 0;
    pulseLcdCeCallCount = 0;

    write1byteToLcd(0xa5);
    EXPECT_EQ(LCD_PORT_WRITE, PORTBbits.RB2);
    EXPECT_EQ(2, portAIdx);
    EXPECT_EQ(0xA, portAState[0]);
    EXPECT_EQ(5, portAState[1]);
```

```
        EXPECT_EQ(2, pulseLcdCeCallCount);
}
```

①スタブのデータを初期化します。
②write1byteToLcd() を引数 0x5a で呼び出します。このとき、最初に上位 4 ビットが設定され、その後に下位 4 ビットが設定されることを検証する必要があります。このため 0 とか、0x11 のような（上位 4 ビットと下位 4 ビットが同じ）値では不十分です。このためデータとして 0x5a（2 進数で 0101 1010）を使用しています。
③LCD の R/W 信号が WRITE になっていることを検証しています。
④LCD のポートに 2 回書き込みがあったことを検証しています。
⑤データが 4 ビットごとに分割されて、5 と 0xA が設定されたことを検証しています。
⑥CE 信号の制御が 2 回起きたことを検証しています。
⑦ビットシフト演算を使っていますので、念のためにテストデータに 0xA5 という最上位ビットに 1 が立っているケースもテストしています。

前回の関数に比べれば、今回の関数はそれなりに処理が含まれているのでテストをした実感が得られたのではないでしょうか？ 特にビットシフト演算が間違いなく書かれているかという点は、こうしてテストを書いて検証すれば、自信を持つことができると思います。
write1byteToLcd() 関数は、ずいぶんと短かくなりましたが、もう改良の余地はないでしょうか？

```
void write1byteToLcd(int c) {
    setLcdPortRw(LCD_PORT_WRITE);

    setPortA(c >> 4);   // 上位 4 ビット
    pulseLcdCe();

    setPortA(c & 0xf); // 下位 4 ビット
    pulseLcdCe();
}
```

①setPortA() と pulseLcdCe() のセットが 2 回呼ばれている。これを 1 つの関数にまとめてはどうか？
②「上位 4 ビット」「下位 4 ビット」のコメントの入っている部分は、コメントをなくせるように関数抽出をしてはどうか？

①は以下のような関数を作成してはどうかということです。

```
void ???(int c) {
    setPortA(c);
    pulseLcdCe();
}
```

しかし、この関数の名前は何にすればよいのでしょう？ この関数はいったい何をする関数なのでしょうか？ データを設定してから CE 信号にパルスを送るわけですが、これは書き込みモードであるときに始めて LCD

にデータを書き込むという意味を持つので、この2つの関数呼び出しのみを分離すると、どうにも意味が不明瞭になってしまいます。こういう場合は分離しないほうがよいでしょう。関数分割は重複を除くために行いますが、**機械的に行うのではなく、抽象的な意味を持つ単位で分割すべき**です。そうしないと分割によりコードがわかりにくくなってしまいます。

②の考えはよさそうですね。分割してみましょう。もうすでにwrite1byteToLcd()はテスト可能になっているので、安心してリファクタリングできます。これが「教科書どおりのリファクタリング」です。

```
int upper4bitOf(int c) {
    return c >> 4;
}

int lower4bitOf(int c) {
    return c & 0xf;
}

void write1byteToLcd(int c) {
    setLcdPortRw(LCD_PORT_WRITE);

    setPortA(upper4bitOf(c));
    pulseLcdCe();

    setPortA(lower4bitOf(c));
    pulseLcdCe();
}
```

もうコメントは不要なので削除しました。テストを再度実行して壊れていないことを検証しておきます。

5.5.3 リファクタリングを完了する

これまで見てきたように、モンスターメソッドのリファクタリングは、

- なるべくツールを用いて保守的にリファクタリングをする
- テスト可能とする
- より踏み込んだリファクタリングをする

という手順で進めていきます。今回の関数の最終形を**リスト5-12**に示します（chapter05/monster06）。

リスト5-12　リファクタリング最終形（chapter05/monster06/src/interrupt.c）

```
#include <stdbool.h>
#include "hw.h"

#include "interrupt.h"

void lowPriorityISRCode(void) {
```

```c
    if (isUsartInterruptOccurred()) {
        onUsartInterrupt();
    }
    else if (isTimer3Overflow()) {
        onTimer3Interrupt();
    }
}

unsigned int isUsartInterruptOccurred(void) {
    return PIR1bits.RCIF;
}

int isTimer3Overflow(void) {
    return PIR2bits.TMR3IF != 0;
}

void MOCKABLE(onUsartInterrupt)(void) {
    if (isUsartOverrunOccurred()) {
        resetUsartPort();
    }
    else {
        int c = USART_RECEIVE_CHAR();
        PUT_CHAR_TO_RING_BUFFER(&ringBufferForReceive, (char) c);
    }
}

void MOCKABLE(onTimer3Interrupt)(void) {
    int c;
    if ((c = getCharFromRingBuffer(&ringBufferForLcd)) == LCD_DATA_EOF) {
        disableTime3Interrupt();
    }
    else {
        processLcdData(c);
    }
}

void MOCKABLE(resetUsartPort)(void) {
    enableUsartReceiveBuffer(false);
    clearUsartReceiveBuffer();
    enableUsartReceiveBuffer(true);
}

void MOCKABLE(processLcdData)(int c) {
    if (c == LCD_ESCAPE_CHAR) {
        performLcdControl();
    } else {
```

```c
        performLcdData(c);
    }
}

void disableTime3Interrupt(void) {
    PIE2bits.TMR3IE = 0;
}

void set46msToTimer3(void) {
    // 65536 - 46micro sec / 0.666666
    TMR3H = (65467u >> 8);
    TMR3L = (65467u & 0xff);
}

void clearTimer3Overflow(void) {
    PIR2bits.TMR3IF = 0;
}

void setLcdMode(int mode) {
    PORTBbits.RB0 = mode;
}

void MOCKABLE(performLcdControl)(void) {
    int c = getCharFromRingBuffer(&ringBufferForLcd);
    setLcdMode(LCD_MODE_CONTROL);
    write1byteToLcd(c);
    clearTimer3Overflow();
    set46msToTimer3();
}

void MOCKABLE(performLcdData)(int c) {
    setLcdMode(LCD_MODE_DATA);
    write1byteToLcd(c);
    clearTimer3Overflow();
    set46msToTimer3();
}

void MOCKABLE(write1byteToLcd)(int c) {
    setLcdPortRw(LCD_PORT_WRITE);

    setPortA(upper4bitOf(c));
    pulseLcdCe();

    setPortA(lower4bitOf(c));
    pulseLcdCe();
}
```

```c
int upper4bitOf(int c) {
    return c >> 4;
}

int lower4bitOf(int c) {
    return c & 0xf;
}

#ifdef UNIT_TEST
void (*pResetUsartPort)(void) = MOCKABLE(resetUsartPort);
void resetUsartPort(void) {
    return pResetUsartPort();
}

void (*pWrite1byteToLcd)(int) = MOCKABLE(write1byteToLcd);
void write1byteToLcd(int c) {
    pWrite1byteToLcd(c);
}

void (*pPerformLcdControl)(void) = MOCKABLE(performLcdControl);
void performLcdControl(void) {
    pPerformLcdControl();
}

void (*pPerformLcdData)(int) = MOCKABLE(performLcdData);
void performLcdData(int c) {
    pPerformLcdData(c);
}

void (*pProcessLcdData)(int) = MOCKABLE(processLcdData);
void processLcdData(int c) {
    pProcessLcdData(c);
}

void (*pOnUsartInterrupt)(void) = MOCKABLE(onUsartInterrupt);
void onUsartInterrupt(void) {
    return pOnUsartInterrupt();
}

void (*pOnTimer3Interrupt)(void) = MOCKABLE(onTimer3Interrupt);
void onTimer3Interrupt(void) {
    return pOnTimer3Interrupt();
}
#endif
```

`#ifdef UNIT_TEST` が始まる行以降は単体テスト用のモックですから、その前までが本体のコードということになります。どの関数も長くても 10 行程度の長さになり、理解が容易になりました。コードの重複も解消されていますし、何よりもテストされた状態になっており、いつでも同じテストを繰り返すことができます。

反面、次のような感想を持ったかもしれません。

- 関数に分けすぎていてオーバーヘッドが問題にならないか？

  これはよいコンパイラを使える環境であれば、インライン化されるので問題になることは少ないでしょう。しかし、組み込み系で提供される製品独自のコンパイラの中には、あまり最適化してくれないものもあります。これは実行の際にオーバーヘッドになるだけでなく、呼び出し階層が深くなることでスタックも消費されるので、リソースの限られる組み込み系では問題となる可能性もあります。もちろん想像だけで判断するべきではありません。実際に関数呼び出しがオーバーヘッドになっているかどうかは、出力されるアセンブリコードやメモリマップ、パフォーマンスを見て判断すべきです。そのうえで、テストの妨げにならない範囲でマクロで実現することを検討するのがよいでしょう。たとえば `isUsartInterruptOccurred()` や、`isTimer3Overflow()` は今回のように関数に抽出せずに、マクロで実装してもスタブを用いてテスト可能です。

- 本当に全体がテストできたのだろうか？

  一通りテストを作成したつもりでも、実際にはテストで検証されていないパスが残っているかもしれません。次項ではこれを見つけるためにカバレッジツールの使用方法を解説します。

ところで、関数の並び順に気が付いたでしょうか？ `lowPriorityISRCode()` が一番上位の関数で、これがソースファイルの最初に置かれ、上位から下位の関数の順番に並べられています。Eclipse で関数抽出リファクタリングを行うと、呼び出される側の関数が上に配置されます（これはプロトタイプ宣言が不要だからでしょう）。しかしやはりトップダウンに配置してあるほうが読みやすいはずです（もちろんあなたのチームが、ボトムアップに書いてあるコードに慣れているのであれば、それもよいでしょう）。一通りテストを作成し終わったら、このような配置替えも行っておくとよいでしょう。テストがないと、こうしたロジックに関係しないコードの改修は、コードを壊すリスクに見合いませんが、テストができてしまえば、いつでもコードが壊れていないか検証できます。思い切ってコードの改善を行ってください。

5.5.4 カバレッジの取得

前節でも触れたとおり、テストが自分の思った箇所をテストしてくれているかどうかは、カバレッジで確認するのが確実です。幸い GCC にはカバレッジを取得する機能があり、しかも Eclipse もこれに対応しています。早速今回のコードでカバレッジを取得してみましょう。今回は monster06 プロジェクトを使用します。

プロジェクトを右クリックして ［Properties］を開き、［C/C++ Build］から［Settings］を開きます。［Tool Settings］タブで、［GCC C Compiler］から［Miscellaneous］を選び、［Other flags］の部分に、「-fprofile-arcs -ftest-coverage」を追加します（図 5-20）。

図 5-20　C コンパイラへのコンパイルオプションの追加

同様に［GCC C++ Linker］の［Miscellaneous］でも［Linker flags］の部分に「`-fprofile-arcs -ftest-coverage`」を追加します（**図 5-21**）。

図 5-21　リンカオプションの追加

設定が終わったら、［Prject］-［clean］を実行してビルドし直して、これまでどおりにテストを実行してください。

プロジェクトを右クリックして［Refresh］を選んで、［Debug］の［src］の下を見ると、gcno という拡張子のファイルができていることがわかります。`interrupt.gcno` をダブルクリックして開いてみてください（**図 5-22**）。

全体のカバレッジを見るか、`interrupt.c` のカバレッジのみを見るかを聞かれるので、上の［Show coverage details for "interrupt.c" only］を選んで［OK］ボタンをクリックします。

すると［gcov］というビューが現われますから、ここから `interrupt.c` をダブルクリックしてください。ソースの行ごとにテストされた部分は緑で、それ以外の部分は赤で表示されます（**図 5-23**）。

5.5 TDD 実践編

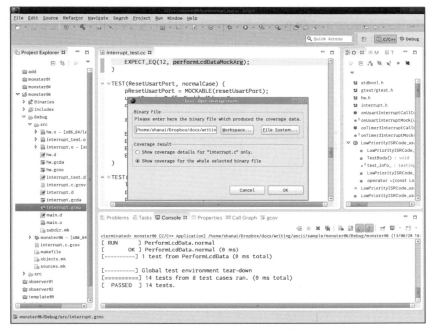

図5-22 表示するカバレッジの選択

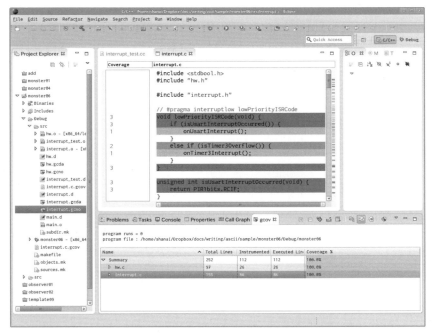

図5-23 カバレッジの表示

なお緑が濃いところは何度もテストで実行されている部分です。色が濃ければ入念にテストされていると考えることもできますが、逆に本体コードを修正した場合にあちこちのテストが壊れる可能性も高いということでもあります。このため色が濃ければ一概によいというものでもありません。今回はカバレッジが100%と示されていますので、すべての行がテストで実行されたことがわかります。

カバレッジ活用の注意

カバレッジは便利ですが、テストでカバレッジの数値が増えていくのを見ていると、ついつい100%を目指して力を入れてしまいがちになります。しかし、カバレッジ100%にあまりこだわらないようにしてください。コードの中にはテスト可能にすることが困難な箇所もあります（たとえばハードウェアアクセスを直接行う部分）。こういう部分がテストできないのは仕方がありません。

また、カバレッジが100%になったからといって、安心できるものでもありません。カバレッジは単にその場所が実行されたという事実を示しているに過ぎません。テストというものは実行したあとに、さまざまな値を検証することでロジックが想定どおりに動いたかどうかを確認しなければ意味がありませんが、こうした検証を行っていなくてもカバレッジだけを100%にすることは可能です。

あくまで自分の意図どおりにコードが実行されているかを確認する用途に利用するようにしてください。

5.6 まとめ

本章では、リファクタリングとその前提となるテスト駆動開発について解説しました。リファクタリングはソフトウェアの体質を改善する手法ですが、一般にはこうした変更の中でも外部インターフェイスを変更せずに、内部を改善する手法のことを指します。

リファクタリングは、自動実行できるテストがあることを前提としています。これによりコードを修正したあとでも機能が壊れていないことが検証できます。

自動テストを行うためのツールとして本書では、Google Test を紹介し、これを用いて簡単な C のプログラムをテスト駆動で開発する方法を解説しました。

リファクタリングは手のかかる作業です。本書ではリファクタリングに先立って何を考慮しなければならないのかについて解説しました。闇雲に思いついた箇所をリファクタリングするのではなく、優先順位を付けて最も効果の高いと思われる箇所からリファクタリングを始めるべきです。それにはたとえば以下のような観点でソースコードを評価します。

1. よく変更が入るファイル、ロジックはどれか
2. 複雑で、変更したときにバグを埋め込んでしまうことが多いファイルはどれか
3. ほとんど修正の入らないファイルはどれか
4. その製品（コード）の寿命はどのくらいか
5. その製品（コード）から今後得られるお金、かかるお金（製品の売上利益、保守作業費用など）はどのくらいか

1. や 2. のコードはリファクタリングの効果が高いので優先順位を上げて取り組むべきです。一方で 3. のようなファイルはリファクタリングの効果は限定的です。また 4. や 5. を元に、リファクタリングの投資が見合

うのかどうかを判断する必要があります。

　現実世界では既存のコードをリファクタリングしたくても、自動テストが存在しないことが少なくありません。そこで本書では、そうした場合にリファクタリングを始める方法として、モンスターメソッドを例にとり、そのリファクタリング手順を解説しました。テストがない状態でリファクタリングを行うには、以下のような手順で作業を行います。

1. なるべくリスクの少ない方法でテストなしのリファクタリングを行って、テスト可能な状態へと修正する
2. テストを作成する
3. 抜本的なリファクタリングを実施する

　組み込み機器用のプログラムのテストをPC上で実行するにあたっては、ハードウェア制御コードを分離する必要があります。そのための手法として、スタブ、モックの手法を解説しました。

1. ライブラリ差し替え
2. マクロによる差し替え
3. オブジェクト指向によるモックの実現
4. 関数ポインタとマクロを用いたモックの実現

　1. と **2.** はあるまとまったライブラリ単位で、ハードウェア処理をテスト用のスタブに入れ替える方法です。**3.** はオブジェクト指向を用いることで、特別な仕掛けなしにテストを可能とする方法です。**4.** は、すでに非オブジェクト指向で書かれたコード、あるいはパフォーマンス等の理由でオブジェクト指向で実装できない場合にモックを実現する方法です。

　これらを用いることで、組み込み機器用のハードウェアがなくても自動テストを行うことが可能となります。

　最後に、作成したテストがテスト対象を本当にテストしているかを見るためカバレッジを取得する方法を解説しました。

　なおコードをどのように「きれい」にするかについて迷った場合は、参考文献［1］、［2］が参考になるでしょう。項目によってはCにはあてはまらない部分もありますが、基本的な考え方はCでも大いに参考になるはずです。

参考文献

［**1**］「Clean Code アジャイルソフトウェア達人の技」（Robert C. Martin 著、花井志生 翻訳、アスキー・メディアワークス、2009）

［**2**］「リーダブルコード ―より良いコードを書くためのシンプルで実践的なテクニック（Theory in practice）」（Dustin Boswell 著、Trevor Foucher 著、須藤功平 解説、角征典 翻訳、オライリージャパン、2012）

第6章
継続的インテグレーションとデプロイ

6.1 概要

　開発終盤になり、いよいよ共通のファイル保管場所（以降レポジトリ）に入ったソースコードを全コンパイルしてみたところ、コンパイルが通らない、リンクが通らない。リンクまでできたけど動作しない。結局原因がわかるまで何日もかかってしまった。そんな経験はないでしょうか？　原因を突き止めてコードを書いた人のところに話を聞きにいくと、決まってみんなこういいます。「おかしいな、自分のところではビルドできてるし、ちゃんと動いているんだけど」

　各開発者の変更したソースコードを組み合わせたとき（インテグレーション時）、それが最初からうまく動くことは奇跡といえます。これは各開発者が持っているソースコードが完全に同期された状態になることが滅多にないためです。問題はソースコードだけではありません。レポジトリで管理されていないファイル、PCの設定、コンパイラやライブラリなどのわずかなバージョンの違いが原因でソフトウェアというものは、簡単に動かなくなります。

　ビルドが通っても今度は実機へのプログラミングで一苦労です。特に組み込み機器はリソースが限られているため、コードがROMに入りきらなかったり、動かしてみたら原因不明で動作せず、数日調査したらスタックが足りなくなっていたことがようやくわかった、あるいはパフォーマンスが足りないなど、さまざまな問題が発生します。通常、統合テストが始まった場合、最初の数日はテストケースをこなすことはおろか、実機上でアプリケーションを動かすことすらおぼつかないことが多いでしょう。

　本章では継続的インテグレーション、デプロイについて解説します。継続的インテグレーションは、前章で解説したテスト駆動開発やリファクタリング同様、エクストリーム・プログラミングの中で提唱されている手法です。前章まででテストはいつでも自動実行できるようになりましたが、それでも人間がEclipseからテストをいちいち手で実行しなければなりません。しかも実行するのは各自のPCの上ですから「統合されたアプリケーション」ではありません。そこでビルド専用に独立したビルドサーバを用意してレポジトリを監視し、コードが変更されたらその時点のレポジトリ上のファイルを用いてビルドを行い、自動テストを実行する。これが継続的インテグレーションの考え方です。タイミングはたとえば、常にレポジトリを監視して変更があったらただちに、あるいは時間を決めて（例：夜に1回）行いますが、なるべく頻繁に行うべきです。そうしないと次のビルドまでの間に多量の変更が入ってしまうため、何が原因でビルドが失敗したのかわからなくなってしまいます。

6.2 継続的インテグレーションの前提

継続的インテグレーション（Continuous Integration、以降 CI）を行うためには、いくつか前提となるツールが必要です。これらは必須というものではありませんが、ないと著しく効率が落ちるので、用意しておいたほうがよいでしょう。

6.2.1 ソフトウェア構成管理（Software Configuration Management）

ソースコードの共有レポジトリを今でも単にファイル共有を用いて実現しているのであれば、今すぐにソフトウェア構成管理ツール（SCM）を導入してください。ファイル共有には次のような問題があります。

- 複数の人が同一のファイルを同時に更新した場合、何が起きるかわからない
- 変更内容を記録できない。いつ誰がソースのどの部分をどのように修正したのか記録が残らない
- 履歴が保持されないので、前の状態に戻そうと思ってもできない
- 本章で解説する CI ツールと連携できない
- ソースの版管理をしたい（たとえばリリースしたときの内容をあとで参照できるように取っておきたい）場合、コピーして個別に持つしかなく、ディスク容量が浪費される

また CVS 以前のツールを用いている場合も、より新しいツールになるべく早く乗りかえることをお勧めします。CVS ではたとえば A さんが自分の PC で変更した 10 個のソースコードをサーバに反映している途中で、5 個のソースコードのみが変更された途中経過状態のサーバのファイル群を B さんが自分の PC に持ってきてしまうような事故が起こり得ます。こうした問題は Subversion 以降の SCM を使っていれば起きません。

現在では、さすがに SCM をまったく使用していないケースは稀であろうことから、本書では SCM についての解説は省略します。必要に応じて他の文献を参照してください。

6.2.2 ビルドツール

C の開発では昔から `make` が用いられてきました。`make` では各ソースファイルの依存関係を人間が設定しなければならないうえ（実際は、依存関係を生成するツールがありますが）、`Makefile` の文法は宣言的に書かなければならないので、あまりとっつきやすいものとはいえません。暗黙的なルールが多くあり、タブを使うかスペースを使うかといったことに神経を使わなければなりません。また実際のファイル操作はシェルを呼び出さないといけないので、どうしても特定のプラットフォームに依存してしまいます。このため今となっては、それほど便利なものとはいえなくなっています。それでも、多くのプログラマが慣れているとか、`automake` などのような周辺ツールにより欠点はある程度は補えるという理由で、今でも最もよく使われているビルドツールでしょう。また Eclipse は `Makefile` を自動生成してくれるので、これを用いれば、ある程度は `Makefile` の変更をまかせることが可能です。

実際の現場でのビルドにおいては、たとえば単体テスト用にコンパイルオプションを変更してコンパイルしたり、カバレッジを取得するために追加で処理を行ったりと、とかくビルドにおいては、きめ細かな処理が、それもあとから追加で必要になることが多いといえます。

本章ではSConsというツールについて簡単に紹介します。SConsはPythonという言語で書かれたビルドツールで、makeを使うよりもはるかに簡単にビルドルールを記述することができます。もちろんSConsを使用しなければいけないわけではないので、適宜ご自分がお使いのビルドツールに読み替えてください。

6.2.3 バグトラッキングシステム（BTS）

現在BTS（バグトラッキングシステム）を使用していなければ、導入を検討してください。プログラムに何らかの変更が必要な場合、そこには理由があります。それはバグの修正かもしれませんし、機能の追加かもしれませんし、あるいはリファクタリングかもしれません。いずれにせよ、あるソースコードの修正が、どういう理由で行われたのかをあとから追跡できる必要があります。BTSを用いると、これが可能となります。代表的なBTSとしては、Redmine（http://redmine.jp/）や、trac（http://trac.edgewall.org/）があります。BTSはCI実現のために必ずなければならないというものではありませんが、実際に運用する上では、これがないとSCMにコミットする際に入力するコメント（コミットログ）のみが、あとから変更を追跡する際の、ほぼ唯一の手書かりとなるため、かなり不自由することになります。本書では紙面の都合上、BTSについては解説を省略します。詳細については適宜、他の解説書を参照してください。

6.3 CIサーバの導入

まずビルドに使用するサーバを用意してください。基本的に誰かのPCを「間借り」してサーバを用意するのは避けてください。もしもどうしても物理マシンの数が足りないという場合は、今回解説するように仮想マシンを導入して環境を完全に分離してください。そうしないと間借りしているPCの環境をひきずってしまい、ビルドが不安定になります。たとえば間借りPCの元々のユーザが環境変数を変更したり、アプリケーションを追加したりすると、それが原因でビルドが失敗するかもしれません。

今回はCIサーバとして、Jenkinsを使用します。Jenkinsはhttp://jenkins-ci.org/で公開されているオープンソースソフトウェア（以降OSS）で、代表的なCIサーバです。Jenkinsは自分でファイルをダウンロードして使用することもできますが、今回は、Xubuntuを使用しているので、Debian用のJenkinsが利用できます。ただしUbuntuのソフトウェアレポジトリには入っていないので、最初にレポジトリへ追加する必要があります。まずターミナルで以下を実行してキーをレポジトリに登録します。

```
$ wget -q -O - http://pkg.jenkins-ci.org/debian/jenkins-ci.org.key | sudo apt-key add -
OK
```

次に/etc/apt/sources.listを編集します。エディタは何でもよいですが、もしもviエディタに慣れていないようでしたら、nanoというエディタを使うのがよいでしょう。以下でファイルを開きます。

```
$ sudo nano /etc/apt/sources.list
```

最後の行に移動して（カーソルキーで移動できます）、以下を追加します。

```
deb http://pkg.jenkins-ci.org/debian binary/
```

Ctrl + X を押すとファイルを保存するか聞かれるので、Y を押します。ファイル名を確認して Enter を押し

てください。

あとは以下の2つのコマンドを実行することでJenkinsがインストールされます。

```
$ sudo apt-get update
$ sudo apt-get install jenkins
```

この後ブラウザで`http://localhost:8080/`を開いてJenkinsの画面が表示されることを確認してください[1]（図 6-1）。

図 6-1　Jenkins 動作の確認

これでJenkinsの導入は完了です。

6.3.1 Jenkinsのプラグインを追加する

今回はSCMとしてGitを用いますが、JenkinsはデフォルトではGitを扱えないので、プラグインを追加する必要があります。またカバレッジレポートをJenkinsで見ることができるようにするためにも、プラグインが必要です。

左上の［Jenkinsの管理］をクリックし、次に［プラグインの管理］をクリックします（図 6-2）。

---

[1] 日本語のメッセージが表示されないときには、ブラウザの言語設定を確認してください。

6.3 CIサーバの導入

図6-2　プラグインの管理

［利用可能］タブをクリックし、［Git Plugin］と［Cobertura Plugin］にチェックを入れます（**図6-3**）。

図6-3　プラグインの選択

［再起動せずにインストール］をクリックすると、プラグインがインストールされます（**図6-4**）。このとき［インストール完了後、ジョブがなければJenkinsを再起動する］をチェックしておきます。

図 6-4　プラグインのインストール

　以上でプラグインのインストールは完了で、自動的に Jenkins が再起動されます。なおプラグインのインストールの途中で画面の更新が止まってしまうことがあります。5分ほど待っても変わらないようであれば、トップページに戻って再びプラグインの管理画面に移動し、［インストール済み］タブでインストールされていることを確認してください。

6.4 CI入門編

　本書では組み込み系の開発を CI サーバを用いて自動化することを最終目標としますが、組み込み系の開発は、どうしてもそれ固有のビルドが必要で内容が難しくなるため、最初は前章で作成した足し算アプリケーションを使って CI のやり方について解説します。

6.4.1　今回CIで自動化すること

今回 CI で自動化することは**図 6-5** のとおりです。

1. 本体のコードを、gcc でコンパイルする
2. テストコードを、g++でコンパイルする
3. リンクを行って a.out を生成する
4. a.out を実行するとテストが実行され、テストレポートとカバレッジデータが出力される
5. カバレッジデータはバイナリなので、gcovr というツールを使ってカバレッジデータからカバレッジレポートを生成する

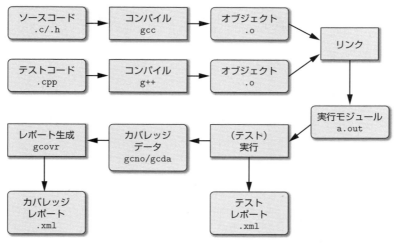

図6-5 ビルドの内容

それでは、これをSConsを使って自動化してみましょう。SConsは、ターミナルから以下のようにしてインストールできます。

```
$ sudo apt-get install scons
```

6.4.2 初めてのSConsビルドスクリプト

makeがMakefileをデフォルトで読み込むように、SConsはSConstructというファイルをデフォルトで読み込みます。**リスト6-1**が足し算プログラムをビルドするためのスクリプトです。なお、これから解説する手順を自分でも試してみたい場合は、chapter06/ci00を使うとよいでしょう。

リスト6-1 足し算プログラムをビルドするためのSConsスクリプトファイル（chapter06/ci00/SConstruct）

```
import os  # ①

VariantDir('build', 'src')  # ②
GTEST_HOME = '/home/shanai/oss/gtest-1.6.0'  # ③
GTEST_INCLUDE = os.path.join(GTEST_HOME, 'include')  # ③

testEnv = Environment(  # ④
    ENV = os.environ,
    CCFLAGS='-ggdb -Wall -I %s' % (GTEST_INCLUDE),
    CFLAGS='-fprofile-arcs -ftest-coverage',
    LINKFLAGS='-fprofile-arcs -ftest-coverage',
    LIBPATH=GTEST_HOME,
    LIBS=['pthread', 'libgtest']
)
```

```
sources = ['build/add.c']           # ⑤
testSources = ['build/add_test.cc'] # ⑤

testProg = testEnv.Program('a.out', sources + testSources)  # ⑥
testReport = testEnv.Command('test_report.xml', testProg,
                             "./a.out --gtest_output=xml:${TARGET}")  # ⑦
coverageReport = testEnv.Command('coverage.xml', testReport,
                             "gcovr -x -r build -o ${TARGET}")  # ⑧

Default(coverageReport)
```

SConstruct ファイルは、それ自体が Python のプログラムなので柔軟にビルド処理を記述可能で、この点が Makefile とは大きく異なります。もちろん Python の文法をある程度理解する必要がありますが、このリストの内容なら一部を除けば、なんとなく内容を理解できるのではないでしょうか。それでは順番に中身を見ていきましょう。

①os モジュールを import しています。モジュールとは Python のプログラムの集りで、os モジュールはファイル操作などの OS に依存する機能を提供します。このモジュールが提供する機能のみを使ってファイル操作を行うようにすれば、Python の利用可能なプラットフォーム上であれば、同じ SConstruct ファイルを用いてビルドを行うことが可能になります。

②今回はソースとソースから生成されるファイル（.o ファイルや、.gcno ファイルなど）を別のディレクトリに分けておきたいため、VariantDir という関数を呼び出します。引数として生成されるファイルの置き場所と、ソースの置き場所を指定します。今回は生成ファイルの置き場所を build ディレクトリ、ソースの置き場所を src ディレクトリとしています。この指定がある場合、SCons はビルドの際に src ディレクトリから build ディレクトリにソースをコピーしてからビルドを実行します[*2]。

③定数の指定です。ここでは Google Test の導入ディレクトリ（GTEST_HOME）と、Google Test の include ディレクトリ（GTEST_INCLUDE）を指定しています。os.path.join を使うと、第 1 引数に指定したディレクトリの下にある第 2 引数のファイル、ディレクトリを指定することができます。

④ビルドの設定、たとえばコンパイル、リンクオプションをどうするかといった指定をまとめたものを SCons では「環境」と呼びます。ここでは単体テスト用のモジュールを作成するための環境を testEnv という名前で作成しています。

SCons はデフォルトでは環境変数を引き継ぎません。このため、たとえば SCons の中から呼び出したいコマンドが環境変数 PATH で指定されたディレクトリにあったとしても、PATH を引き継がないので SCons からはコマンドを見つけられない可能性があります。このため ENV = os.environ と指定して環境変数を取り込むように指定しています。CCFLAGS はコンパイルオプションの指定です。ここに書かれた見なれない記述は Python で C の printf に相当する機能を実行する方法です。Python では C で printf(format_string, a0, a1, ...) と書く代わりに、format_string % (a0, a1, ...) と記述します（これらの全体が式と解釈され、書式化された文字列が返ります）。CCFLAGS は、C/C++コンパイラ共通で使用されますが、CFLAGS は C コンパイラでのみ使用されます。テストコードにカバレッジは不要なので、カバレッジ用のオプショ

---

2 これはソースを自動生成しているような場合や、一部の古いコンパイラ（ソースファイルと同じ場所に .o ファイルを出力するもの）に対処するための動作ですが、設定でやめることも可能です。

ンは CFLAGS に指定しています。今回は使用していませんが、C++コンパイラにのみ指定したいオプションは CXXFLAGS に指定します。

LINKFLAGS、LIBPATH、LIBS の指定はリンカのオプションです。LIBS の指定のように [] で囲むと配列として解釈されます。

⑤ソースファイルを本体ソースファイルと単体テスト用ソースファイルとに区分しています。今回はテストプログラムを作るだけなので、このような区分は不要ですが、実際には単体テストを実行するための実行モジュールの他に、実際の組み込み機器用の実行モジュールも生成しなければなりません。後者にはテストコードを含めないようにする必要があるため、このように分けておく必要があります。今回は、本体のソースファイルが add.c、単体テスト用ソースファイルが add_test.cc と、それぞれ 1 つしかファイルがありませんが、通常は複数のソースファイルがあるので [] で囲んで配列としています。VariantDir を使って元々のソースファイルと生成ファイルを分けているので、コンパイラへの入力となるソースの場所も build ディレクトリの下を指定していることに注意してください（②で解説したとおり、ビルドの際にソースコードは src から build の下にコピーされます）。

⑥testEnv の Program() を呼び出して実行モジュールを作成しています。Program() は実行モジュールを作成するための関数です（SCons ではビルダと呼ばれます）。第 1 引数が作成するモジュールのファイル名、第 2 引数が対象となるソースファイルで、⑤で示したソースファイルを指定しています。このように配列を+で連結すると、両方の配列の要素を含む配列を生成できます。なお、結果を testProg という変数に受け取っていることに注意してください。これは生成された a.out ファイルを表現するオブジェクト (SCons.Node.FS.File) です。

⑦testEnv の Command() を呼び出しています。Command() は任意の処理を実行するためのビルダです。第 1 引数が生成するファイル、第 2 引数が入力です。第 2 引数が testProg になっていることから、⑥で生成したファイルを入力としていることがわかります。第 3 引数が実際に実行するコマンドです。引数の--test_output=xml は Google Test を使用して作成したテストプログラムを実行するときに指定できる引数の 1 つで、テストレポートを XML で出力するように指定しています。${TARGET}の部分は変数の参照で、""で囲まれた文字列の中に、このように${SOURCE}、${TARGET}を置くことで、そのときの入力、出力を文字列の内部に埋め込むことが可能です。TARGET は、この Command() の第 1 引数、つまりは test_report.xml を指します。ですから--gtest_output=xml:test_report.xml とそのまま書いても構いませんが、"test_report.xml"のような特定のファイル名の記載はできる限り減らすようにしておくと、後からこの名前を変更したくなったときに、SConstrut ファイルの変更を最小限に留めることができます。

⑧⑦と同様に testEnv の Command() を呼び出しています。第 1 引数の coverage.xml は生成するカバレッジ結果です。第 2 引数に testReport を指定しています。これは⑧の処理で生成される、test_report.xml を使用することを意味しますが、実際に使用するのは gcda/gcno ファイルなので、本当は、この記載は不正確です。しかし a.out を実行することで、gcda/gcno ファイルも一緒に生成されるので、ここでは手を抜いています。gcovr はカバレッジレポートを出力するためのユーティリティで、次節でインストール方法を解説します。gcovr の引数は以下の意味を持ちます。

-x：結果を xml で生成する。

-r build：build ディレクトリの中からカバレッジのデータを取得する。

-o ${TARGET}：カバレッジレポートを${TARGET}つまり、'coverage.xml' という名前で出力する。

6.4.3 gcovrのインストール

gcno/gcda ファイルからカバレッジを出力するツールとして、標準では gcov というツールが用意されています。コマンドラインで実行する場合は、これでも十分なのですが今回は Jenkins を使ってビルドするので、Jenkins 上でカバレッジを簡単に確認できることが望ましいといえます。gcovr を使うと、Jenkins で簡単に確認できる Cobertura 形式のファイル（Cobertura は Java 用のカバレッジ取得ツールです）を出力できます。gcovr も SCons 同様、Python で書かれており、https://software.sandia.gov/trac/fast/wiki/gcovrで配布されています。ページの下のほうにある［Source］というセクションにある［download］リンクを右クリックして、［別名を付けて保存］を選んでダウンロードし、以下のコマンドを実行して実行権限を付与した上でホームディレクトリの bin の下に移動してください。

```
$ chmod +x gcovr
$ mv gcovr ~/bin/
```

以上でインストール完了です。

6.4.4 ビルド実行

ここまでセットアップできたら、scons コマンドを実行してみてください。以下のようにビルドが行われてテスト、カバレッジレポートが作成されるはずです。

```
$ scons
scons: Reading SConscript files ...
scons: done reading SConscript files.
scons: Building targets ...
gcc -o build/add.o -c -ggdb -Wall -I /home/shanai/oss/gtest-1.6.0/include -fprofile-arcs -f
test-coverage build/add.c
g++ -o build/add_test.o -c -ggdb -Wall -I /home/shanai/oss/gtest-1.6.0/include -fprofile-ar
cs -ftest-coverage build/add_test.cc
g++ -o a.out -fprofile-arcs -ftest-coverage build/add.o build/add_test.o -L/home/shanai/oss
/gtest-1.6.0 -lpthread -lgtest
./a.out --gtest_output=xml:test_report.xml
[==========] Running 1 test from 1 test case.
[----------] Global test environment set-up.
[----------] 1 test from AddTest
[ RUN      ] AddTest.onePlusTwoGivesThree
[       OK ] AddTest.onePlusTwoGivesThree (0 ms)
[----------] 1 test from AddTest (0 ms total)

[----------] Global test environment tear-down
[==========] 1 test from 1 test case ran. (1 ms total)
[  PASSED  ] 1 test.
gcovr -x -r build -o coverage.xml
scons: done building targets.
```

それでは、ここでもう一度 scons を実行してみてください。

```
$ scons
scons: Reading SConscript files ...
scons: done reading SConscript files.
scons: Building targets ...
scons: `coverage.xml' is up to date.
scons: done building targets.
```

依存性のチェックが行われて、何も実行されなかったことがわかります。試しに、add.h を更新してみましょう（touch はファイルのタイムスタンプを更新するコマンドです）。

```
$ touch src/add.h
```

もう一度 scons を実行すると、

```
$ scons
scons: Reading SConscript files ...
scons: done reading SConscript files.
scons: Building targets ...
scons: `coverage.xml' is up to date.
scons: done building targets.
```

おや、コンパイルされませんね。実は scons は make とは異なりファイルが更新されたかどうかをタイムスタンプではなくファイルの中身を見て判断しています。ファイルの中身が変更されたかは、MD5 ハッシュと呼ばれる方法で検証しています。これは、乱暴にいえば、たとえばファイルの内容をバイトとして読み取ってチェックサムを計算するようなものです。MD5 ハッシュの値はコマンドでも以下のようにして確認できます。

```
$ md5sum src/add.h
9b31c4e4b3b202f38fb2e39806ad24cb  src/add.h
```

それでは src/add.h をエディタで開いて何か修正をしてみてください（たとえばファイルの最後に空行を入れる）。再度 scons を実行すると、

```
$ scons
scons: Reading SConscript files ...
scons: done reading SConscript files.
scons: Building targets ...
gcc -o build/add.o -c -ggdb -Wall -I /home/shanai/oss/gtest-1.6.0/include -fprofile-arcs -f
test-coverage build/add.c
g++ -o build/add_test.o -c -ggdb -Wall -I /home/shanai/oss/gtest-1.6.0/include -fprofile-ar
cs -ftest-coverage build/add_test.cc
g++ -o a.out -fprofile-arcs -ftest-coverage build/add.o build/add_test.o -L/home/shanai/oss
/gtest-1.6.0 -lpthread -lgtest
./a.out --gtest_output=xml:test_report.xml
[==========] Running 1 test from 1 test case.
[----------] Global test environment set-up.
```

```
[----------] 1 test from AddTest
[ RUN      ] AddTest.onePlusTwoGivesThree
[       OK ] AddTest.onePlusTwoGivesThree (0 ms)
[----------] 1 test from AddTest (0 ms total)

[----------] Global test environment tear-down
[==========] 1 test from 1 test case ran. (3 ms total)
[  PASSED  ] 1 test.
gcovr -x -r build -o coverage.xml
scons: done building targets.
```

今度はコンパイルし直されましたね。add.c も add_test.cc も add.h をインクルードしているので、どちらもコンパイルし直されていることがわかります。SCons はソースファイル内を調べて依存関係を調べてくれるので、人間が依存関係を指定する必要はありません。

6.4.5 SCMに登録する

今回は、SCM として Git を使用します。本書の「2.5.3 その他のツールのインストール」でインストールしてあるはずですが、まだの場合は以下のコマンドを実行して Git をインストールしてください。

```
$ sudo apt-get install git
```

Gitでの管理方法

これまで Git を使用したことがない方のために、CVS/Subversion と Git の管理方法の違いについて簡単に図示しておきます（**図6-6**）。

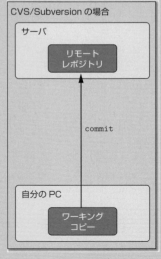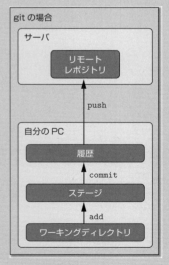

図6-6　CVS/Subversion と Git の管理方法の違い

> CVS/Subversion では自分の PC で変更したものをレポジトリに反映するときには commit を行います。これに対し、Git の場合は自分の PC 側の領域が 3 つに分かれています。自分の PC 側でファイルを変更し、それをレポジトリに反映する場合、まず add を行ってステージという領域に反映します。次にステージに入った変更を commit によって履歴に反映します。最後に push を行うことでようやくレポジトリに反映できます。commit と push が分かれているのは分散 SCM の特徴です。これによりネットワークがつながっていない状態でも、commit を行うことが可能です。ステージという領域があるのは Git の特徴です。これによりローカルで 2 つのファイルを変更しているときに、その 1 つだけを反映するということが可能になります。

次に Git のレポジトリを作成します。通常は別のサーバにレポジトリを作成しますが、今回はホームディレクトリに git/add.git を作成しました。

```
$ cd
$ mkdir -p git/add.git
$ cd git/add.git
$ git init --bare --shared=true
```

これで空のレポジトリができたので、自分のファイルをレポジトリに反映しましょう。まずは、add のプログラムがあるディレクトリにいき、以下を実行します。

```
$ git init
$ git remote add origin ~/git/add.git
```

これにより自分の add のプログラムがあるディレクトリを Git の管理下に置き、利用するリモートレポジトリを追加します。リモートレポジトリには origin という名前を付けています。次にローカルにあるファイルを追加するため以下を実行します。

```
$ git add SConstruct src
```

これでファイルが追加されたので（src とディレクトリを指定するだけで、その中のファイルがすべて登録されることに注意してください）、commit しましょう。

```
$ git commit -m "initial import"
```

-m xxx はコミットログの指定で、このコミットでどういう変更を行ったかを記載します。最後にレポジトリに反映します。

```
$ git push origin master
```

origin はリモートレポジトリの名前です。上で git remote add を実行するときに指定した名前です。本書では Git のコマンドの詳細については割愛しますので、適宜、他の書籍を参考にしてください。

6.4.6 Jenkinsのジョブを作成する

それではJenkinsのジョブを作成して、Jenkinsでビルドを行えるようにしましょう。まず左上の［新規ジョブ作成］をクリックします。［フリースタイル・プロジェクトのビルド］を選び、ジョブ名に「add」と入力して、［OK］ボタンを押します（**図 6-7**）。

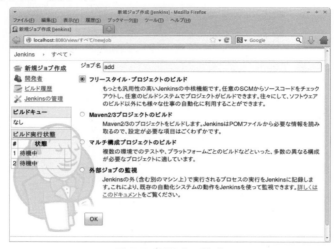

図 6-7　新規ジョブ作成

［ソースコード管理］で［Git］を選び、［Repository URL］に file:///home/shanai/git/add.git と指定します。なおここで shanai の部分は、自分のユーザ名に置き換えてください（**図 6-8**）。

図 6-8　Git の設定

［Repository URL］の下のほうにある［リポジトリ・ブラウザ］のすぐ上の［高度な設定］ボタンを押します。［Config user.name Value］と［Config user.email Value］にユーザ名と email アドレスを入力します。これは Jenkins から Git を操作するときにユーザの情報として使用されます。ここでは「jenkins」と「jenkins@ruimo.com」という名前としました（図 6-9）。

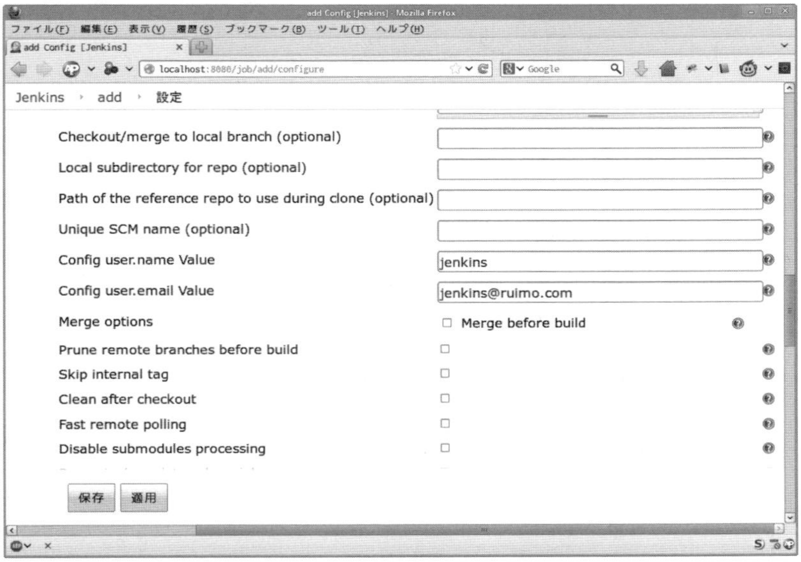

図 6-9　Git のその他の設定

［ビルド・トリガ］で［SCM をポーリング］にチェックを入れて、「*」をスペースで区切って 5 つ書きます（これは 1 分に 1 回レポジトリに更新がないかをチェックする設定です。図 6-10）。

図 6-10　［ビルド・トリガ］の設定

［ビルド手順の追加］から［シェルの実行］を選びます（**図6-11**）。

図6-11　［シェルの実行］を選択

［シェルスクリプト］に「scons」と入力します（**図6-12**）。

図6-12　scons を実行するように設定

［保存］ボタンを押して終了します。それではここで左側のペーンから［ビルド実行］をクリックしてみましょう。おそらくビルドが失敗して［ビルド履歴］の領域に赤い丸が表示されたことかと思います（**図6-13**）。

6.4 CI 入門編

図 6-13　［ビルド履歴］にビルドが失敗したことが表示される

このリンクをクリックして失敗したビルドを表示し（**図 6-14**）、次に［コンソール出力］というリンクをクリックしてください。

図 6-14　［コンソール出力］をクリックする

217

［コンソール出力］には、シェルで実行したときと同じような出力が表示されます（図 6-15）。

図 6-15 ［コンソール出力］の確認

一見うまくいっているように見えますが、下のほうに gcovr が見つからなかったというエラーが表示されていることがわかります。

```
gcovr -x -r build -o coverage.xml
sh: 1: gcovr: not found
scons: *** [coverage.xml] Error 127
```

apt-get を使って Jenkins を導入した場合、Jenkins は jenkins というユーザで実行されます。このためビルドで使用するコマンドは jenkins ユーザから見える必要があります。今回は、/usr/local/bin の下に gcovr を移動しましょう。

```
$ sudo mv ~/bin/gcovr /usr/local/bin/
```

そうしたら、もう一度［ビルド実行］をクリックしてください。今度は成功して青い丸が表示されたと思います（図 6-16）。

次にテスト結果とカバレッジが表示されるようにしましょう。［設定］をクリックして一番下までスクロールし、［ビルド後の処理の追加］をクリックして［JUnit テスト結果の集計］を選択します（図 6-17）。

図6-16　ビルドの確認

図6-17　ビルド後の処理の追加

［テスト結果XML］に test_report.xml と入力します（図**6-18**）。

図6-18　テスト結果表示の追加

　同様にして、［Coberturaカバレッジ・レポートの集計］を追加し、［Cobertura XMLレポートパターン］に coverage.xml と入力します（図6-19）。

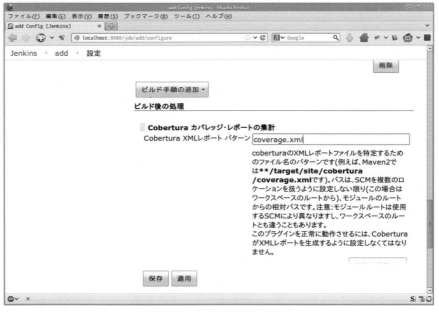

図6-19　カバレッジ表示の追加

［保存］ボタンを押して保存したら、再び［ビルド実行］をクリックしてください。おそらく失敗すると思います。先ほどと同じように［コンソール出力］を確認してみてください。以下のようなエラーが記録されています。

```
Test reports were found but none of them are new. Did tests run?
For example, /var/lib/jenkins/jobs/add/workspace/test_report.xml is 21 分 old
```

SCons は必要最低限のビルドしか行わないため、このようにテストレポートが古いといわれてしまうことがあります。仕方ないので clean しましょう。make の clean に相当するのは scons -c です。Jenkins の add プロジェクトの設定を選び、clean をしてからビルドを行うように［シェルスクリプト］で「scons」という行の前に「scons -c」を挿入しましょう（**図 6-20**）。

図 6-20　clean の追加

ただし、今回は依存関係の指定を省略しているので（gcno/gcda がどのように生成されるかを記述していない）、これだけだと gcno/gcda ファイルが削除されません。そこで、build ディレクトリごと削除するようにしましょう。これには SConstruct に以下のように Clean() メソッド呼び出しを追加します。Clean() メソッドには -c オプションを指定されたときに追加で削除したいファイル、ディレクトリを指定することができます。

```
testEnv.Clean(testProg, 'build')
Default(coverageReport)
```

Clean() メソッドの第 1 引数は、削除対象と関連したターゲットです。今回の場合は a.out を生成するときに build ディレクトリが作成されるので、testProg を指定しています。第 2 引数は削除対象です。

SConstruct の変更を反映するには、以下のように git を操作する必要があります。まず、念のためにどのファイルが変更されたかを git status で確認してみましょう。

```
$ git status
# On branch master
# Changes not staged for commit:
#   (use "git add <file>..." to update what will be committed)
#   (use "git checkout -- <file>..." to discard changes in working directory)
#
#       modified:   SConstruct
```

「modified」とあるのは、このファイルが変更されたことを意味しています。このファイルをまず add でステージに追加します。

```
$ git add SConstruct
```

git が何も表示しないので、初めてだと不安になるかもしれませんが、もう一度 git status を実行してみましょう。

```
$ git status
# On branch master
# Changes to be committed:
#   (use "git reset HEAD <file>..." to unstage)
#
#       modified:   SConstruct
```

よく見ると、出力の2行目が「Changes not staged for commit:」から、「Changes to be committed:」に変わっています。それでは commit しましょう。

```
$ git commit -m "Clean build directory."
[master 8629222] Clean build directory.
 1 file changed, 1 insertion(+)
```

最後に push を行ってリモートレポジトリに反映します。

```
$ git push
Counting objects: 5, done.
Compressing objects: 100% (3/3), done.
Writing objects: 100% (3/3), 346 bytes, done.
Total 3 (delta 1), reused 0 (delta 0)
Unpacking objects: 100% (3/3), done.
To /home/shanai/git/add.git
   08a5849..8629222  master -> master
```

Jenkins でビルドを行い、[コンソール出力] を確認してください。以下のように build ディレクトリが削除されていることがわかります。

```
+ scons -c
scons: Reading SConscript files ...
scons: done reading SConscript files.
scons: Cleaning targets ...
```

```
Removed build/add.o
Removed build/add_test.o
Removed a.out
Removed build/add.c
Removed build/add.gcda
Removed build/add.gcno
Removed build/add.h
Removed build/add_test.cc
Removed directory build
```

今度はビルドが成功するはずです（図 6-21）。

図 6-21　ビルド結果

　ブラウザ上の Jenkins の画面には、カバレッジレポートや、テスト結果が表示されていることがわかります。クリックして中を見てみてください。テスト結果を見ると実行されたテストが一覧されていることがわかります（図 6-22）。

図6-22　テスト結果

カバレッジのほうは、調べていくとソース内の実行された箇所まで確認できることがわかります（**図6-23**）。

図6-23　ソースレベルでのカバレッジの確認

試しにわざとテストが失敗するような変更をしてみましょう。add.c に以下のような変更を行います。

```
int add(int i1, int i2) {
    return i1 + i2 + 1;
}
```

　gitを使って変更をリモートレポジトリに反映する方法は、上で見たSConstructの場合と同一ですので省略します。

　このプロジェクトでは1分ごとにレポジトリを監視していますので、しばらく待っていると、**図6-24**のようにJenkinsのビルドが失敗するはずです（もちろん自分でビルドボタンを押しても構いません）。

図6-24　ビルドの失敗

　ビルドの一覧がJenkinsのaddプロジェクトのページに左側にあります。その中から今回失敗したビルドをクリックしてください。［Changes］のところには、`git commit`のときに-mオプションで指定したコミットログが表示されています。［details］をクリックすると、誰がどのファイルを変更したのかがわかります（**図6-25**）。

第6章 継続的インテグレーションとデプロイ

図 6-25　レポジトリ変更の追跡

［Commit］のところに書かれている 16 進数はハッシュ値で、これを使うとコミットを指定できます。たとえば以下のように使用すると、このコミットで何が変更されたかを確認できます。

```
$ git diff 1350d79f826feafe3a9d8d1364f5d34177ab355b~1 1350d79f826feafe3a9d8d1364f5d34177ab355b
diff --git a/src/add.c b/src/add.c
index d60463e..b0526fc 100644
--- a/src/add.c
+++ b/src/add.c
@@ -8,6 +8,6 @@
 #include "add.h"
 
 int add(int i1, int i2) {
-    return i1 + i2;
+    return i1 + i2 + 1;
 }
```

ハッシュ値に~1 を付加すると、そのコミットの 1 つ前のコミットを指定できます。

次に［テスト結果］をクリックして、次の画面で［失敗したすべてのテスト］からテストをクリックすると、エラーになった場所が表示されていて、3 を期待したのに値は 4 だったことがわかります（図 6-26）。

確認できたらソースを元に戻してレポジトリに反映してください。図 6-27 は、何度かビルドを行った場合の画面で、カバレッジやテスト結果がビルドごとに、どのように変化してきたかがわかります。

図 6-26　テスト失敗の表示

図 6-27　テスト、カバレッジ結果の変遷

　このように CI サーバを使用すると、ビルドを自動化できるだけでなく、失敗したときの原因を調査したり、テスト結果やカバレッジを視覚化することができます。chapter06/ci00 に変更を追加したプログラムは chapter06/ci01 に格納してあります。

6.5 メモリ破壊のバグと戦う

Cにはメモリ保護機構がないため、プログラムミスによって無関係のメモリ領域を破壊するバグを埋め込んでしまうことがあります。このようなバグは非常にデバッグが難しいので、可能な限り実機で動作させる前につぶしておく必要があります。C/C++用のこうしたツールにはいくつかありますが、本書では、その中からValgrindを取り上げます。Valgrindはhttp://valgrind.org/で提供されているGPL2ライセンスのオープンソースソフトウェアで、さまざまな機能が提供されていますが、今回はその中からメモリをチェックする機能を利用します。

6.5.1 インストール

インストールは、apt-getで行えます。以下のコマンドを入力してください。

```
$ sudo apt-get install valgrind
```

6.5.2 Valgrindの実行

valgrindは次のようにチェック対象のプログラムを指定して実行します。

```
$ valgrind --leak-check=yes 自分のプログラム 自分のプログラムへの引数
```

当然ですが、組み込み機器用のプログラムをValgrindで実行することはできないので、単体テスト用にビルドしたプログラムをValgrindでチェックすることで単体テスト中に不正なメモリアクセスが起きていないかを確認することになります。Valgrindはデフォルトでメモリアクセスに関するエラーを発見しますが、--leak-check=yesを指定するとメモリリークも発見します。組み込み機器用のCライブラリは、動的なメモリ管理関数（malloc/free）を提供していないこともあるので、その場合は、このオプションは指定不要です。

自分のプログラムをコンパイルする際は、デバッグオプション（-g）を付加することと、Valgrindによる誤検出を減らし、Valgrindのレポートが混乱することを防ぐために、-O0オプションを付けて最適化を抑止します。これにより一般にはコードサイズ、実行速度が犠牲になりますが、今回は単体テストでのみValgrindを利用するので、こうした設定を付加しても特に大きな問題はないでしょう。

それでは実際にValgrindで検出できるメモリを破壊するバグを見てみましょう。また同時にValgrindでは検出できないケースについても見ていきます。

6.5.3 Valgrindで検出されるエラー

ここではchapter06/valgrind01に格納されているサンプルを使って話を進めていきます。これまでどおり、valgrind01の下でsconsを実行することでビルドが行われ、拡張子が「.ut」のファイルが4つ生成されます。これらを「valgrind --leak-check=yes ./uninitialized01.ut」などと指定して実行することで、Valgrindを用いてメモリアクセスに関するエラーを発見できます。なお、この中に含まれているSConstructのファイル内容については、「6.5.5 ValgrindをJenkinsで使用する」で解説します。

未初期化変数

リスト 6-2 は、初期化されていない変数を用いて条件分岐しているコードです。

リスト 6-2 未初期化変数（chapter06/valgrind01/src/uninitialized01.c）

```
static void print(int i) {
    if (i == 0)
        printf("zero\n");
}

void uninitialized() {
    int i;
    print(i);
}
```

uninitialized 関数における auto 変数 i は初期化されていないため、たまたま 0 になっていることもあれば、なっていないこともあります。このため print 関数で zero が表示されるかどうかは不定です。これを Valgrind で実行すると、以下のようなエラーが出力されます。

```
==29872== Memcheck, a memory error detector
==29872== Copyright (C) 2002-2011, and GNU GPL'd, by Julian Seward et al.
==29872== Using Valgrind-3.7.0 and LibVEX; rerun with -h for copyright info
==29872== Command: ./uninitialized01
==29872==
==29872== Conditional jump or move depends on uninitialised value(s)
==29872==    at 0x40410D: print (uninitialized01.c:6)
==29872==    by 0x404162: uninitialized (uninitialized01.c:12)
==29872==    by 0x404198: UninitializedTest01_uninitialized01_Test::TestBody() (uninitialized01_test.cc:5)
==29872==    by 0x421561: void testing::internal::HandleSehExceptionsInMethodIfSupported<testing::Test, void>(testing::Test*, void (testing::Test::*)(), char const*) (in /home/shanai/Dropbox/docs/writing/ascii/sample/valgrind01/uninitialized01)
...
```

「Conditional jump or move depends on uninitialised value(s)」と表示されており、未初期化変数の値によって分岐を行っていることがわかります。その下にはスタックトレースが表示されています。ソースの行数がわかるため、問題部分を見つけることはそれほど難しくないでしょう[3]。

領域外読み出し

リスト 6-3 は、確保した領域の外にアクセスするプログラムです。

---

3 なお行左端の数字はプロセス id です。

第 6 章　継続的インテグレーションとデプロイ

リスト 6-3　領域外読み出し

```
--- src/valgrind01/src/illegal_access01_test.cc ---
TEST(IllegalReadTest01, illegalRead01) {
    int *p = (int *)malloc(10);
    illegalRead(p);
    free(p);
}

--- src/valgrind01/src/illegal_access01.c ---
int illegalRead(int *p) {
    return p[10];
}
```

これに対し、Valgrind は以下のようなエラーを出力します。

```
==32673== Memcheck, a memory error detector
==32673== Copyright (C) 2002-2011, and GNU GPL'd, by Julian Seward et al.
==32673== Using Valgrind-3.7.0 and LibVEX; rerun with -h for copyright info
==32673== Command: ./illegalRead01
==32673==
==32673== Invalid read of size 4
==32673==    at 0x4040FC: illegalRead (illegal_read01.c:2)
==32673==    by 0x404149: IllegalReadTest01_illegalRead01_Test::TestBody() (illegal_read01_
test.cc:8)
==32673==    by 0x42151D: void testing::internal::HandleSehExceptionsInMethodIfSupported<te
sting::Test, void>(testing::Test*, void (testing::Test::*)(), char const*) (in /home/shanai
/Dropbox/docs/writing/ascii/sample/valgrind01/illegalRead01)
...
```

はみ出したサイズ（int なので 4 バイト）と、スタックトレースが表示されていることがわかります。同様に **リスト 6-4** は領域外への書き込みを行うプログラムです。

リスト 6-4　領域外書き込み

```
--- src/valgrind01/src/illegal_access01_test.cc ---
TEST(IllegalWriteTest01, illegalWrite01) {
    int *p = (int *)malloc(10);
    illegalWrite(p);
    free(p);
}

--- src/valgrind01/src/illegal_access01.c ---
void illegalWrite(int *p) {
    p[10] = 0;
}
```

6.5 メモリ破壊のバグと戦う

これに対し、Valgrind は以下のようなエラーを出力します。

```
==4389== Invalid write of size 4
==4389==    at 0x404139: illegalWrite (illegal_access01.c:6)
==4389==    by 0x4041E9: IllegalWriteTest01_illegalWrite01_Test::TestBody() (illegal_access01_test.cc:25)
==4389==    by 0x421AC9: void testing::internal::HandleSehExceptionsInMethodIfSupported<testing::Test, void>(testing::Test*, void (testing::Test::*)(), char const*) (in /home/shanai/Dropbox/docs/writing/ascii/sample/valgrind01/illegalAccess01)
...
```

一方でリスト 6-5 は、ほとんど同じですがスタック上、およびグローバル空間に領域を用意した場合です。

リスト 6-5 領域外読み出し（スタック、グローバル空間）

```
--- src/valgrind01/src/illegal_access01_test.cc ---
TEST(IllegalReadTest01, illegalRead02) {
    int buf[10];
    illegalRead(buf);
}

int globalBuf[10];

TEST(IllegalReadTest01, illegalRead03) {
    illegalRead(globalBuf);
}
```

しかし、これに対しては Valgrind はエラーを表示しません。現在のところ Valgrind はスタック、グローバル空間に取得したメモリに対する領域外読み出し、書き込みについてはエラーを検出できません[4]。

メモリリーク

リスト 6-6 は、malloc したメモリを free で解放するのを忘れているコードです。

リスト 6-6 メモリリーク

```
--- src/valgrind01/src/memory_leak01_test.cc ---
TEST(MemoryLeakTest01, memoryLeak01) {
    memoryLeak();
}

--- src/valgrind01/src/memory_leak01.c ---
static int *range(int from, int to);

void memoryLeak() {
```

---

[4] SGCheck というディテクタが現在開発中なので、将来は、こうした検出も可能になるかもしれません（http://valgrind.org/docs/manual/sg-manual.html）。

```
    int *p = range(3, 5);
}

static int *range(int from, int to) {
    int *p = (int *)malloc(sizeof(int) * (to - from));
    for (int i = from; i < to; ++i) {
        p[i - from] = i;
    }
    return p;
}
```

これに対し Valgrind は以下のエラーを表示します。

```
==18513== 8 bytes in 1 blocks are definitely lost in loss record 1 of 1
==18513==    at 0x4C2B3F8: malloc (in /usr/lib/valgrind/vgpreload_memcheck-amd64-linux.so)
==18513==    by 0x404154: range (memory_leak01.c:10)
==18513==    by 0x404114: memoryLeak (memory_leak01.c:6)
==18513==    by 0x4041DC: MemoryLeakTest01_memoryLeak01_Test::TestBody() (memory_leak01_te
st.cc:5)
==18513==    by 0x4215A5: void testing::internal::HandleSehExceptionsInMethodIfSupported<t
esting::Test, void>(testing::Test*, void (testing::Test::*)(), char const*) (in /home/shan
ai/Dropbox/docs/writing/ascii/sample/valgrind01/memoryLeak01)
```

8バイト分のブロックが消失したことが報告されています。

メモリ操作関数の間違った呼び出し

memcpy、strcpy、strncpy、strcat、strncat といった関数は、メモリの内容を移動する関数ですが転送元と転送先の領域が重なっている場合には、正しく動作する保証がありません。したがって、以下のようなプログラムは動作する保証がありません。

リスト 6-7 メモリ操作関数でのメモリ領域の重なり

```
--- src/valgrind01/src/strcpy01_test.cc ---
TEST(StrCpy01, strcpy01) {
    char p[] = "Hello";
    char *pResult = dropTop(p);
    EXPECT_EQ(0, strcmp(pResult, "ello"));
}


--- src/valgrind01/src/strcpy01.c ---
char *dropTop(char *p) {
    assert(*p != 0);
    return strcpy(p, p + 1);
}
```

このようなプログラムに対し、Valgrind は以下のようなエラーを表示します。

```
==22957== Source and destination overlap in strcpy(0x7fefffda0, 0x7fefffda1)
==22957==    at 0x4C2BDC5: strcpy (in /usr/lib/valgrind/vgpreload_memcheck-amd64-linux.so)
==22957==    by 0x404194: dropTop (strcpy01.c:8)
==22957==    by 0x4041F0: StrCpy01_strcpy01_Test::TestBody() (strcpy01_test.cc:8)
==22957==    by 0x421A39: void testing::internal::HandleSehExceptionsInMethodIfSupported<testing::Test, void>(testing::Test*, void (testing::Test::*)(), char const*) (in /home/shanai/Dropbox/docs/writing/ascii/sample/valgrind01/strcpy01)
```

転送元と転送先が重なっていること、そのときのアドレスの値が表示されていることがわかります。

6.5.4 Valgrindで検出されるメモリエラーの特徴と対策

　Valgrind を使用することで不正なメモリアクセスとメモリリークを検出できます。しかし、すでに見たとおり不正なメモリアクセスの検出は、malloc で確保したヒープ領域に対してしか有効ではありません。ローエンドの組み込み機器で用意されている C のライブラリは、malloc/free を用意していない場合が多く、この場合にはそのままでは Valgrind によるメモリエラー発見機能は使えません。

　しかし、工夫次第でまだ使い道は残されています。上の illegalRead 関数のように作業域を外部から与えるようにしておけば、この関数は malloc で確保したメモリ領域にも、スタックやグローバル変数領域にも同じように使用できます。

```c
int illegalRead(int *p) {
    return p[10];
}
```

したがって、

- 単体テストの際には malloc で確保した領域を用いてテストを行い、Valgrind によってメモリエラーを検出する
- 実機で使用するときには、スタック、グローバル変数領域を用いる

といった方法を用いることでテスト対象ロジックのメモリエラーを検出することが可能となります。また、以下のような構造体がある場合に、

```c
struct Data {
    int a[10];
    int b;
};
```

a[10] に間違ってアクセスした場合も、Data 構造体内へのアクセスになるため検出できません。このため可能な限り構造体内に直接配列を置くのを控えて、配列は別に用意して構造体からは配列へのポインタを持つようにしておくとよいでしょう。

6.5.5 ValgrindをJenkinsで使用する

Valgrindの実行もJenkinsで行えるようにしておきましょう。これにより、いつでもブラウザでValgrindのレポートを確認できます。JenkinsにはValgrind Pluginという名前のValgrind用プラグインがあります。プラグインの追加方法は同じなので、「6.3.1 Jenkinsのプラグインを追加する」で解説した方法で「Valgrind Plugin」を追加してください。プラグインを追加すると図6-28のように［Valgrind Results］という項目が表示されるようになります。

図6-28　JenkinsのジョブにValgrindの結果が表示される

Valgrindプラグインには大きく分けて2つの機能があります。1つ目はValgrindを実行する機能、もう1つはレポートを作成する機能です。addプログラムのほうにはValgrindで発見できるバグが存在しないので、ここまでに見てきたバグを集めたプログラムを作成して動きを確認することにしましょう（chapter06/valgrind01）。

リスト6-8　Valgrindで発見されるバグを集めたプログラムをビルドするSConstructファイル

```
import os

VariantDir('build', 'src')
GTEST_HOME = '/home/shanai/oss/gtest-1.6.0'
GTEST_INCLUDE = os.path.join(GTEST_HOME, 'include')

testEnv = Environment(
    ENV = os.environ,
    CCFLAGS='-O0 -ggdb -Wall -I %s' % (GTEST_INCLUDE),
    CFLAGS='-fprofile-arcs -ftest-coverage -std=c99',
    LINKFLAGS='-fprofile-arcs -ftest-coverage',
    LIBPATH=GTEST_HOME,
```

```
        LIBS=['pthread', 'libgtest']
)

uninitialized01Prog = testEnv.Program(
    'uninitialized01.ut',
    ['build/uninitialized01.c', 'build/uninitialized01_test.cc']
)

illegalAccess01Prog = testEnv.Program(
    'illegalAccess01.ut',
    ['build/illegal_access01.c', 'build/illegal_access01_test.cc']
)

memoryLeak01Prog = testEnv.Program(
    'memoryLeak01.ut',
    ['build/memory_leak01.c', 'build/memory_leak01_test.cc']
)

strcpy01Prog = testEnv.Program(
    'strcpy01.ut',
    ['build/strcpy01.c', 'build/strcpy01_test.cc']
)

artifacts = [
    uninitialized01Prog,
    illegalAccess01Prog,
    memoryLeak01Prog,
    strcpy01Prog
]

testEnv.Clean(artifacts, 'build')
Default(artifacts)
```

リスト **6-8** は、ここまでに見てきた Valgrind で発見できるバグを集めたプログラムをビルドするための SConstruct ファイルです。今回は Valgrind プラグインの動きを確認するため、バグの種類ごとに別のプログラムとしてビルドするようになっています。add プログラムで見た SConstruct ファイルと基本は変わりませんが、Clean() や Default() に複数のターゲットを指定するために、配列で指定している点に注意してください。

Jenkins へのジョブ登録は add プログラムのときと同じなので解説を省略します。add と同じように設定を行ったら、Valgrind の設定を追加しましょう。［ビルド手順の追加］から［Run Valgrind］を選びます。そして図 **6-29** の設定を行います。

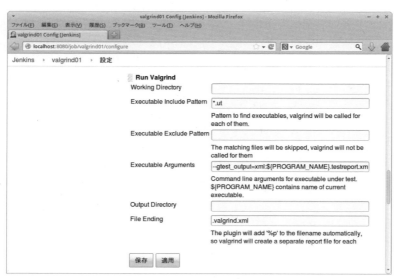

図 6-29　Valgrind 実行の設定

ここでは以下のような設定を行っています。

- ［**Executable Include Pattern**］に `*.ut` を指定する

  ここは Valgrind で実行するファイルのパターンを指定します。今回は SConstruct の中で単体テストの実行モジュールに `.ut` という拡張子を付けているので、`*.ut` を指定します。

- ［**Executable Arguments**］に `--gtest_output=xml:${PROGRAM_NAME}.testreport.xml` を指定する

  ここは実行するときに与える引数を指定します。今回は単体テストを実行したときのテストレポートを出力したいので、このように指定します。なお `PROGRAM_NAME` という変数は、実行モジュールの名前に置換されます。

- ［**File Ending**］に `.valgrind.xml` を指定する

  Valgrind のレポートファイルの最後に、「`.valgrind.xml`」を付加するようにします。これは、このあとの作業で Valgrind のレポートを Jenkins に表示するときにファイルを選びやすくするためです。

これで Valgrind のレポートが XML で生成されるようになります。次にこれを Jenkins で表示できるようにしましょう。［ビルド後の処理の追加］から［Publish Valgrind results］を選び、**図 6-30** のように設定します。

6.5 メモリ破壊のバグと戦う

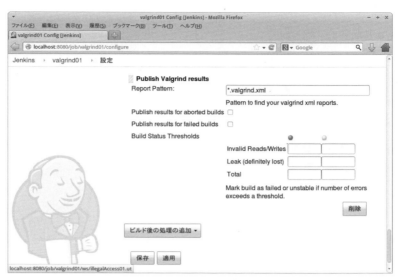

図 6-30　Valgrind 結果表示の設定

ここでの設定は以下のとおりです。

- ［**Report Pattern**］に `*.valgrind.xml` を指定する

　ここには処理する Valgrind レポートのパターンを指定します。先ほどの［ビルド手順の追加］で Valgrind 実行時にファイル名の末尾に `.valgrind.xml` を付加するようにしたので、これですべての Valgrind レポートを処理できます。

　ここまでできたら保存をしてからビルドを実行してください。ビルドが終わると［Valgrind Result］というリンクが表示されるようになり、そこをクリックすると見つかったバグが表示されます（**図 6-31**）。

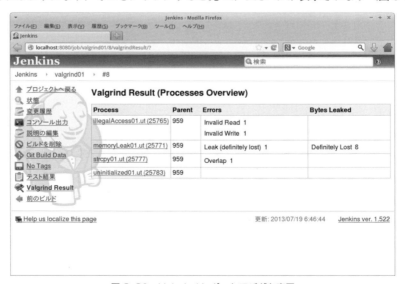

図 6-31　Valgrind レポートでバグを表示

237

表示されているリンクをクリックしていくとスタックトレースに従ってソースの場所までわかりやすく表示が行われます（図 6-32）。

図 6-32　スタックトレースの表示

またプロジェクトのトップページには、Valgrind で発見されたバグの数がグラフとして表示されます（図 6-33）。

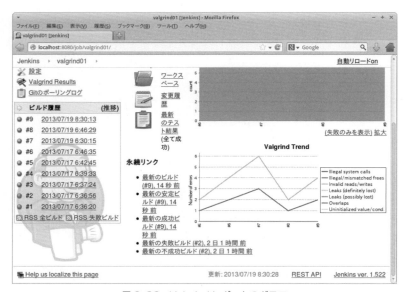

図 6-33　Valgrind レポートのグラフ

このように Jenkins の Valgrind プラグインを使用すると Valgrind の実行、結果のレポート化が簡単に行えます。ところで、この状態でもう一度ビルドを行ってみてください。おそらくレポートの数が増えてしまうと思います。これは、Valgrind プラグインが Valgrind のレポートを保存するときに、「実行ファイル名.プロセス ID」をファイル名に含めるためです。図 **6-34** を見ると、数字部分（プロセス ID）が異なる複数の `valgrind.xml` が存在することがわかります。

図 6-34　Valgrind のレポートはプロセスごとに生成される

これを防ぐには、SCons の `Clean()` を使用して、`valgrind.xml` ファイルを消すとよいでしょう（build ディレクトリを削除するようにしたのと同じ方法です）。

ただし、今回は方針を変更し、Valgrind プラグインを用いた Valgrind 実行は行わないことにします。これは、ビルドの設定はなるべく `SConstruct` などの「管理された」ファイル内に集中したほうがよいからです。確かに Jenkins のプロジェクト設定に記載するやり方は簡便です。しかし、ここに書かれた内容は SCM（Git）で管理されるわけではありません。誰かが間違えて内容を壊してしまっても、元に戻せません。過去、どのような変更を誰が行ったのかを追跡する手段もありません。これはあまりよくないことです。また Jenkins でしか実行できない場合、SCM に `commit/push` しないと Valgrind の結果が確認できません。本来は `commit/push` する前に、担当者レベルで確認できるようになっているべきでしょう。

それでは改めて以下の方針でビルドのやり方を変更してみましょう。

- Valgrind の実行は `SConstruct` の中で行う
- Valgrind プラグインの動作を解説するために単体テストプログラムを複数に分けていたが、実際上はその必要はないので 1 つにする
- Valgrind プラグインのレポート機能は、そのまま使用する

以上の変更を行ったコードは `chapter06/valgrind02` に格納しています。新しい `SConstruct` の内容は**リスト 6-9** のとおりです。

リスト 6-9　Valgrind の実行を SConstruct 側に移動（chapter06/valgrind02）

```
import os

VariantDir('build', 'src')
GTEST_HOME = '/home/shanai/oss/gtest-1.6.0'
GTEST_INCLUDE = os.path.join(GTEST_HOME, 'include')

testEnv = Environment(
    ENV = os.environ,
    CCFLAGS='-O0 -ggdb -Wall -I %s' % (GTEST_INCLUDE),
    CFLAGS='-fprofile-arcs -ftest-coverage -std=c99',
    LINKFLAGS='-fprofile-arcs -ftest-coverage',
    LIBPATH=GTEST_HOME,
    LIBS=['pthread', 'libgtest']
)

utProg = testEnv.Program(
    'ut',
    [Glob('build/*.c'), Glob('build/*.cc')]
)

valgrindReport = testEnv.Command(
    'valgrindReport.xml', utProg,
    "valgrind --xml=yes --xml-file=${TARGET} ./${SOURCE} --gtest_output=xml:testreport.xml"
)

coverageReport = testEnv.Command(
    'coverage.xml', valgrindReport, "gcovr -x -r build -o ${TARGET}")

testEnv.Clean(utProg, 'build')
Default(coverageReport)
```

　単体テストプログラムが 1 つになったので、`Glob` を使ってコンパイル対象を指定しています（`Glob` を使うとワイルドカードを使って複数のファイルを指定できます）。また単体テストプログラムの作成、実行も対象が 1 つになったため単純になりました。Jenkins 側の設定は、Valgrind レポートのパターンとして、`valgrindReport.xml` を指定するだけです（図 6-35）。

　これで、Jenkins 側の Valgrind の設定は必要最低限で済むようになりました。なお Jenkins には SCons のプラグインもあるため、これを使うと、`scons` の実行自体も Jenkins の設定で指定することが可能です。とはいえ今回は、`scons -c` と `scons` を実行するだけで、とりたてて必要性を感じなかったため、使用しませんでした。興味のある人は使ってみてください。

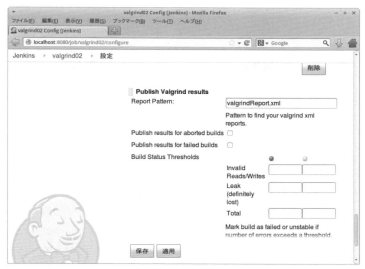

図 6-35　Valgrind プラグインの設定

6.6 CI実践編

　前節でビルドを CI サーバで行う方法については、だいたい理解できたと思いますので、本節ではいよいよ実際の組み込み系のアプリケーションを CI サーバでビルドしてみることにします。とはいえ残念ながら組み込み系の開発環境は千差万別で、ある組み込みコントローラ用の開発環境の事例は、特に詳細部分については、あまり他のコントローラの参考にはならないでしょう。このため本章ではアプリケーションの中身や、使用する Microchip 専用ツールについての詳細については解説を省略します。これらについて興味のある方は、Microchip に関する書籍がいくつか出版されているので、それらを参考にしてください。

　今回使用するのは Microchip 社の PIC18F14K50 というチップ用のアプリケーションで、USB を使って機器の電源を on/off できるものです。今回のアプリケーションが対象としている実際の回路についてご興味のある方は、筆者のブログで簡単に紹介しているので参考にしてください (http://www.ruimo.com/2012/05/20/1337501760000.html)。

6.6.1 Microchipのツール

　すでに述べたとおり、Microchip の専用ツールについては詳細を省略し、必要最低限の内容について本節で解説します。

C コンパイラ/リンカ

　PIC18F14K50 は 8 ビットのコントローラです。Microchip 社が提供する自社の 8 ビットコントローラ用の C コンパイラの最新版は、XC8 という名前の C コンパイラですが、残念ながら Microchip 社が提供している USB 用のフレームワークは、執筆時点では一部しか XC8 に対応していません。このため今回のプログラムは、その前の製品である MPLAB C というコンパイラを使用しています。

シミュレータデバッガ

組み込み系のコントローラによっては、コントローラの動作を PC 上で再現できるシミュレータを提供しているものがあります。これにより実機がなくても PC 上で動作を確認することができます。

アプリケーションライブラリ

PIC18F14K50 は USB インターフェイスを備えていますが、この制御プログラムを 0 から作成するのは大変です。このため Microchip 社では、USB 制御のためのフレームワークを用意しています。これはアプリケーションライブラリと呼ばれており、Microchip 社では日付を含んだバージョンで管理されています。今回使用したのは v2013-02-15 というバージョンです。アプリケーションライブラリには、USB 以外にも TCP/IP などの制御ライブラリが含まれており、これらを利用することで簡単に組み込み機器アプリケーションを開発できるようになっています。

プログラマ

ビルドされたアプリケーションを書き込むためのプログラムです。今回は PICkit2 という Microchip 社のプログラマを使用しているため、pk2cmd というツールを使用しています。

これらのツールを用いることでコードのコンパイルから実機への書き込みまでが行えます。Microchip 社のほとんどのデバイスは In-Circuit Serial Programming という端子を持っていて、デバイスを回路につないだまま書き込みを行えます（昔はデバイスをいったん回路から外して専用のプログラマに接続してプログラミングする必要があるのが普通でした）。PICkit2 は USB で制御できるので、普段からビルドサーバの USB 端子に PICkit2 を接続して、PICkit2 を対象デバイスにつないだ状態にしておけば、Jenkins のビルドで機器への書き込みまでを自動で行うことが可能です。

6.6.2 ビルドの内容

それでは実際のビルドについて見ていくことにします。

実機用ビルド

図 6-36 に実機用のビルドの様子を示します。

リンクに至るまでは単体テストプログラムのビルドと同じですが、そこから先が少々異なります。まず実機の書き込みにあたっては、hex ファイルというものが必要となります。hex ファイルは、組み込み系チップ用の ROM への書き込みイメージとして昔から使用されている形式で、ファイルの中には書き込み内容が 16 進数文字列で記述されています。このためファイルの効率はよくありませんが、現在最もよく用いられる形式です。hex ファイルができれば、プログラマ（pk2cmd）を用いることで実機にプログラムを書き込めます。

通常はリンカが、hex ファイルを生成するのではなく、リンカが生成した実行モジュールから別のツールを用いて hex ファイルに変換するという形態をとることが多いのですが、mplink は hex ファイルも直接生成できます。

cod ファイルは、シミュレータデバッガで用いるためのデバッグ用ファイルです。これは mp2cod というツールを用いることで cof ファイルから生成できます。

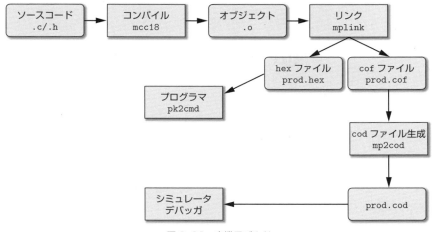

図 6-36　実機用ビルド

実機用ビルドと単体テスト用ビルド

図 6-37 に、実機用ビルドと単体テスト用ビルドの関係を示します。

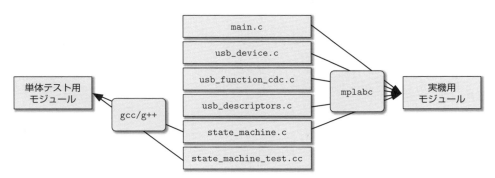

図 6-37　実機用ビルドと単体テスト用ビルド

ハードウェアに直接アクセスする部分については単体テストできないので、ソースコードは、大きく分けて以下の 3 つに分かれます。

1. **実機にしか配布されないファイル**
   ハードウェアに直接アクセスするコードや、フレームワークなどから提供され、基本的に自分では変更しないコードは、これらに属します（後者はサイズが大きいようであれば、本来はライブラリにまとめるべきでしょう）。図 6-37 中、`main.c`、`usb_device.c`、`usb_function_cdc.c`、`usb_descriptors.c` が相当します。
2. **単体テストでも実機でも使用されるファイル**
   直接ハードウェアにアクセスしないコード、あるいはハードウェアアクセスを分離したコードです。これは実機にも単体テストにも使用されます。図 6-37 中、`state_machine.c` が相当します。
3. **単体テストでしか使用しないファイル**
   単体テスト可能なコードを、テストするためのコードです。図 6-37 中、`state_machine_test.cc` が相当します。

単体テストを実行するときは、**2.** と **3.** を、実機用のモジュールを作成する際には **1.** と **2.** を使用することになります。

スモークテストと受け入れテスト

まだまだ自動化の余地は残っています。それはスモークテスト、受け入れテストです。スモークテストはその名のとおり、機器に火入れをしたときに、回路が焼けて煙が出たりしないかを見るテストです。もともとはハードウェアのテストの用語と思われますが、ソフトウェアの場合、機能の詳細なテストを行う前に、機器がきちんと立ち上がっているかを調べるためのテストを指します。もしも対象機器がネットワーク機器なら、簡単なリクエストを行って、応答が返ってくるかを判別するとよいでしょう。USB 機器であれば、PC に接続してUSB を経由して基本的なテストをするとよいでしょう。今回の機器は USB 接続のモデム（CDC デバイス）として動作し、PC からはシリアルポートとして認識されます。機器は以下のようなコマンドを受け付けるようになっています（**表 6-1**）。

表 6-1　機器が受け付けるコマンド

ONn\r\n	n で指定された機器の電源を on にする（$n = 0, 1$）
OFn\r\n	n で指定された機器の電源を off にする（$n = 0, 1$）
STn\r\n	n で指定された機器の電源状態を 1or0 + \r\n で返す

機器の電源を入れた直後のデフォルトの電源状態は on なので、今回は、ST0\r\n を送信して、結果として 1\r\n が返ってくることを確認するスモークテストを用意することにします。

受け入れテストは、機器の機能をテストするものです。今回のハードウェアは接続された機器の電源を制御する機能を提供しますが、機器の電源が本当に入っているかをソフトウェア的に測定する手段がありませんので、受け入れテストを自動化することは、そのままでは困難です。しかし、逆にいえばそういった測定機器を用意すれば可能ということです（例：シリアルポート接続可能なテスタを用意して、電源状態を測定して PC に現在の電源状態を取り込めるようにする）。このあたりは組み込み系の技術者であれば、お手のものでしょう。

シリアルポートの制御はいろいろな方法がありますが、今回は SCons を使用しているので Python で書いてみましょう。Python によるシリアルポートの制御の基本は以下のように行います。

```
import serial

ser = serial.Serial(port = '/dev/ttyACM0')
ser.open()
...
ser.close()
```

serial というのは、Python 用のシリアルポートアクセス用モジュールの 1 つです。これを import し、デバイス名を指定して Serial オブジェクトを生成します。引数の port に指定しているのはシリアルポートのデバイス名です。open() を使用してポートを開き、リスト中「...」で示した部分で、シリアルポートに対する読み書きなどのアクセスを行います。最後に close() でシリアルポートを閉じます。

SConstruct は、それ自体が Python のコードなので、この中にスモークテストを実装することが可能ですが、スモークテストに必要となる処理をすべて SConstruct 内部に書くと煩雑になり、ビルドで行っている処理がわかりにくくなってしまいます。今回は USB のシリアルポートにアクセスする処理を、SConstruct からは分離して、usbcdc.py というファイルとして用意することにします。

Pythonの基本的な文法

本書ではPythonの詳細については省略しますが、ここでコードを理解するうえで最低限知っておいたほうがよい基本的な内容にだけ簡単に触れておきます。まずPythonではインデントを用いてコードの論理的な範囲を表現します。もちろんCのソースコードでもインデントを用いて論理的な単位を表現しますが、それはあくまで人間から見た視覚的な表現に過ぎません。Cのソースコードでは、インデントをどんなに変化させようがコンパイルされたコードは同一になります。ところがPythonではインデントによってコードの論理的な範囲を指定します。他の言語であればブロックの終了位置を知らせる仕組みがありますが（Cなら}）、Pythonではインデントで範囲がわかるため不要です。たとえば以下はHelloと表示する関数と、その呼び出しです。

```
def hello():
  print "Hello"
hello()
```

defは関数の定義の開始を意味しますが、関数の終わり部分を明示する部分がなく、hello()の呼び出しが続いています。関数の中身がインデントされているため、インデントが戻ったところまでが関数の中身だとわかります。このため関数の終わりを明示する必要がないのです。

もう1つ、Cには存在しない概念として例外があります。例外を簡単に説明するのは難しいのですが、たとえばa()がb()を呼び、b()がc()を呼ぶという構造のプログラムがあった場合、c()で起きたエラーをa()に伝えるには、どうすればよいでしょうか？ Cの場合、c()から戻り値を返し、それをb()の戻り値で返してというように、b()で「中継」する必要があります。例外を用いると、この中継が不要となります。c()からは例外を「投げ」て、a()に「例外を受けとる場所」を準備しておくことで、c()から投げた例外を、b()を飛び越えてa()で受け取ることが可能となるのです。受け取る場所は呼び出し履歴の上位となる関数であれば、どこでも構いません。このため本当にエラーの処理が必要となる場所にだけエラー処理を書けばよいことになります。

リスト6-10 スモークテスト用のモジュール（usbcdc.py）

```python
import serial
import sys
import time
import traceback

def workWithPort(devName, f):    # ①
  def acquireSerial(devName):    # ②
    count = 50
    while 0 < count:
      try:
        return serial.Serial(port = devName)
      except:
        traceback.print_exc(file=sys.stdout)
      time.sleep(3)
      count -= 1
    raise Exception("Cannot find device %s." % devName)
```

```
    ser = acquireSerial(devName)  # ③
    ser.open()
    try:
      f(ser)
    finally:
      ser.close()

def dummyRead(ser):   # ④
  ser.write('\r\n')
  time.sleep(1)
  ser.flushInput()
```

①ポートを使用するには、上で見たとおりオープン、クローズが必要です。スモークテストの中では、こうした定型処理を書きたくないので、workWithPort() という関数を用意しています。第 1 引数はシリアルポートのデバイス名で、第 2 引数はシリアルポートを利用する関数です。Python では関数を変数と同じように渡すことが可能です。C の場合の関数ポインタと同じものと考えればよいでしょう。

②シリアルポートオブジェクトを取得する処理です。Python では関数の中で関数を定義することが可能です。これは変数にローカル変数があるように、関数にもローカル関数があると考えればよいでしょう。この関数の中では Serial オブジェクトを生成しています。try...except の部分は例外処理です。プログラマで新しいプログラムを機器に書き込んで機器をリセットすると、機器は USB シリアルポートとして動作を開始します。しかし機器接続先の PC の OS がこれを発見してシリアルポートとして認識するまでには時間がかかります。このため、seral.Serial() の呼び出しは最初のうちは失敗します。serial.Serial() が失敗すると例外がスローされます。try: と except: の間に例外をスローするかもしれない処理を置くと、except: の後ろのインデントされた部分で例外を受け取ることができます。ここに書かれた traceback.print_exc(file=sys.stdout) は、エラーの内容をスタックの状況と共に表示するためのものです。try の直下は、return 文ですから、serial.Serial() が成功すれば、そのまま Serial オブジェクトが返されますが、エラーの場合には、エラー状況が表示されたあと、sleep() を実行して 3 秒待ってからループを繰り返すことになります。ここでは 3 秒のスリープを行いつつ 50 回リトライするので、約 150 秒ほどリトライし続けることになります。もしリトライしてもデバイスが見つからなければ例外をスローします。raise は例外をスローするための文です。

③②で作成した関数を用いて Serial オブジェクトを取得し、open() でオープンしたあと、引数に渡された関数 f に渡しています。finally: の部分は、try: の中のコードで例外が発生しても、発生しなくても呼び出されるコードです。これにより間違いなく close() を呼び出せます。

④Linux はシリアルポートを見つけると、いくつかのコマンドを送信して、そこにモデムが接続されていないかチェックします。今回の機器はモデムではありませんので、このようなコマンドを送られても理解できないのでエラーになります。結果として今回のスモークテストでアクセスしようとしたときには、エラー状態になっているかもしれません。dummyRead() 関数は、このようなエラー状態からデバイスを復帰させるための関数です。まずコマンドの終端である \r\n を送ってから機器の応答が返ってくるまで待つために 1 秒 sleep し、flushInput() で受け取ったデータを捨てています。これによりデバイスを初期状態に戻しています。

usbcdc.pyを用いたスモークテストの例は次の節で紹介します。このファイルは、SConstructと同じディレクトリに配置します。

6.6.3 ビルドファイルを分割する

上で見たように、今回は単体テストモジュールと実機用のモジュールの両方を一部が共通のソースファイルから生成する必要があります。1つのSConstructファイルで実現することも可能ですが、今回はよりわかりやすくするために複数のSConstructに分割することにします。

リスト6-11　実機用と単体テスト用モジュールを生成するためのSConstructファイル

```
GTEST_HOME = '/home/shanai/oss/gtest-1.6.0'
MPLABC_HOME = '/home/shanai/pic/mplabc'
USB_LIB = '/home/shanai/pic/microchip-application-library'
PK2CMD_HOME = '/home/shanai/pic/pk2cmdv1-20Linux2-6'
DEVICE = '18f14k50'

import os

MPLABC_INCLUDE = os.path.join(MPLABC_HOME, 'h')
USB_LIB_INCLUDE = os.path.join(USB_LIB, 'Microchip/Include')

MPLABC_LIB = os.path.join(MPLABC_HOME, 'lib')
MPLABC_BIN = os.path.join(MPLABC_HOME, 'bin')
MPLINK = os.path.join(MPLABC_BIN, 'mplink')
MP2COD = os.path.join(MPLABC_BIN, 'mp2cod')

nonTestableCode = [
    'main.c', 'usb_device.c', 'usb_function_cdc.c', 'usb_descriptors.c']  # ①
testableCode = ['state_machine.c']
testCode = ['state_machine_test.cpp']

test = SConscript('SConstruct.test', exports = [  # ②
    'GTEST_HOME', 'MPLABC_INCLUDE', 'testableCode', 'testCode'
])
prod = SConscript('SConstruct.prod', exports = [  # ③
    'MPLINK', 'MPLABC_INCLUDE', 'MPLABC_LIB', 'DEVICE', 'USB_LIB_INCLUDE',
    'MPLABC_INCLUDE', 'MPLABC_BIN', 'MP2COD', 'PK2CMD_HOME', 'testableCode',
    'nonTestableCode'
])

Default(test)  # ④
```

前半部分は、これまでと同様の定数の定義です。特に説明が必要なところはないでしょう。

①ソースコードを3つの種別に分けて、それらを配列に設定しています。nonTestableCodeがテスト対象で

ないコード、testableCode がテスト対象のコード、testCode が単体テストコードです。
②単体テストコードを生成、実行するため、SConscript() を用いて SConstruct.test を読み込みます。
③実機用コードを生成するための SConstruct.prod を読み込みます。
④デフォルトのターゲットとして test を指定しています。これにより、引数なしで実行すると単体テストが実行されます。

このように SConscript() を用いると、別のビルド定義を読み込むことが可能となります。このとき、渡したい変数を exports に指定する必要があります。このようにして渡さないと、読み込み先のビルドファイルから変数を参照できません。それでは SConstruct.test を見てみましょう（リスト **6-12**）。

リスト6-12　単体テストビルド、実行用の SConstruct.test

```
import os

Import(['GTEST_HOME', 'MPLABC_INCLUDE', 'testableCode', 'testCode'])  # ①
BUILD_DIR = 'build-test'

VariantDir(BUILD_DIR, 'src')  # ②

GTEST_INCLUDE = os.path.join(GTEST_HOME, 'include')

testEnv = Environment(  # ③
    ENV = os.environ,
    CCFLAGS='-ggdb -Wall -iquote %s -I %s' % (MPLABC_INCLUDE, GTEST_INCLUDE),
    CFLAGS='-fprofile-arcs -ftest-coverage',
    LINKFLAGS='-fprofile-arcs -ftest-coverage',
    LIBPATH=GTEST_HOME,
    LIBS=['pthread', 'libgtest']
)

def toVariant(f):  # ④
    return os.path.join(BUILD_DIR, f)

testProg = testEnv.Program('a.out', map(toVariant, testableCode + testCode))  # ⑤
testReport = testEnv.Command('test_report.xml', testProg,
    "./a.out --gtest_output=xml:${TARGET}")
test = testEnv.Command('coverage.xml', testReport, "gcovr -x -r build -o ${TARGET}")

testEnv.Clean(testProg, BUILD_DIR)

Return('test')  # ⑥
```

①呼び出し元から exports で指定したものを Import() で取り込みます。これにより呼び出し元から渡された変数にアクセスできるようになります。
②テスト可能なコード（state_machine.c）については、gcc と mplabc の両方でコンパイルされ、どちらも

state_machine.o という同じ名前となります。このため、build ディレクトリを分けないと、依存管理を正しく行えません。単体テストでは build-test というディレクトリを build ディレクトリの代わりとして使用するように指定しています。

③単体テスト用の環境の指定です。ここはこれまでのものとほとんど同一ですが、コンパイルオプションが若干異なります。

今回、テスト可能なコード（state_machine.c）の中では、MPLAB C が提供する BYTE などの型を使用するため、MPLAB C の GenericTypeDefs.h というインクルードファイルをインクルードする必要があります。しかし単純に MPLAB C の include ファイルが格納されたディレクトリを-I オプションで追加してしまうと、stdio.h などの標準ヘッダが格納されるシステムインクルードディレクトリまで gcc のものの代わりに MPLAB C のものが使われるようになり、うまく PC 上でコンパイルできなくなってしまいます。-iquote は-I と同様にインクルードパスを設定するものですが、#include "xxx"のようにダブルクオートで囲まれたものにだけ有効となります。これによりシステム・インクルードディレクトリには gcc 標準のものを使いつつ、GenericTypeDefs.h のような MPLAB C に固有のヘッダファイルのみを、MPLAB C のインクルードディレクトリからインクルードすることが可能となります。

④呼び出し元である SConstruct で指定した testableCode や testCode といった配列は、単純にソースファイル名のみを指定しています。実際には Program() で指定する場合には、ビルドディレクトリの下のファイルとして指定しなければなりません。たとえば、最初に見た add プログラムでは以下のように指定していたことを思い出してください。

```
sources = ['build/add.c']
testSources = ['build/add_test.cc']

testProg = testEnv.Program('a.out', sources + testSources)
```

このように指定することによりソースコードが build ディレクトリにコピーされ、その場所でコンパイルされます。ソースの前にビルドディレクトリを付加するための関数が、ここで定義している toVariant() です。この関数は単に f で渡されたファイル名の前に BUILD_DIR を付加しているだけで、このあとの⑤の処理で使われます。

⑤④で作成した関数を map() 関数に指定することで、testableCode と testCode の内容を変換した配列を生成します。testableCode と、testCode は以下のようになっていましたから、

```
testableCode = ['state_machine.c']
testCode = ['state_machine_test.cpp']
```

testableCode + testCode は以下のようになります。

```
['state_machine.c', 'state_machine_test.cpp']
```

そして、map() によって toVariant() がそれぞれの要素に対して適用されるので、各要素は以下のように変換されます。

```
'state_machine.c' => 'build-test/state_machine.c'
'state_machine_test.cpp' => 'build-test/state_machine_test.cpp'
```

そして結果として以下のような配列が得られます。

```
['build-test/state_machine.c', 'build-test/state_machine_test.cpp']
```

⑥SConstruct.test の戻り値として、最終ターゲットである'test' を返しています。これは、呼び出し元の SConstruct に渡すことになります。

```
test = SConscript('SConstruct.test', exports = [
    'GTEST_HOME', 'MPLABC_INCLUDE', 'testableCode', 'testCode'
])
```

このように Return() には、クオートで囲んで'test' と指定しなければならないことに注意してください。今回は、元の SConstruct ファイルでデフォルトターゲットに test を指定しているので、単に scons を実行すると、これまでどおり、単体テストのビルドと実行、カバレッジの取得が行われることになります。

次に実機用のビルドを行う SConstruct.prod を見てみましょう。

リスト6-13 実機用のビルドスクリプト（SConstruct.prod）

```
import os
import sys, traceback
import usbcdc

Import([   # ①
    'MPLINK', 'MPLABC_INCLUDE', 'MPLABC_LIB', 'DEVICE', 'USB_LIB_INCLUDE',
    'MPLABC_INCLUDE', 'MPLABC_BIN', 'MP2COD', 'PK2CMD_HOME',
    'testableCode', 'nonTestableCode'
])
BUILD_DIR = 'build'   # ②

VariantDir(BUILD_DIR, 'src')

prodEnv = Environment(   # ③
    CCFLAGS='-p%s -I%s -I%s -k' % (DEVICE, USB_LIB_INCLUDE, MPLABC_INCLUDE),
    CC=os.path.join(MPLABC_BIN, 'mcc18'),
    CCCOM='$CC -fo $TARGET $CFLAGS $CCFLAGS $_CCCOMCOM $SOURCES',
    LINK=MPLINK,
    LINKCOM=('$LINK src/rm18F14K50.lkr -p%s -mprod.map -l%s -z__MPLAB_BUILD=1 -u_CRUNTIME' +
        '-o $TARGET $LINKFLAGS $SOURCES $_LIBDIRFLAGS $_LIBFLAGS') % (DEVICE, MPLABC_LIB)
)

def toVariant(f):
    return os.path.join(BUILD_DIR, f)

cof = prodEnv.Program(   # ④
    ['prod.cof', 'prod.hex', 'prod.map'],
    map(toVariant, nonTestableCode + testableCode)
```

```
)
prod = prodEnv.Command(
    ['prod.cod', 'prod.lst'], cof, '%s -p %s prod.cof' % (MP2COD, DEVICE))   # ⑤
prog = prodEnv.Command('prog', prod,
    '%s/pk2cmd -B%s -Ppic%s -Fprod.hex -M -R -T' % (PK2CMD_HOME, PK2CMD_HOME, DEVICE))   # ⑥

def smokeTester(target, source, env):   # ⑦
  def st0returns1(ser):   # ⑧
    ser.write('ST0\n')
    ret = ser.readline()
    assert ret == "1\r\n", "Unexpected response '" + ret + "'"

  try:   # ⑨
    usbcdc.workWithPort('/dev/ttyACM0', usbcdc.dummyRead)
    usbcdc.workWithPort('/dev/ttyACM0', st0returns1)
    return 0
  except:
    traceback.print_exc(file=sys.stdout)
    return 1

smokeTestBuilder = Builder(action = smokeTester)   # ⑩
prodEnv.Append(BUILDERS = {'SmokeTest': smokeTestBuilder})

prodEnv.SmokeTest('smokeTest', prod)   # ⑪

prodEnv.Clean(cof, BUILD_DIR)

Return('prod')
```

①呼び出し元から渡された変数を受け取ります。

②ビルド結果は、'build' ディレクトリに保存するようにして、単体テストのビルドディレクトリ'build-test' と分離します。

③実機用の環境定義です。Microchip 社のツールを指定しています。CCCOM は scons が C のコンパイルを行うときに使用する定義です。ここを上書きすることで、MPLAB C によるコンパイルを可能としています。LINKCOM は同様にリンクを行うときに使用する定義です。ここを上書きすることで、MPLINK を使ったリンクが行えるようにしています。

④cof ファイルの生成です。Program() を使用しているのでコンパイル、リンクが実行されます。生成物として cof、hex、map ファイルを指定しています。また単体テストのときと同様に map() を用いてソースファイルの頭に'build' を付加しています。

⑤mp2cod を用いて cof ファイルから cod ファイルを生成しています。

⑥プログラマを用いて実機に書き込むターゲットです。このとき、ターゲット名として'prog' を指定していることに注意してください。実際には、この名前のファイルは生成されません。このようなファイルをターゲットとして指定すると、依存性チェックで必ず引っかかるので、scons prog を実行するといつも実

機へのプログラミングが実行されるようになります。

⑦スモークテストを行うための関数です。

⑧スモークテストの実体は、この関数です。'ST0' を機器に送り、"1\r\n"が返ってくるかを検証しています。

⑨⑧で定義した関数を実行するにあたってのお膳立てをしています。usbcdc は、245ページの**リスト 6-10** で解説した USB シリアルポートを制御するモジュールです。最初に dummyRead を行って機器をエラー状態から回復してから、作成しておいた st0returns1() 関数を実行します。ここまで例外が発生しなければ 0 を（0 は正常を意味します）、例外が起きれば 1 を返します（0 以外は異常を意味します）。

⑩関数を作ったら、そこから scons のビルダを生成し、環境にビルダとして追加します。

⑪ビルダを登録すれば、scons から実行することが可能になります。これにより scons smokeTest を実行するとスモークテストが実行されることになります。

USBシリアルデバイス

SConstruct.prod で指定している USB シリアルデバイスの名前「/dev/ttyACM0」は環境によって異なります。これはターミナルで、dmesg | grep tty で確認できます。

```
$ dmesg | grep tty
[    0.000000] console [tty0] enabled
[    0.477234] serial8250: ttyS0 at I/O 0x3f8 (irq = 4) is a 16550A
[    0.498290] 00:0c: ttyS0 at I/O 0x3f8 (irq = 4) is a 16550A
[    1.733796] cdc_acm 3-3:1.0: ttyACM0: USB ACM device
[ 4499.233843] cdc_acm 3-4:1.0: ttyACM0: USB ACM device
```

大抵は、ttyACM0 とか ttyUSB0 といった名前になります。

SConstruct はデフォルトで test を指定しています。

```
Default(test)
```

このため、デフォルトでは test ターゲットのビルドを実行します。実機用のビルドを行う場合には、ターゲットを指定します。たとえば hex ファイルの生成が必要であれば、以下で生成されることがわかります。

```
cof = prodEnv.Program(
    ['prod.cof', 'prod.hex', 'prod.map'],
    map(toVariant, nonTestableCode + testableCode)
)
```

コマンドラインからターゲット指定する場合は、左辺の **cof** ではなく、Program() の第 1 引数（複数ある場合はそのいずれか）を指定します。この場合は、hex ファイルが必要なので、scons prod.hex を実行するのがよいでしょう。同様に実機へのプログラミングは、scons prog で実行することができます。今回のプログラムは chapter06/ci02 に格納してあります。

6.6.4 ビルドサーバを独立させる

これまでは解説の都合上、VirtualBoxで構築した仮想マシン上に開発サーバも一緒に構築してきました。このまま仮想マシンを開発サーバに昇格して使い続けることも可能ですし（もちろん、その場合はもう、その仮想マシンは開発サーバ専用として、そこで開発を続けるべきではありません）、別にサーバを立てることも可能です。仮想マシンを使う場合、他のPCから仮想マシンにネットワークでアクセスできるようにする設定、USB等に機器を接続する設定などが必要となります（ターゲット機がUSB接続を必要とする場合）。これらは本書の範囲を超えていますので、ここでは簡単にご紹介するにとどめておきます。詳細は適宜VirtualBoxのリファレンスを参照してください。なお仮想マシンでUSBを接続する場合、機器との相性でうまくいかないことも少なくないので、そういった観点からもサーバを別に用意することをお勧めします。

VirtualBox上の仮想マシンを開発サーバとして使用する

VirtualBox上に構築した仮想マシンを開発サーバとして使用する場合には、以下のような手順でネットワークやUSB関連の設定を行う必要があります。

ネットワークをNATからブリッジに変更する

VirtualBoxのネットワーク設定はデフォルトではNATになっているので、他のPCからVirtualBox上の仮想サーバにアクセスできません。これをブリッジネットワークに変更します。VirtualBoxのウィンドウの右下に並んでいるアイコンの中からネットワークのアイコンを右クリックして、［ネットワークアダプター］をクリックします（図6-38）。

図6-38　VirtualBoxのネットワーク設定を開く

［割り当て］を［NAT］から［ブリッジアダプター］に変更します（図6-39）。

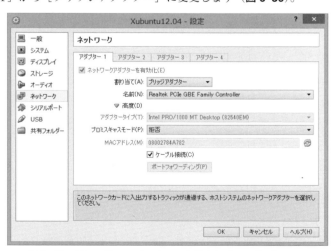

図6-39　VirtualBoxのネットワーク設定をブリッジに変更する

これでブリッジに変更されます。現在接続しているネットワークに DHCP が構成されていれば、アドレスが割り当てられます。もっともサーバで使う場合は動的割り当てでは困るので、静的にアドレスを割り当てたほうがよいでしょう。そのためには、仮想マシン上で動作している Xubuntu 上で静的アドレスの割り当て設定を行います。画面上部にあるタスクバーの右のほうにある矢印アイコンがネットワーク設定です（**図 6-40**）。ここをクリックして［接続を編集する］をクリックします。

図 6-40　ゲスト OS 側のネットワーク設定

使用しているネットワークが有線なら［有線］タブ、無線なら［無線］タブを選び、［編集］をクリックします（**図 6-41**）。

図 6-41　ゲスト OS 側のネットワーク設定変更

［IPV4 設定］タブで［方式］から［手動］を選びます（**図 6-42**）。

図 6-42　DHCP から手動に変更

あとは［追加］ボタンを押して、設定したいアドレスを設定し、DNSに現在のネットワークで使用しているDNSサーバを設定して［保存］ボタンをクリックしてください（図**6-43**）。

図6-43　手動でのネットワーク設定（例）

VirtualBox上でUSB機器を使えるようにする

VirtualBoxでホストのUSBデバイスを、ゲストOSで使えるようにするには、ネットワークの場合と同様にウィンドウ右下のUSBアイコンを右クリックして、ゲストにつなぎたいUSBデバイスを選びます（図**6-44**）。

図6-44　ホストOSに接続されたUSBデバイスをゲストOSに接続する

別にサーバを用意する場合

サーバを別に用意する場合は、これまでどおり、Xubuntuのようなデスクトップ版を利用することも可能ですが、通常はサーバ版のOSを使用します。たとえば、Ubuntu 12.04のページ（http://releases.ubuntu.com/precise/）にいくと、［Server install CD］というセクションがあるので、ここからサーバ版のOSを取得してインストールします。この場合はデスクトップ（X Window System）環境がインストールされないのでサーバに必要なリソース（HDD、メモリ）が少なくて済みます。もちろんVirtualBoxを使用して開発サーバを稼動する場合も、サーバ版を使用したほうがリソースの消費を減らせるのでよいでしょう。

なおサーバ版を用いる場合、ネットワーク設定は上で見たようなGUIによる方法は使えません。静的にIPを割り当てるには、/etc/network/interfacesを編集して、たとえば以下のような設定を追加してください（設

定の詳細に関しては Ubuntu の解説書を参考にしてください)。

```
auto eth0
iface eth0 inet static
address 192.168.0.150
netmask 255.255.255.0
gateway 192.168.0.254
dns-nameservers 8.8.8.8 8.8.4.4
```

Git を SSH 経由で使用する

チームで開発する場合、Git レポジトリにチームのメンバがアクセスできるようにする必要があります。そのためには中央に Git レポジトリを置いて、チームメンバ間で共有するようにします。このようなレポジトリに他の PC からアクセスする方法にはいくつかありますが、今回は ssh を用いる方法を解説します。

今回は開発サーバは Ubuntu 12.04 のサーバ版を使用していることを前提としますが、Xubuntu Desktop 版を用いても手順はまったく同じです。gcc などの開発環境や git、SCons などのインストールは済ませておいてください。

開発サーバへの SSH のインストール

開発サーバに ssh のサーバをインストールします。

```
$ sudo apt-get install openssh-server
```

開発サーバへのアカウント追加

開発サーバ側に、開発メンバのユーザを追加してください。たとえばユーザ ruimo を追加するには、以下のように入力します。

```
$ sudo adduser ruimo
```

初期パスワードを入力したあと、フルネームなど付随する情報を聞かれます。必要なければ Enter 空打ちで省略しても構いません。

開発メンバ PC への ssh クライアントのインストール

開発メンバの PC には ssh のクライアントをインストールします。

```
$ sudo apt-get install openssh-client
```

ssh の鍵の生成

ssh でアクセスする際にはパスワードによる認証と鍵による認証が可能ですが、ここでは鍵による認証を使用します。これは秘密鍵と公開鍵というペアを用いて認証する方法で、自分の PC 側には秘密鍵を、サーバ側に公開鍵を配置します。まず秘密鍵と公開鍵のペアを作成する必要があります。開発メンバの PC で、各メンバに以下を実行してもらいます。

```
$ ssh-keygen
Generating public/private rsa key pair.
Enter file in which to save the key (/home/ruimo/.ssh/id_rsa):
Enter passphrase (empty for no passphrase):
Enter same passphrase again:
Your identification has been saved in ./id_rsa.
Your public key has been saved in /home/ruimo/.ssh/id_rsa.pub.
The key fingerprint is:
2d:26:a3:07:c3:60:0e:58:b8:85:f2:26:20:84:ad:ec ruimo@ruimo-desktop
The key's randomart image is:
+--[ RSA 2048]----+
|o=.              |
|O.o              |
|B=o              |
|+=oo     .       |
|.o. + o S .      |
| E   + + .       |
|     . .         |
|       .         |
|                 |
+-----------------+
```

鍵（秘密鍵）の保存場所を聞かれますが、デフォルトのままで構わないので、そのまま Enter を押します。次にパスフレーズを聞かれます。パスフレーズは秘密鍵が漏洩してしまったときの最後の砦で、設定しておけば ssh でアクセスするときに入力を求められ、合っていないとログインできなくなります。秘密鍵ファイルは他の人に見える場所に置かないように注意してください。

これで開発者の PC の .ssh ディレクトリに、id_rsa という名前の秘密鍵と、id_rsa.pub という名前の公開鍵が生成されます。

ssh の鍵の配布

公開鍵は開発サーバに配置する必要がありますが、開発者はまだ開発サーバにログインできない状態でしょうから、ファイル共有、あるいはメール等を用いて開発メンバから開発サーバの管理者に公開鍵のファイルを送ってもらいます。

開発サーバの管理者は、サーバ上の該当ユーザのホームディレクトリに .ssh ディレクトリを作成し、その下に公開鍵を authorized_keys という名前で配置します。たとえば ruimo というユーザの設定をする場合には以下のようになります。

```
$ sudo -s
$ mkdir /home/ruimo/.ssh
$ cat id_rsa.pub >>/home/ruimo/.ssh/authorized_keys
$ chown -R ruimo.ruimo /home/ruimo/.ssh
$ chmod 700 /home/ruimo/.ssh
$ chmod 600 /home/ruimo/.ssh/authorized_keys
$ ^D       ([Ctrl]+[D]を入力)
```

sudo -s は root に切り替えるためのコマンドで、root で複数のコマンドを実行したいときに使用します。最後に [Ctrl]+[D] を入力して抜けることを忘れないでください。

ssh 接続の確認

以上で設定は終わりですので、開発者の PC から接続を確認してもらってください。

```
$ ssh ruimo@開発 PC の IP アドレス
```

初回ログインでは、以下のようなメッセージが表示されるので yes と入力します（このメッセージは初回にしか表示されません。もしも 2 回目以降に表示された場合は、接続先が間違っていないか確認してください）。

```
The authenticity of host 'ruimo (開発サーバのIPアドレス)' can't be established.
RSA key fingerprint is 60:30:99:3f:31:f6:3d:78:a7:34:0e:df:5f:26:11:46.
Are you sure you want to continue connecting (yes/no)? yes
```

このあとパスフレーズを聞かれるので、上で設定したパスフレーズを入力します。これでログインできれば成功です。

レポジトリの作成

git のレポジトリ作成は、場所が開発サーバ上になるだけで、基本はこれまでと同じなのですが、今度のレポジトリは開発メンバ全員がアクセス可能である必要があります。このため、少し追加の手順が必要になります。まず開発者グループを作成します。今回は developers という名前にしました。開発サーバで以下を実行します。

```
$ sudo addgroup developers
```

次にこのグループに開発メンバを追加します。ruimo を追加するには以下のようにします。

```
$ sudo gpasswd -a ruimo developers
```

また Jenkins を実行するユーザである jenkins も developers グループに追加しておきます。

```
$ sudo gpasswd -a jenkins developers
```

グループの反映のため一度ログオフして、ログインし直します。また Jenkins も再起動します。

```
$ sudo service jenkins stop
```

```
$ sudo service jenkins start
```

次にレポジトリの格納場所を決めます。今回は`/var/lib/git/add.git`とします。ディレクトリを作成して`developers`グループの所有とし、`setgid`ビットを設定することで、今後このディレクトリ内に作成されるファイルのグループが`developers`になるようにします。今回のアプリケーション（`chapter06/ci02`）を登録するレポジトリを作成するにはたとえば以下のようにします。

```
$ sudo mkdir -p /var/lib/git/ci02.git
$ sudo chown root.developers /var/lib/git/ci02.git
$ sudo chmod g+w /var/lib/git/ci02.git
$ sudo chmod g+s /var/lib/git/ci02.git
```

あとはこれまでと同様にしてGitのレポジトリを作成します。これは`developers`グループのユーザで行います（以下は`sudo`を付けないことに注意してください）。

```
$ cd /var/lib/git/add.git
$ git init --bare --shared=true
```

開発者PC側からレポジトリにファイルを追加するには、`chapter06/ci02`のディレクトリで以下を実行します（ここで、`shanai`と`192.168.0.16`は、それぞれ開発者のユーザ名と、サーバのIPアドレスに変更してください）。

```
$ git init
$ git remote add origin ssh://shanai@192.168.0.16/var/lib/git/ci02.git
$ git add src SConstruct SConstruct.test SConstrct.prod usbcdc.py
$ git commit -m "initial import"
$ git push origin master
```

`git push`する際には、パスフレーズを聞かれるので設定しておいたパスフレーズを入力します。

6.6.5 自動ビルドを計画する

単体テスト

単体テストのJenkinsでの実行に関してはこれまでと同じように、`scons -c`と`scons`の実行を行うようにするとよいでしょう。Gitレポジトリは、Jenkinsと同じサーバにあるので、URLには`file:///var/lib/git/ci02.git`と指定すればokです。

実機用のプログラム

実機用のプログラムの作成には、もう1つプロジェクトを作成するとよいでしょう。たとえば`ci02.prod`という名前にします。設定は単体テストと一緒ですが、［ビルド・トリガ］の設定でポーリングを行わないようにします。つまりソースコードが変更されてもすぐにはビルドを行いません。また、`scons prod.cod`を実行するようにします。これは、`SConstruct.prod`で以下のように定義されているので、

```
prod = prodEnv.Command(['prod.cod', 'prod.lst'], cof, '%s -p %s prod.cof' % (MP2COD, DEVICE))
```

実行すると、実機用のコンパイル、リンク、PC 用シミュレータで使用するファイルの生成が行われます。実機用のプログラム生成は、単体テストが通ったら行うようにしておくとよいでしょう。これにはプロジェクト間の依存関係を使います。Jenkins ではプロジェクト間に依存関係を持たせることができ、あるプロジェクトのビルドが成功したら、別のプロジェクトのビルドを自動的に開始できます。ci02.prod プロジェクトの設定で［ビルド・トリガ］のところに ci02 を設定します（図 6-45）。

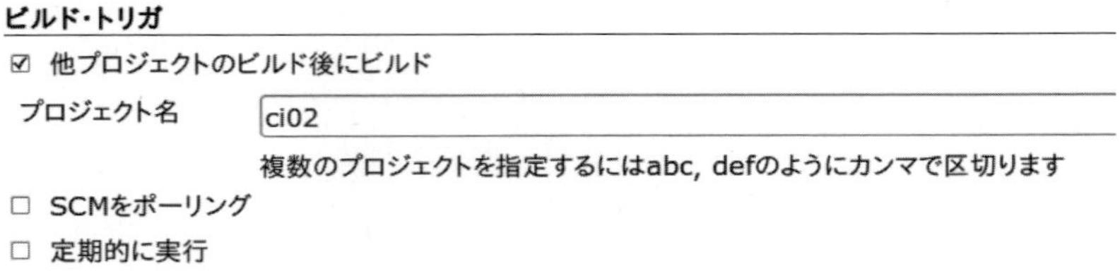

ビルド・トリガ

☑ 他プロジェクトのビルド後にビルド

プロジェクト名　ci02

複数のプロジェクトを指定するにはabc, defのようにカンマで区切ります

☐ SCMをポーリング
☐ 定期的に実行

図 6-45　ci02 が成功したら、ci02.prod を実行する

実機へのプログラミング

　実機へのプログラミングも Jenkins で行えるようにしておくとよいでしょう。こうしておけば、誰でもボタン 1 つで実機にプログラムを書き込めます。単に実行するシェルスクリプトを、`scons prog smokeTest` にしておけば、実機へのプログラミングをしたあとにスモークテストが実行されるプロジェクトになります。
　これをたとえば、ci02.program という名前のプロジェクトとして作成しておきます。ビルド・トリガをどのように設定するかは、実機へのプログラミングを、どの程度の頻度で行うのかに依存します。これは判断の難しいところですが、以下のような考え方があります。

- **自動では行わない**

  実機へのプログラミングはフラッシュメモリへの書き込みなので、回数に制限があることが多く、チップによっては 100 回程度しか保証されていない場合もあります。こういう場合は、必要な場合にのみ人間が実行するのがよいでしょう。プロジェクトの［ビルド・トリガ］は設定しない状態にしておきます。プログラミングはビルドボタンを押せばいつでも可能です。

- **一定間隔で行う**

  回数制限が緩い、あるいはチップ自体の単価が十分に安価なのであれば、もっと頻繁にたとえば夜に 1 回行ってスモークテストも実行するとよいでしょう。これにより実機で動かなくなるような修正がプログラムに行われたらすぐに気づくことができます。この場合は［ビルド・トリガ］を［定期的に実行］とし、［スケジュール］にたとえば 0 2 * * * と指定します。この場合は毎日夜中の 2 時に実行されるようになります（図 6-46）。

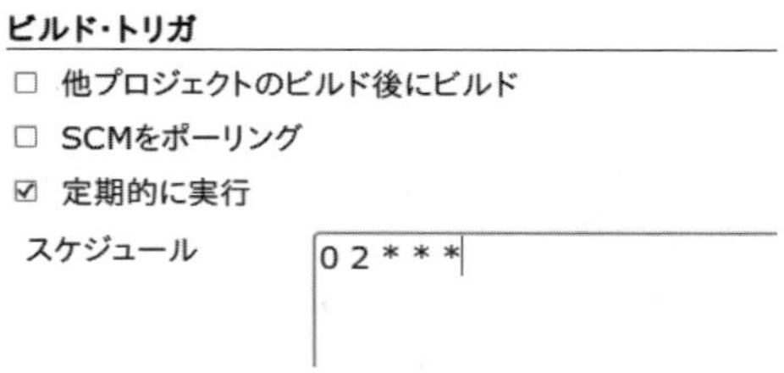

ビルド・トリガ
☐ 他プロジェクトのビルド後にビルド
☐ SCMをポーリング
☑ 定期的に実行
スケジュール　　0 2 * * *

図6-46　夜中の2時に毎日実行する設定

●ソースが変更されたら行う

　もっと積極的にソースが変更されたら実機へのプログラミングまで行ってしまうという方法も考えられます。これにより、いつでも最新のソースが反映された実機を操作してみることが可能となります。この場合は［ビルド・トリガ］で［他プロジェクトのビルド後にビルド］を選んで、ci02.prodを指定すれば、ci02.prodが成功したときにプログラミングが行われるようになります。ただし頻繁にソースが変更される状況だと、実機を操作している最中にもプログラミングが行われてしまうかもしれないので、夜に1回だけ更新するテスト機も用意したほうがよいでしょう。

6.7 まとめ

　本章では継続的インテグレーションとデプロイについて解説しました。本番用のモジュールを特定の開発者のPCでビルドしていると、知らないうちにビルドが特定の環境に依存してしまいますし、その開発者がいないとビルドできなくなってしまいます。また個々の開発者が作成した機能が全体として整合性をもって動くかどうかは、常にチェックしていないと、すぐに全体としてはうまく動作しないプログラムになってしまいます。

　継続的インテグレーションは、こうした問題を防ぐため、特定の開発者の環境に依存しない独立したビルドサーバを用意して、ソースコードが1文字でも変更されたら、即座にビルドを行ってプログラムが壊れていないことを検証します。

　プログラムが正常にコンパイル・リンクされ単体テストが通ったとしても、それが実機で実際で動作するかはわかりません。本章ではプログラムを実機に書き込む作業、そして簡単な動作確認（スモークテスト）も自動的に行う方法を解説しました。

　自動化を行うにあたって、C/C++のプログラムのビルドを柔軟に行うことのできるSConsというツールについて使用方法を解説しました。これを用いることでmakeを使うよりも簡単に、そして柔軟にビルドを行えるようになります。

　C/C++アプリケーションでは、メモリ領域を間違って操作することによって発生するバグがよく発生します。これを検出するためのツールとしてValgrindを紹介しました。これを用いることにより、メモリリークや配列の添字間違いなどのバグを発見できるようになります。

　今回紹介したCIサーバであるJenkinsを用いることで、ビルドの自動化はもちろん、単体テスト結果やカバレッジ、Valgrindの結果をブラウザを使って簡単に確認できるようになります。またGitとの連携によりビルドが失敗したときに、誰がいつ行った変更が原因なのか、すぐに追跡できるようになります。

実際の組み込み機器のビルドの例としてMicrochip社のPICを用いた簡単なプログラムを例として、単体テストから、実機への書き込みまでを自動化する方法について解説しました。

　実際にチームで開発を行う場合には、開発サーバにチーム全員からアクセスできるようにする必要があります。本章ではVirtualBox上に構築した仮想サーバを他のPCからネットワークを通してアクセスできるようにし、またGitにsshでアクセスする環境を構築する方法について解説しました。

　自動化は最初は面倒ですが、その後の開発生産性と品質とに大きな恩恵をもたらします。ぜひチャレンジしてみてください。

参考文献

［1］「継続的デリバリー」（Jez Humble, David Farley 著、和智右桂、高木正弘 翻訳、アスキー・メディアワークス、2012）

付録A
サンプルプログラム

本書のサンプルプログラムは、http://books.ascii.jp/よりダウンロードすることで入手できます。以下に利用方法を記載します。

A.1 共通の注意事項

- Eclipse C/C++はまだまだ十分に安定しているとはいえず、時折おかしな動作をすることがあります。そういう場合は一度 Eclipse を立ち上げ直してみてください。
- メニューの [Project] − [Build Automatically] はデフォルトでチェックされていると思いますが、動作が不安定なのでチェックを外しておくことをお勧めします。

A.2 C99の仕様の有効化

本書ではC99の一部の仕様を利用しています。Eclipse のプロジェクトの設定で、[C/C++ Build] − [Settings] − [Tool Settings] から、[GCC C Compiler] − [Miscellaneous] を選び、[Other flags] に「-std=c99」を追加します（図 A-1）。

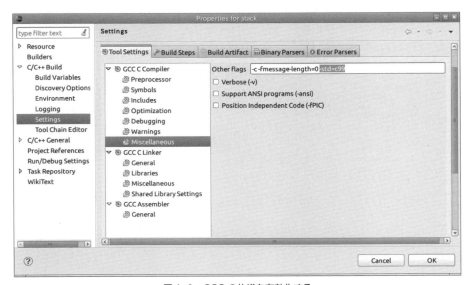

図 A-1　C99 の仕様を有効化する

A.3 サンプルプログラムのEclipseへの取り込み

A.3.1 サンプルプログラムを格納したzipファイルの展開

サンプルプログラムはzipファイルで提供していますので、unzipコマンドなどを使用して任意のディレクトリに展開しておいてください。

```
$ unzip サンプルzipファイル
```

A.3.2 Eclipseに空のプロジェクトを作成

147ページの「5.3.1 Eclipseの設定」の内容に従って空のプロジェクトを作成してください。プロジェクト名は何でも構いませんが、取り込むサンプルと同じ名前にしておいた方がわかりやすいでしょう。
［Project Explorer］（ウィンドウの左にあるペイン）でプロジェクトを右クリックして［Properties］を選び、［C/C++ General］－［Paths and symbols］を選び、［Source Location］というタブを選びます（図 **A-2**）。

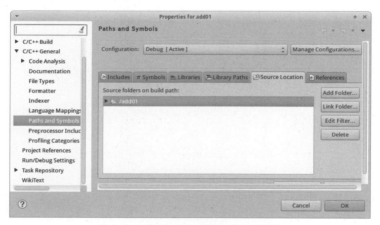

図 A-2　プロジェクトのプロパティを開く

［Link Folder］というボタンをクリックし、［Link to folder in the file system］にチェックを入れます（図 **A-3**）。

図 A-3　Link Folder をクリック

［Browse］ボタンを押して、サンプルの src ディレクトリを指定します（**図 A-4**）。

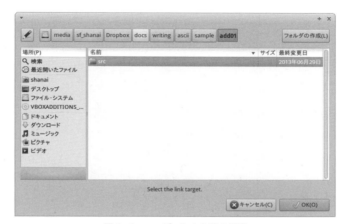

図 A-4　src ディレクトリの指定

［OK］ボタンをクリックするとサンプルのディレクトリへのリンクが作成されます（**図 A-5**）。

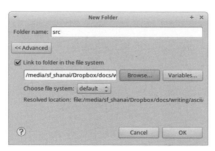

図 A-5　サンプルのディレクトリのリンク作成を完了する

　元からある /app01 は不要なので［Delete］をクリックして削除して、［OK］ボタンをクリックして設定を保存します（**図 A-6**）。

付録A　サンプルプログラム

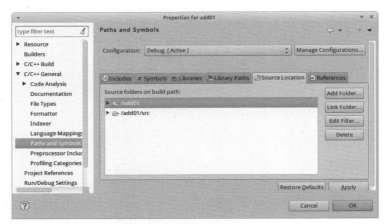

図 A-6　設定を保存

以上で取り込みは完了です。

著者紹介

　本書は、数年前にあるお客様と一緒にした仕事がきっかけになっています。サーバサイドの仕事をしていると、本書に書かれているオブジェクト指向、デザインパターン、TDD、リファクタリング、そして継続的インテグレーションといった方法論、開発手法は、ほぼ常識となりつつありますが、組み込み系の世界の中では、まだあまり一般的とは言えないのではないでしょうか。その一方で書店でCの本を眺めてみても、文法解説やアルゴリズムに関するものが多く、開発手法について触れているものは、あまり見つかりません。

　本書は、伝統的なCによるプログラム開発の現場と、サーバサイドでは当たり前になりつつある最新の開発手法との間の架け橋となることを目的としました。Cの文法知識と組み込み機器の開発経験さえあれば、他の前提知識がなくとも理解できるように注意したつもりです。もちろん筆者は本書のやり方が絶対的に正しいと主張するつもりはありませんし、筆者自身も現場に適用しようとしてうまくいかなかった経験が何度もあります。しかし少しでも多くの方が本書に書かれた内容にチャレンジされ、それがうまくいったにせよ、いかなかったにせよ、そこから次へとつながる何かを得られたとしたら、それは筆者の存外の喜びに他なりません。

花井志生（はない しせい）

入社当時はC/C++を用いた組み込み機器（POS）用のアプリケーション開発に携わる。10年ほどでサーバサイドに移り、主にJavaを使用したWebアプリケーション開発に軸足を移し、トラブルシュートからシステムの設計、開発を生業とする。

索引

Symbols

.gcda ファイル ･････････････････････ 209, 210, 221
.gcno ファイル ････････････････････ 208 - 210, 221
.o ファイル ････････････････････････････････ 208
/etc/apt/sources.list ･･････････････････････ 203
/etc/network/interfaces ･･･････････････････ 255
ifdef __cplusplus ･･････････････････････････ 74
-iquote オプション ･･･････････････････････ 249
-I オプション ･･･････････････････････････ 249
3 つ以上の状態をフラグで管理 ････････････ 98

A

a.out ････････････････････････････････ 206, 209
accept ･･････････････････････････････････ 140
acceptPrevious ･･････････････････････････ 141
acceptRange ････････････････････････････ 141
access_file ････････････････････ 114, 122, 124
add ････････････････････････････････････ 159
add（Git）･･･････････････････････････････ 213
add_test.cc ･･････････････････････････････ 151
add 関数がない ･･････････････････････････ 152
add 関数の実体 ･･････････････････････････ 155
allocate_buffer ･･････････････････････････ 119
apt-get ･･･････････････････････････････････ 42
ArrayList ････････････････････････････････ 133
automake ･･････････････････････････････ 202

B

BASIC ････････････････････････････････････ 9
BIOS ････････････････････････････････ 28 - 30, 32

C

bool 型 ･････････････････････････････････ 71
break ･･････････････････････････････････ 106
BTS ･･･････････････････････････････････ 203
buffer ････････････････････････････ 115, 117, 119
BufferContext ･･･････････････････････････ 116
build-essential ･･･････････････････････････ 42
BYTE ･･････････････････････････････････ 249

C

C ････････････････････････････････ 9, 10, 69, 228
C99 ････････････････････････････ 71, 74, 138, 263
～と TDD ･･･････････････････････････････ 14
～とエクストリーム・プログラミング ･･･････ 14
～とオブジェクト指向 ･････････････････ 69, 76
～と継続的インテグレーション ･････････････ 15
～とデザインパターン ･･･････････････････ 14, 95
～と統合開発環境 ･･････････････････････････ 12
～とモジュール化 ･･････････････････････････ 69
～とモダンな開発スタイル ･････････････････ 17
～とリファクタリング ･･･････････････････ 15, 145
～による組み込み開発 ･･････････････････････ 11
～によるモック化 ･････････････････････････ 172
～の単体テストツール ･････････････････････ 146
～は多くのことがプログラマに任されている
･･ 11
組み込み系分野の隆盛と～のシェア増加 ･････ 10
C++ ･･･････････････････････････ 9, 10, 74, 146
～コメント ･･････････････････････････････ 71
～のコードとしてコンパイルされる ･･･････ 159
～を使うメリット ････････････････････････ 10
C/C++開発 ･･････････････････････････････ 38

268

索引

C99 ··································· 71, 74, 138, 263
calc ·· 159
CCCOM ·· 251
CCFLAGS ····································· 208
CD-R/RW ······································· 29
CDC デバイス ································· 244
CD プレーヤ ···································· 95
Chain of responsibility ······················ 134
ChainedValidator ····························· 135
CI ··· 202, 241
　～サーバ ················· 16, 17, 206, 227, 241, 261
　～サーバの導入 ······························· 203
　～で自動化すること ·························· 206
Clean ···································· 221, 239
clean ·· 221
Cobertura ····································· 210
cod ファイル ···························· 242, 251
cof ファイル ···························· 242, 251
Command ····································· 209
commit ·· 213
Context ································· 115, 122
CVS ·· 202
CXXFLAGS ···································· 209

D

default_error_observer ······················ 126
DMA ·· 11
dmesg |grep tty ······························ 252
do_with_buffer ····················· 115, 122, 124
DVD-R/RW ····································· 28

E

Eclipse ···································· 13, 263
　～で TDD を行うための設定 ················ 147
　～のインストール ····························· 38
　～の機能 ······································ 50
　～の基本操作 ································· 42

～を使って関数抽出 ···························· 166
外部エディタとの連携 ·························· 65
空のプロジェクトを作成 ······················ 264
テキストエディタでの変更を取り込む ········ 66
ファイルの場所 ································· 65
EMBEDDEDNEWS ····························· 10
EXPECT_EQ マクロ ··························· 152
exports ·· 248
extern "C" ······································ 74

F

fclose ··· 105
FILE ·· 89
file_current_pos ······························ 122
file_error ······························ 115, 116, 124
file_size ································ 115, 122
FileAccessorContext ···················· 114, 125
FileReaderContext ···························· 110
Firefox ··· 40
fopen ···································· 89, 105
format_string % (a0, a1, …) ················ 208
FORTRAN ······································ 15
free ································· 105, 110, 231, 233

G

g++ ·· 206
gcc ··· 206
gcovr ·································· 206, 209, 210
gdb ··· 42
GenericTypeDefs.h ···························· 249
get_file_pointer ······················ 120, 122, 123
Git ······································ 204, 212
　～を SSH 経由で使用する ··················· 256
git ·· 42, 258
Glob ·· 240
GoF ·· 14, 95
Google Test ······················ 146, 198, 208, 209

269

goto	106
Guest Addition	37

H

Hello, world	42
hex ファイル	242, 251
hw.c	162
hw.h	162

I

ICE	11, 13
IDE	12, 13, 17, 21, 38
import	208
In-Circuit Serial Programming 端子	242
initialize	97
int_sorter	120
IntSorterError	114
「is-a」関係	86
ISO イメージ	22, 28
ITRON	11

J

Java	38
Java のインストール	38
Jenkins	18, 203, 210, 261
［Valgrind Result］	237
Valgrind を〜で使用する	234
［コンソール出力］	217
ジョブの作成	214
テスト結果とカバレッジの表示	218
テスト結果やカバレッジの表示	227
［ビルド実行］	216
ビルド実行	210
［ビルド手順の追加］	216, 235
［ビルド・トリガ］	215, 260
ビルドの自動化	227
［ビルド後の処理の追加］	218, 236
プラグインを追加	204

L

LANG	40
LCD	164
LIBPATH	209
LINKCOM	251
LINKFLAGS	209
Linux	11, 21, 27, 246
〜でのスタートアップ・ディスクの作成	32
Windows と〜の共存	27
LTS	22

M

main	155
make	202, 207, 261
Makefile	202, 207
malloc	105, 110, 231, 233
map	249
map ファイル	251
MD5	211
md5sum	211
memcpy	232
Microchip	10, 162, 241, 262
mp2cod	242
MPLAB C	241, 249, 251
MPLINK	251
mplink	242
MyBufferContext	116
MyFileAccessorContext	116

N

namespace	159
nano	203
NAT	253

newStack マクロ・・・・・・・・・・・・・・・・・・・・・・・・・・74
Null オブジェクトパターン・・・・・・・・・・・・・・・・127

O

Observer・・・・・・・・・・・・・・・・・・・・・・・・・・・・・・・123
onError・・・・・・・・・・・・・・・・・・・・・・・・・・・・・・・・126
onEvent・・・・・・・・・・・・・・・・・・・・・・・・・・・・・97, 99
openssh-client・・・・・・・・・・・・・・・・・・・・・・・・・256
openssh-server・・・・・・・・・・・・・・・・・・・・・・・・256
Oracle・・・・・・・・・・・・・・・・・・・・・・・・・・・・・・・・・・22
origin・・・・・・・・・・・・・・・・・・・・・・・・・・・・・・・・・213
OS・・・・・・・・・・・・・・・・・・・・・・・・・・・・・・・・・・・・・11
OSS・・・・・・・・・・・・・・・・・・・・・・・・・・・・・・・・・・・22
os モジュール・・・・・・・・・・・・・・・・・・・・・・・・・・208

P

PATH・・・・・・・・・・・・・・・・・・・・・・・・・・・・・・・・208
pauseflag・・・・・・・・・・・・・・・・・・・・・・・・・・・・・・97
PC・・・・・・・・・・・・・・・・・・・・・・・・・・・・・・・・・・9, 21
PC を「間借り」して CI サーバを用意する・・・・203
PIC18F14K50・・・・・・・・・・・・・・・・・10, 162, 241
PICkit2・・・・・・・・・・・・・・・・・・・・・・・・・・・・・・242
pk2cmd・・・・・・・・・・・・・・・・・・・・・・・・・・・・・・242
playflag・・・・・・・・・・・・・・・・・・・・・・・・・・・・・・・97
playOrPause・・・・・・・・・・・・・・・・・・・・・・・・・・102
PreviousValue・・・・・・・・・・・・・・・・・・・・・・85, 86
PreviousValueValidator・・・・・・・・88, 139, 141, 143
printf・・・・・・・・・・・・・・・・・・・・・・・・・・・・・・・・208
printf デバッグ・・・・・・・・・・・・・・・・・・・・・・・・・13
processor・・・・・・・・・・・・・・・・・・・・110, 118, 120
Program・・・・・・・・・・・・・・・・・・・・・・209, 251, 252
pThis・・・・・・・・・・・・・・・・・・・・・・・・・・・・・・・・・89
push・・・・・・・・・・・・・・・・・・・・・・・・・・・・・・・・・213
Python・・・・・・・・・・・・・・・・・・・・・203, 208, 244, 245

R

RAM・・・・・・・・・・・・・・・・・・・・・・・・・・・・・・・・・・10
Range・・・・・・・・・・・・・・・・・・・・・・・・78, 79, 86, 88
range・・・・・・・・・・・・・・・・・・・・・・・・・・・・108, 110
range_processor・・・・・・・・・・・・・・・・・・・・・・・108
RangeValidator・・・・・・・・・・・・・88, 89, 139, 141, 143
read_file・・・・・・・・・・・・・・・・・・・・・・・・・108, 129
reader・・・・・・・・・・・・・・・・・・・・・・・・・・・116, 122
Redmine・・・・・・・・・・・・・・・・・・・・・・・・・・・・・203
result・・・・・・・・・・・・・・・・・・・・・・・・・・・・・・・・110
Ricty Discord・・・・・・・・・・・・・・・・・・・・・・・・・・51
ROM 領域・・・・・・・・・・・・・・・・・・・・・・・・・・・・・93

S

SCM・・・・・・・・・・・・・・・・・・・・・42, 202, 204, 212
［SCM をポーリング］・・・・・・・・・・・・・・・・・215
SCons・・・・・・・・・・・・・・・・・・203, 207, 221, 239, 261
  依存性のチェック・・・・・・・・・・・・・・・・・・・211
  ビルドファイルを分割・・・・・・・・・・・・・・・247
scons・・・・・・・・・・・・・・・・・・・・・・・・・・・・・・・・210
scons -c・・・・・・・・・・・・・・・・・・・・・・・・・・・・・221
SConscript・・・・・・・・・・・・・・・・・・・・・・・・・・・248
SConstruct・・・・・・・・・・・・・・・・・・・・207, 239, 244
SConstruct.prod・・・・・・・・・・・・・・・・・・・・・・250
SConstruct.test・・・・・・・・・・・・・・・・・・・・・・・248
SD カード・・・・・・・・・・・・・・・・・・・・・・・・・・・・28
Serial オブジェクト・・・・・・・・・・・・・・・・・・・・244
serial モジュール・・・・・・・・・・・・・・・・・・・・・・244
set_file_pos・・・・・・・・・・・・・・・・・・・・・・・・・・122
setgid ビット・・・・・・・・・・・・・・・・・・・・・・・・・259
SizeGetterContext・・・・・・・・・・・・・・・・・・・・114
snprintf・・・・・・・・・・・・・・・・・・・・・・・・・・・・・・138
sprintf・・・・・・・・・・・・・・・・・・・・・・・・・・・・10, 138
SSH・・・・・・・・・・・・・・・・・・・・・・・・・・・・・・・・・256
ssh・・・・・・・・・・・・・・・・・・・・・・・・・・・・・・258, 262
ssh-keygen・・・・・・・・・・・・・・・・・・・・・・・・・・・257
Stack・・・・・・・・・・・・・・・・・・・・・・・・・・・・・・・・・88

索引

State ································· 95, 102
STATIC ································· 158
static ·································· 71
static 関数のテスト ······················· 157
static をテストのときに外す ················ 157
stop ·································· 102
strcat ································· 232
strcpy ································· 232
strncat ································ 232
strncpy ································ 232
Subversion ···························· 202
sudo ··································· 42
Synaptic パッケージマネージャ ·············· 42

T

TDD ···················· 14, 146, 147, 151, 161, 198
Template ······························ 105
testEnv ······························· 208
TEST マクロ ····························· 152
TIOBE ···································· 9
TODO コメント ··························· 65
trac ·································· 203
try...except ··························· 246
type id ··························· 139, 140

U

Ubuntu ····························· 21, 22
UNIT_TEST ····························· 177
unit_test::add ························· 159
unit_test::calc ························ 159
Universal-USB-Installer ··················· 30
USART ································· 164
USB ···································· 10
usbcdc.py ····························· 244
USB シリアルデバイス ····················· 252
USB メモリ ··························· 28, 30

V

Valgrind ··························· 228, 261
　〜で検出されるエラー ···················· 228
　〜で検出されるメモリエラーの特徴と対策 ··· 233
　〜の実行 ······························ 228
　〜を Jenkins で使用する ················· 234
　インストール ··························· 228
validate ···························· 80, 89
validatePrevious ························ 85
validateRange ·························· 85
Validator ············· 78, 85, 86, 89, 135, 139
VariantDir ····························· 208
ViewVisitor ···························· 143
VirtualBox ····················· 22, 253, 262
　〜上で USB 機器を使えるようにする ······· 255
　〜のインストール ························ 22
　ネットワーク設定 ······················· 253
Visitor ·························· 137, 141, 143
visitPreviousValue ······················ 141
visitRange ····························· 141
VM ···································· 22
void ポインタ ··························· 86

W

Welcome ······························· 43
wget ·································· 203
Windows ···························· 21, 22
　〜と Linux の共存 ······················· 27
write_file ····························· 129
writer ································· 116

X

XC8 ··································· 241
Xubuntu ······························· 21
　〜のインストール ······················· 32
　静的にアドレスを割り当て ················ 254

ア

アクセス制御 89
アセンブラ 10
アセンブリコード 58
アップデートマネージャ 36
アプリケーションライブラリ 242

イ

入れ子の構造のリソース管理 111
イン・サーキット・エミュレータ 11
インクルードパス 149
インターフェイス 15
インテグレーション 201
インデント 245
隠蔽 89

ウ

受け入れテスト 244

エ

液晶ディスプレイ 164
エクストリーム・プログラミング 14, 146, 201
エディタ 13
エラー通知先のオブジェクト 125
エラッタ 12

オ

オーバーランエラー 164
オープンソース 22
オープンソースソフトウェア 203
掟を破ったときのデメリット 160
オブザーバオブジェクト 125
オブザーバパターン 123, 144
オブジェクト 89
オブジェクト指向 69, 93, 95
　～言語 14
　～ステートパターン 100
　～と多態性 85
　～とメモリ節約 93
　～によるモックの実現 173, 199
オペレーティングシステム 11
温度 11

カ

階乗 50
外的要因 11
開発環境 21
開発コスト 12
開発サーバへの SSH のインストール 256
開発サーバへのアカウント追加 256
開発手法 15
開発メンバ PC への SSH クライアントのインストール 256
外部インターフェイス 89, 158, 160, 198
外部エディタとの連携 65
書き出しファイル 110
鍵認証 257
鍵の生成 257
鍵の配布 257
課金 15
仮想関数テーブル 90, 91, 94
仮想ディスク 24
仮想マシン 21, 22, 203
カバレッジ 195, 198, 210
　～測定ツール 14
　～データ 206
　～レポート 204
カプセル化 89, 93
可変長配列 74
画面が狭い 49
画面が広く使える場合 53
空読みによる受信バッファのクリア 183

環境変数 208
関数 63, 69, 71, 160
　〜抽出 166, 167, 183
　〜の使用部分を洗い出す 59
　〜の「にせもの」 172
　マクロと〜を見分ける 63
関数ポインタ 90, 93, 174
　〜とマクロによるモックの実現 175, 199

キ

技術的負債 161
机上デバッグ 16
機能テスト 17
機能の追加 203
境界値 11
教科書どおりのリファクタリング 191

ク

偶数奇数チェックバリデータ 86
組み込み機器 11
組み込み系 9, 21
　〜系分野の隆盛とCのシェア増加 10
グローバル名前空間 71

ケ

継承 86, 93, 109, 134
継承クラス 86
継続的インテグレーション 15, 16, 201, 261
検証関数 80

コ

高級アセンブラ 9
合成状態 104
構造体 72, 75
構造体によるデータ構造とロジックの分離 72
高レベルの処理と低レベルの処理が同居している

.... 165
コーディング用紙 16
コード 12
コードが壊れてしまう 145, 161
コールバック 131
コマンドライン 13
コミット 17
コミットログ 203, 213
コメントが多い 164
コメントの除去 166
コンテキスト 116
コンテントアシスト 60
コンテントアシストの自動起動を切る 61
コンパイラ 17
コンパイル 13, 45, 201
コンパイルエラー 152
コンパイルオプション 208
コンパクトフラッシュ 28

サ

サーバ 13
サーバ版のOS 255
再現困難なバグ 11
サブクラス 86

シ

シグニチャ 160
資源 11, 110
実機にしか配布されないファイル 243
実機へのプログラミング 260
実機用のプログラム 259
実機用ビルド 242, 243
自動テスト 146
自動テストがない 161, 199
自動ビルドの計画 259
シミュレータ 13
ジャンプ 59

寿命 · 12, 161, 198
条件式の関数抽出 · 166
条件分岐 · 100, 140
状態 · 89
状態遷移図 · 95
状態遷移表 · 99
状態変数 · 98
衝突 · 71
処理が重複している · 164
シリアルポート · 244, 246
シリアルポートの制御 · · · · · · · · · · · · · · · · · · · 244
振動 · 11
シンボリックリンク · 41

ス

スーパークラス · 86
スタートアップ・ディスクの作成 · · · · · · · · · · · 32
スタック · 54, 69
スタブ · 173, 181
ステートパターン · 95, 143
ステートパターンとメモリ管理 · · · · · · · · · · · · 104
ステップ実行 · 51, 54
すでに実機で動作しているソースコードを修正する
· 145
すべての皺寄せはソフトウェア側に · · · · · · · · · 12
スマートフォン · 9
スモークテスト · · · · · · · · · · · · · · · · · · 17, 244, 261

セ

正式なビルド · 18
静的にアドレスを割り当て · · · · · · · · · · · · · · · · 254
静電気 · 11
宣言元へジャンプ · 59
前後に定型処理が必要なコード · · · · · · · · · · · · 106
潜在的なバグ · 145

ソ

ソースコードの修正 · 203
ソースコードを include する · · · · · · · · · · · · · · · 158
その時点のレポジトリ上のファイルを用いてビルド
· 201
その場所が n 回目に実行された場合にブレーク
· 56
ソフトウェア構成管理 · 202

タ

ターゲット機器 · 17
ターミナル · 37
タイマー割り込み · 164
ダウンロードファイルを格納する場所 · · · · · · · 40
多態 · 93, 100, 143
多態性 · 85
ダブルチェック · 187
タブレット · 9
単体テスト · · · · · · · · · · · · · · 14, 15, 17, 18, 165, 187, 259
　〜ツール · 14, 17
　〜でしか使用しないファイル · · · · · · · · · · · · 243
　〜でも実機でも使用されるファイル · · · · · · 243
　〜用ビルド · 243

チ

チェインオブレスポンシビリティパターン · · · 134, 144
チェックアウト · 13
チェック機能付きスタック · · · · · · · · · · · · · · · · · 76
チェック機能を汎用化 · 78
抽象化 · 89
直前の値との検証バリデータ · · · · · · · · · 85 - 87, 136

ツ

ツールで行える変更 · 165
常に動くソフトウェア · 19

テ

定型処理	106
定数	160
データ隠蔽	89
データ構造	160
データ構造とロジックの分離	72
データ受信	164
テキストエディタ	13, 66
テキストエディタでの変更を Eclipse に取り込む	66
デザインパターン	14, 69, 95
テスト	11, 146, 151
main	155
static 関数の〜	157
カバレッジの取得	195
コンパイルエラー	152
成功	157
想定どおりに〜が失敗	156
ダブルチェック	187
〜コード	146
〜対象のソースを include する	158
〜のために本体のコードを変更する	172
〜レポート	206
どこまで〜するのか	186
ビルドエラーがなくなった	155
品質保証	187
リンクエラー	155
わざと失敗する実装を書く	155
テスト駆動開発	14, 146, 147, 151, 161, 198
デバッガ	17, 50
ビジュアル〜	50
デバッグ	13, 58
机上〜	16
デプロイ	201, 261
デュアルポートメモリ	11
テンプレートメソッドパターン	105, 106, 144

ト

統合開発環境	12, 21
統合されたアプリケーション	201
動的にオブザーバを追加可能なオブザーバパターン	131
特定の条件が成立した場合にブレーク	55
どこまでテストするのか	186
どんな状況でも正常に動作するコード	12

ナ

内部実装	158
ナビゲート	57
ジャンプ	59
使用部分を洗い出す	59
ヘッダとソースの間のジャンプ	60
戻る	60
名前空間	159

ハ

パースペクティブ	48, 52
ハードウェア	146
ハードウェアを制御するプログラム	11
配列の添字	11, 145
バグ	11, 12, 16
潜在的な〜	145
〜トラッキングシステム	203
〜の修正	203
〜を埋め込んでしまうことが多いファイル	161, 198
パスフレーズ	257, 258
パスワード認証	257
パッケージマネージャ	42
バッファ	110
パフォーマンステスト	17
バリデータ	78, 86, 134, 137
範囲が局所的である変更	165

範囲チェック付きスタック ････････････････ 76, 77
範囲チェックバリデータ ･･････････････ 85 - 87, 136

ヒ

ヒープ領域 ･･････････････････････････････ 11
非仮想関数 ･･････････････････････････････ 92
ビジターパターン ･･････････････････ 137, 144
ビジュアルデバッガ ･･････････････････ 17, 50
非同期通信 ････････････････････････････ 164
ビュー ･･････････････････････････････ 47, 48
ビューを最大化 ････････････････････････ 49
ビルダ ･･･････････････････････････････ 209
ビルド ･･････････････････････････ 17, 201, 227
　〜エラー ･･････････････････････････ 155
　〜サーバ ･･････････････････････ 201, 242
　〜サーバを独立させる ････････････ 253
　〜実行 ････････････････････････････ 210
　〜スクリプト ･･････････････････････ 207
　〜ツール ････････････････････････ 202
　〜ファイルを分割 ････････････････ 247
　［ビルド手順の追加］ ････････････････ 216
　［ビルド・トリガ］ ･･････････････････ 215
品質保証 ･･････････････････････････････ 187

フ

ファイル ･････････････････････････ 105, 110
ファイル共有の問題点 ････････････････ 202
ファイルマネージャ ････････････････････ 42
不安定な電源電圧 ････････････････････ 11
フィードバック ････････････････････････ 18
フォントのサイズ変更 ･･････････････････ 51
副作用 ････････････････････････････････ 63
複数回呼び出される関数がある場合 ････ 183
複数の資源 ････････････････････････ 110
複数の状態セット ････････････････････ 103
フラグ ････････････････････････････････ 97
フラグを使ってよい場合 ････････････････ 98

ブリッジ ･････････････････････････････ 253
振る舞い ･････････････････････････････ 89
ブレークポイント ･････････････････････ 51
　その場所がn回目に実行された場合にブレーク
　････････････････････････････････････ 56
　特定の条件が成立した場合にブレークする ･･･ 55
　〜に条件を付加 ･･････････････････ 55
　変数の値を変更する ･･････････････ 56
プログラマ ･･････････････････････ 13, 242
プログラミング ･･････････････････････ 201
プログラミング言語 ･････････････････ 9
プログラムの外部インターフェイス ････ 15
プログラムの体質改善 ･･････････ 15, 160
プログラムの変更 ････････････････ 203
プロジェクト ･･････････････････････ 44, 47

ヘ

ベースクラス ････････････････････････ 86
ヘッダとソースの間のジャンプ ････････ 60
ヘッダファイル ･･･････････････････ 158, 160
変数 ･･････････････････････････････････ 71
変数の値を変更する ･･････････････････ 56
変数の宣言位置 ････････････････････ 71

ホ

保守 ･･････････････････････････････････ 11
ホスト ･･････････････････････････････ 15
ほとんど修正の入らないファイル ･･･ 161, 198

マ

マイコン ･･････････････････････････････ 9
マクロ ･･････････････････････････ 63, 160
　関数ポインタと〜によるモックの実現 ･･･ 175, 199
　〜展開確認 ････････････････････････ 62
　〜と関数を見分ける ････････････････ 63
　〜による差し替え ･･････････････ 199

277

〜を利用した差し替え ・・・・・・・・・・・・・・・ 179
間違えてもコンパイル、リンクエラーで発見できる
　変更 ・・・・・・・・・・・・・・・・・・・・・・・・・・・・・・・・・・・ 166
万引防止装置の強力な電波 ・・・・・・・・・・・・・・・・・ 11

ミ

未初期化変数 ・・・・・・・・・・・・・・・・・・・・・・・・・・・ 229

ム

ムーアの法則 ・・・・・・・・・・・・・・・・・・・・・・・・・・・・ 15
無限ループ ・・・・・・・・・・・・・・・・・・・・・・・・・・・・・・ 15

メ

メモリ ・・・・・・・・・・・・・・・・・・・・・・・・・ 11, 93, 105
メモリカードにインストール ・・・・・・・・・・・・・・ 28
メモリ操作関数の間違った呼び出し ・・・・・・・ 232
メモリ破壊のバグ ・・・・・・・・・・・・・・・・・・・・・・・ 228
メモリ保護機構 ・・・・・・・・・・・・・・・・・・・・・・・・・ 228
メモリリーク ・・・・・・・・・・・・・・・・・・・・・・・・・・・ 231

モ

モジュール化 ・・・・・・・・・・・・・・・・・・・・・・・・・・・・ 69
モック ・・・・・・・・・・・・・・・・・・・・・・・・・・・・ 173, 181
モック化ツール ・・・・・・・・・・・・・・・・・・・・・・・・・・ 15
モデム ・・・・・・・・・・・・・・・・・・・・・・・・・・・・・・・・・ 246
モンスターメソッド ・・・・・・・・・・・・・ 15, 162, 199
　高レベルの処理と低レベルの処理が同居している
　　・・・・・・・・・・・・・・・・・・・・・・・・・・・・・・・・・・・ 165
　コメントが多い ・・・・・・・・・・・・・・・・・・・・・・・ 164
　処理が重複している ・・・・・・・・・・・・・・・・・・・ 164
　〜の解体 ・・・・・・・・・・・・・・・・・・・・・・・・・・・・・ 181
　〜の修正 ・・・・・・・・・・・・・・・・・・・・・・・・・・・・・ 165
　〜の特徴 ・・・・・・・・・・・・・・・・・・・・・・・・・・・・・ 164

ヨ

よく変更が入るファイル、ロジック ・・・・・・ 161, 198
読み込みファイル ・・・・・・・・・・・・・・・・・・・・・・ 110

ラ

ライブラリ ・・・・・・・・・・・・・・・・・・・・・・・・ 150, 242
ライブラリ差し替え ・・・・・・・・・・・・・・・・・ 179, 199
ライブラリパス ・・・・・・・・・・・・・・・・・・・・・・・・・ 149

リ

リカバリ区画 ・・・・・・・・・・・・・・・・・・・・・・・・・・・・ 28
リスクが少ないリファクタリングの方法 ・・・・ 165
リソース ・・・・・・・・・・・・・・・・・・・・・・・・・・・・・・・ 105
リソース管理 ・・・・・・・・・・・・・・・・・・・・・・・・・・・ 105
リソース管理コード ・・・・・・・・・・・・・・・・・・・・・ 106
リファクタリング ・・・・・・・・・ 15, 17, 18, 160, 198, 203
　オブジェクト指向によるモックの実現 ・・・ 173, 199
　関数抽出 ・・・・・・・・・・・・・・・・・・・・・・・・・・・・・ 166
　関数に分けすぎていてオーバヘッドが問題になら
　　ないか？ ・・・・・・・・・・・・・・・・・・・・・・・・・・・ 195
　関数ポインタとマクロによるモックの実現
　　・・・・・・・・・・・・・・・・・・・・・・・・・・・・・・ 175, 199
　機械的に行うのではなく、抽象的な意味を持つ単
　　位で分割すべき ・・・・・・・・・・・・・・・・・・・・・ 191
　教科書どおりの〜 ・・・・・・・・・・・・・・・・・・・・・ 191
　コメントを除去 ・・・・・・・・・・・・・・・・・・・・・・・ 166
　本当に全体がテストできたのだろうか？ ・・・・ 195
　マクロによる差し替え ・・・・・・・・・・・・・・・・・ 199
　マクロを利用した差し替え ・・・・・・・・・・・・・ 179
　モンスターメソッド ・・・・・・・・・・・・・・・・・・・ 162
　モンスターメソッドの解体 ・・・・・・・・・・・・・ 181
　モンスターメソッドの修正 ・・・・・・・・・・・・・ 165
　ライブラリ差し替え ・・・・・・・・・・・・・・・ 179, 199
　リスクが少ない方法 ・・・・・・・・・・・・・・・・・・・ 165
　〜と投資 ・・・・・・・・・・・・・・・・・・・・・・・・・・・・・ 160
　〜の基本的な進め方 ・・・・・・・・・・・・・・・・・・・ 161

| 〜のメリットとコスト ・・・・・・・・・・・・・・・・・・ 161
| 〜をする際の考慮点 ・・・・・・・・・・・・・・・・・・・ 161
| 領域外読み出し ・・・・・・・・・・・・・・・・・・・・・・・・・ 229
| 利用者側のコードを壊す ・・・・・・・・・・・・・・・ 160
| リンカ ・・・・・・・・・・・・・・・・・・・・・・・・・・・・・・・・・・・・ 17
| リンカオプション ・・・・・・・・・・・・・・・・・・・・・・・ 209
| リンク ・・・・・・・・・・・・・・・・・・・・・・・・・・・・・ 13, 201
| リンクエラー ・・・・・・・・・・・・・・・・・・・・・・・・・・・ 155
| リンクオプション ・・・・・・・・・・・・・・・・・・・・・・・ 208

レ

例外 ・・・・・・・・・・・・・・・・・・・・・・・・・・・・・・・・・・・・・・ 245

レポート機能 ・・・・・・・・・・・・・・・・・・・・・・・・・・・・・ 19
レポジトリ ・・・・・・・・・・・・・・・・・・・・ 201, 213, 258

ロ

ローカルヒストリ ・・・・・・・・・・・・・・・・・・・・・・・・ 64
ローンパターン ・・・・・・・・・・・・・・・・・・・・・・・・ 108

ワ

ワークスペース ・・・・・・・・・・・・・・・・・・・・・ 42, 47
わざと失敗する実装を書く ・・・・・・・・・・・・・ 155
割り込み ・・・・・・・・・・・・・・・・・・・・・・・・・・・・・・・・・・ 11
割り込み処理ルーチン ・・・・・・・・・・・・・・・・・ 162

- 本書は、株式会社KADOKAWA/アスキー・メディアワークスより刊行された『モダンC言語プログラミング』を再刊行したものです。再刊行にあたり、旧版刊行後に発見された誤植等を修正しております。
- 本書に対するお問い合わせは、電子メール (info@asciidwango.jp) にてお願いいたします。但し、本書の記述内容を越えるご質問にはお答えできませんので、ご了承ください。

モダンC言語プログラミング
統合開発環境、デザインパターン、エクストリーム・プログラミング、テスト駆動開発、リファクタリング、継続的インテグレーションの活用

2019年1月31日　初版発行

著　者　　花井志生（はないしせい）

発行者　　川上量生
発　行　　株式会社ドワンゴ
　　　　　〒104-0061
　　　　　東京都中央区銀座 4-12-15 歌舞伎座タワー
　　　　　編集　03-3549-6153
　　　　　電子メール　info@asciidwango.jp
　　　　　https://asciidwango.jp/

発　売　　株式会社KADOKAWA
　　　　　〒102-8177
　　　　　東京都千代田区富士見 2-13-3
　　　　　営業　0570-002-301（カスタマーサポート・ナビダイヤル）
　　　　　受付時間　11:00〜13:00、14:00〜17:00（土日 祝日 年末年始を除く）
　　　　　https://www.kadokawa.co.jp/

印刷・製本　　株式会社リーブルテック

Printed in Japan

本書（ソフトウェア/プログラム含む）の無断複製（コピー、スキャン、デジタル化等）並びに無断複製物の譲渡および配信は、著作権法上での例外を除き禁じられています。また、本書を代行業者などの第三者に依頼して複製する行為は、たとえ個人や家庭内での利用であっても一切認められておりません。
落丁・乱丁本はお取り替えいたします。下記KADOKAWA 読者係までご連絡ください。
送料小社負担にてお取り替えいたします。
但し、古書店で本書を購入されている場合はお取り替えできません。
電話 049-259-1100（10:00-17:00 / 土日、祝日、年末年始を除く）
〒354-0041　埼玉県入間郡三芳町藤久保 550-1
定価はカバーに表示してあります。

©2019 Shisei Hanai

ISBN978-4-04-893067-3　C3004

編集協力　川崎晋二
アスキードワンゴ編集部
編　集　　鈴木嘉平